U0453888

拜德雅
Paideia

视觉文化丛书

广告的形象构建

商业中的语言与视觉符码

［美］费恩·L. 约翰逊（Fern L. Johnson）　著

庞惠莲　译

重庆大学出版社

致威尔（Will）和朱利叶斯（Julius）——
很早之前，我为了你们开始密切关注广告。

目　录

插图目录

表格及转录稿目录

表格目录

转录稿目录

总　序

　　毋庸置疑，当今时代是一个图像资源丰裕乃至迅猛膨胀的时代，从随处可见的广告影像到各种创意的形象设计，从商店橱窗、城市景观到时装表演，从体育运动的视觉狂欢到影视、游戏或网络的虚拟影像，一个又一个转瞬即逝的图像不断吸引、刺激乃至惊爆人们的眼球。现代都市的居民完全被幽灵般的图像和信息所簇拥缠绕，用英国社会学家费瑟斯通的话来说，被"源源不断的、渗透当今日常生活结构的符号和图像"所包围。难怪艺术批评家约翰·伯格不禁感慨：历史上没有任何一种形态的社会，曾经出现过这么集中的影像、这么密集的视觉信息。在现今通行全球的将眼目作为最重要的感觉器官的文明中，当各类社会集体尝试用文化感知和回忆进行自我认同的时刻，图像已经掌握了其间的决定性"钥匙"。它不仅深入人们的日常生活，成为人们无法逃避的符号追踪，而且成为亿万人形成道德和伦理观念的主要资源。这种以图像为主因（dominant）的文化通过各种奇观影像和宏大场面，主宰人们的休闲时间，塑造其政治观念和社会行为。这不仅为创造认同性提供了种种材料，促进一种新的日常生活结构的形成，而且也通过提供象征、神话和资源等，参与形成某种今天世界各地的多数人所共享的全球性文化。这就是人们所称的"视觉文化"。

　　如果我们赞成巴拉兹首次对"视觉文化"的界定，即通过可见的形象（image）来表达、理解和解释事物的文化形态。那么，主要以身体姿态语言（非言语符号）进行交往的"原始视觉文化"（身体装饰、舞蹈以及图腾崇拜等），以图像为主要表征方式的视觉艺术（绘画、雕塑等造型艺术），和以影像作为主要传递信息方式的摄影、电影、电视以及网络等无疑是其最重要的文化样态。换言之，广义上的视觉文化就是一种以形象或图像作为主导方式来传递信息的文化，它包括以巫术实用模式为取向的原始视觉文化、以主体审美意识为表征的视觉艺术，以及以身心浸濡为旨归的现代影像文化等三种主要形态；而狭义上的视觉文化，就是指现代社会通过各种视觉技术制作的图像文化。它作为现代都市人的一种主要生存方式（即"视觉化生存"），是以可见图像为基本表意符号，以报纸、杂志、广告、摄影、电影、电视以及网络等大众媒介为主要传播方式，以视觉性（visuality）为精神内核，与通过理性运思的语言文化相对，是一种通过直观感知、旨在生产快感和意义、以消费为导向的视象文化形态。

　　在视觉文化成为当下千千万万普通男女最主要的生活方式之际，本译丛的出版可谓恰逢其时！我国学界如何直面当前这一重大社会转型期的文化问题，怎样深入推进视觉文化这一跨学科的研究？古人云：他山之石，可以攻玉！大量引介国外相关的优秀成果，重新踏寻这些先行者涉险探幽的果敢足迹，无疑是窥其堂奥的不二法门。

　　在全球化浪潮甚嚣尘上的现时代，我们到底以何种姿态来积极应对异域文化？长期以来，我们的思维惯习是"求同存异"。事实上，这种素朴的日常思维方式，往往造成我们的生命经验囿于自我同一性的褊狭视域。在玄想的"求同"的云端，自然谈不上对异域文化切要的理解，而一旦我们无法寻取到迥异于自身文化的异质性质素，哪里还谈得上与之进行富有创见性的对话？！事实上，对话本身就意味着双方有距离和差异，完全同一的双方不可能发生对话，只能是以"对话"为假面的独白。在这个意义上，不是同一性，而恰好是差异性构成了对话与理解的基础。因理解的目标不再是追求同一性，故对话中的任何一方都没有权力要求对方的认同。理解者与理解对象之间的差异越大，就越需要对话，也越能够在对话中产生新的意义，提供更多进一步对话的可能性。在此对谈中，诠释的开放性必先于意义的精确性，精确常是后来人努力的结果，而歧义、混淆反而是常见的。因此，我们不能仅将歧义与混淆视为理解的障碍，反之，正是歧义与混淆使理解对话成为可能。事实上，歧义与混淆驱使着人们去理解、理清，甚至调和、融合。由此可见，我们应该珍视歧义与混淆所开显的多元性与开放性，而多元性与开放性正是对比视域的来源与展开，也是新的文化创造的活水源泉。

正是明了此番道理，早在 20 世纪初期，在瞻望民族文化的未来时，鲁迅就提出：外之既不后于世界之思潮，内之仍弗失固有之血脉，取今复古，别立新宗！我们要想实现鲁迅先生"取今复古，别立新宗"的夙愿，就亟需改变"求同存异"的思维旧习，以"面向实事本身"（胡塞尔语）的现象学精神与工作态度，对所研究的对象进行切要的同情理解。在对外来文化异质性质素的寻求对谈过程中，东西方异质价值在交汇、冲突、碰撞中磨砺出思想火花，真正实现我们传统的创造性转换。德国诗哲海德格尔曾指出，唯当亲密的东西，完全分离并且保持分离之际，才有亲密性起作用。也正如法国哲学家朱利安所言，以西方文化作为参照对比实际上是一种距离化，但这种距离化并不代表我们安于道术将为天下裂，反之，距离化可说是曲成万物的迂回。我们进行最远离本土民族文化的航行，直驱差异可能达到的地方深入探险，事实上，我们越是深入，就越会促成回溯到我们自己的思想！

狭义上的视觉文化篇什是本译丛选取的重点，并以此为基点拓展到广义的视觉文化范围。因此，其中不仅包括当前声名显赫的欧美视觉研究领域的"学术大腕"，如 W. J. T. 米切尔 (W. J. T. Mitchell)、尼古拉斯·米尔佐夫 (Nicholas Mirzoeff)、马丁·杰伊 (Martin Jay) 等人的代表性论著，也有来自艺术史领域的理论批评家，如诺曼·布列逊 (Norman Bryson)、克莱门特·格林伯格 (Clement Greenberg)、詹姆斯·埃尔金斯 (James Elkins) 等人的相关力作，当然还包括那些奠定视觉文化这一跨学科的开创之作，此外，那些聚焦于视觉性探究方面的实验精品也被一并纳入。如此一来，本丛书所选四十余种文献就涉及英、法、德等诸语种，在重庆大学出版社的大力支持和协助下，本译丛编委会力邀各语种经验丰富的译者，务求恪从原著，达雅兼备，冀望译文质量上乘！

是为序！

肖伟胜

2016 年 11 月 26 日于重庆

致　谢

　　多年来，笔者在大家的共同帮助下完成了广告语言的整体研究，并在同行的质疑中对其进一步打磨与完善。20世纪90年代末，笔者在克拉克大学交际与文化专业讲授基础课期间，开始认真关注广告语言。最初这只是广告与文化课的一个小单元，逐渐发展成为该课的核心内容，最后单独成为一门进阶课程。学生们对广告与文化充满学习热情，同时，笔者长期钻研语言和文化理解方面的问题，其间发现了这个新的研究方向。于是，笔者越来越密切关注所看到的广告，包括杂志、电视、售点展板以及户外广告牌上的。同时，笔者也仔细听辨电视和电台广告的台词。笔者经常跟学生开玩笑说，开车在290号公路来学校的途中，笔者看到广告牌会随即做笔记，听到电台广告会速写下相关的东西，或许会因此发生交通事故。

　　感谢众多朋友帮助笔者取得本次研究项目的成果。他们或是见微知著，或是面面俱到。特别是在笔者不断深入研究广告话语以及本项目（即本书）初步成形的过程中，不少学生和同事都帮了大忙。真诚感谢选修了"广告的文化话语"这门课的同学们。大家的课堂讨论不仅形成了许多深刻的见解，而且提出了许多笔者意想不到的可行的研究方向。小组项目也时常在文化语境下的广告话语方面提出许多新想法。此外，许多课程论文和学期项目对广告文本和话语创新做了深刻分析。笔者从不少学生的项目和个人独立研究中学到了许多东西，均珍而重之。如迪帕利·沙林

(Deepali Sarin)、杰夫·约翰逊(Jeff Johnson)、卡伦·扬(Karren Young)、珍·克拉克(Jen Clark)、藤井一郎(Yoichiro Fujii)、艾丽卡·齐珀伦(Erica Ciporen)、艾利克斯·凯利(Alex Kelly)、罗里·罗恩(Rory Ruane)、梅格·奥康奈尔(Meg O'Connell),以及张蓓(Bei Zhang),他们在广告方面的项目和研究探索了许多值得讨论的内容。

好的同事如同宝贵的资源,而笔者很幸运拥有一群才趣横生的同事。他们愿意秉承学术界的精神,谈论当下正在开展的研究。特别感谢那些更为"热心主动"的同事,他们在阅读了部分手稿之后,给予笔者支持与建议。感谢玛琳·法恩(Marlene Fine)、唐·鲁宾(Don Rubin)、盖尔·戴因斯(Gail Dines)、特斯·皮尔斯(Tess Pierce)和冯达·鲍威尔(Vonda Powell)给本项目提供充足的时间。感谢笔者的挚友兼同事帕敏德·巴楚(Parminder Bhachu)给了笔者莫大的鼓励,让笔者不断构思"30分钟"的方案,虽然有时候方案被笔者推倒重来。还有许多人也给予了笔者各种支持。友人卡洛琳·安德森(Carolyn Anderson)对笔者的关心恰如其分,她似乎知道什么时候该问项目进展,什么时候该保持沉默。姐姐玛丽·何(Mary Ho)对笔者的工作给予了无限支持,即便她身处千里之外,也特别关心本项目的进展。

感谢克拉克大学爱丽丝·希金斯人文学院对本项目提供部分研究经费,而笔者有幸就职的学校能够为人文教师提供此类经费支持。笔者在不同的学术会议和活动中展示过本项目早期版本的部分内容,包括克拉克女性研究会议、迈克尔·班伯格(Michael Bamberg)心理学研讨会、英语系的系列学术报告会,以及大众文化协会会议。这些会议为拓展和检验笔者的观点提供了平台。许多同事提出的质疑和评论帮助笔者看见、听见和思考本研究的不足。

　　感谢克拉克大学的同事友人们一直以来帮助笔者完成本项目。感谢两位系主任善姬·格尔茨（Sunhee Gertz）和弗吉尼亚·沃恩（Virginia Vaughan）的大力支持，以及英语系办公室的开心果——艾迪·马西斯（Edie Mathis）、特里·鲁特凯维奇（Terri Rutkiewicz）和雪莉·利奥派·尼尔森（Shirley Riopel Nelson）——给予笔者无限帮助。衷心感谢跨学科交际与文化专业的同事们给予的支持和知识启发，我们的讨论会总是形成一些饶有趣味的想法和观点。承蒙马特·马尔斯基（Matt Malsky，项目主任）、帕敏德·巴楚、马西娅·布泽尔（Marcia Butzel）、萨拉·迈克尔斯（Sarah Michaels）和本·科斯特维特（Ben Korstvedt）参与了本项目的研究。感谢信息技术系的安东尼·海姆（Anthony Helm）不厌其烦地告知笔者如何扫描杂志广告，并帮助笔者释义其中一些广告的技术语码。

　　感谢劳特利奇出版社的编辑马修·布尔尼（Matthew Byrnie），在笔者完成本书的过程中，他给予了笔者莫大鼓励并付出了十足的耐心。尽管撰写本书的最后阶段没有如期顺利进展，但是他对笔者的支持一如既往——他的宽怀大度有时候让笔者受之有愧。承蒙他对本项目产生兴趣并给予支持。他"明白"了笔者的观点之后，便帮助笔者构思整个项目的框架。同时感谢纽约劳特利奇出版社的斯坦·斯普林（Stan Spring）仔细认真的协助。感谢泰勒弗朗西斯出版集团的出版编辑斯图华特·佩达（Stewart Pether）将完成的手稿编辑成书，以及英国萨福克郡的"精细捕捉"排版公司（RefineCatch）提供的产品服务（尤其是负责全面协调的鲍勃·班布里［Bob Banbury］）。

　　特别感谢笔者的两个儿子——朱利叶斯和威尔。笔者多次喊他们过来解读电视广告或者解释某个广告中令人费解的部分。尤其是当笔者撰写广告的科技话语等的相关章节和青少年广告的文化多样性的时候，他们的帮助至关重要。

最后，感谢妻子玛琳·费恩逐章阅读手稿。尤其是她在笔者有需要的时候伸出援手，陪我闲聊我脑子里蹦出来的关于此书的各种想法，任由本人把成堆成堆的杂志和录像带撒满整个屋子，忍受我为了工作而缺席社交活动。她一如既往是本人最坚强、攻瑕索垢的批评者。

1

广告形象与话语

1　　　人们曾经认为广告只是对文化产生影响的众多因素之一，它把信息丢进文化大熔炉，妨碍文化与文化之间的独立性，干扰市民进行理性消费，而广告本身不属于文化的范畴。然而，这种观点已经过时。广告不仅是文化环境的一个组成部分，而且贯串了人们的一生，并编织着人们的日常生活。为此，广告被认为是当代最显著的话语类型之一。詹姆斯·特威切尔（Twitchell，2003）巧妙地阐述了当前消费文化主导下广告最不可思议的特征。他认为，"广告是商品文化里的民间传统"（第187页）。一直以来，学者们不断思考广告在商品消费中产生的影响（即广告在引导消费者购买和使用产品及服务方面的影响力，以及将消费视为一个关键要素的文化行为），这依然是学术界一个重要的研究主题（参见Scott and Batra，2003）。与此同时，广告研究的另一重要的关注点是它在所处的文化中的作用。作为文化环境里的活跃分子，广告促使个人社会化，塑造个人的态度与行为，传播各类表现文化重要性的形象。"广告并不仅仅是为了减少货架上商品数量的一项商业支出，更是现代文化的一个必不可少的组成部分……它超凡的交际能力在于它能在实际的社会交际网中对特定的文化模式和文化成分进行回收利用。"（Leiss et al.，

2005:5）其中的一些形象源自广告之外的文化环境，而另有一些形象则通过广告本身以显著的方式呈现在文化当中。

广告具有文化显著性，因为它是消费文化的引擎。消费文化强调货物是价值和社会身份的意符，而产品增殖是消费文化的核心。在一篇概述关于20世纪80年代以后的消费文化研究的论文中，埃里克·阿诺德（Eric Arnould）和葛雷格·汤普森（Graig Thompson）指出了消费文化的影响力。他们提到，"消费文化（以及它所传达的商业界的意识形态）界定了消费者的行为、感受和想法，使消费者在消费文化的范围内偏向认同和理解自身的所思所行。人们特定的行为模式和对意义的解释更容易受消费文化影响。"（2005:869）当然也存在其他影响因素，同时个人在众多选项中所做出的选择确实是自身认为可行的。总而言之，脱离了消费文化的语境，当今时代的个人身份与特征便难以界定。

一直以来，广告与文化学术界的研究热点是广告视觉形象及其在构建意义方面的首要作用。随着20世纪诸如电视和录像机等视觉媒体的快速崛起，"视觉文化"的概念便自然而然地在媒体研究圈风靡起来。尽管广告的视觉吸引力不容忽视，但笔者认为应在"话语文化"的范围内构建广告的概念，这有利于更全面地思考广告如何构成文化文本。本书首先探究广告中话语所构建的形象的不同类型，尤其是在构建形象过程中语言符码所起的作用。其次，本书重点阐述广告在传播意识形态过程中如何促使意识形态符码演化。据此，广告形象脱离所售商品成为文化产物被人们感知和接受。广告是如何在它所处的社会话语中传播视觉形象和文字意象的？具体传

播了什么形象和意象？凯瑟琳·弗里斯（Katherine Frith）在
《揭开广告面纱：解读广告中的文化》（"Undressing the ad:
Reading culture in advertising"）一文中指出：

> 广告的背景和广告呈现的画面同等重要，因为它营
> 造了语境。而只有在特定语境下，广告才具有意义。对
> 广告的文化内涵进行分析需要同时解读广告文本的语言
> 和视觉两个方面，从而确定广告首要传达的销售信息，
> 进而确定广告所附加的社会和文化信息。（1997:4）

当今时代的广告通过印刷、电视、网络、手机、掌上电
脑等媒体铺天盖地、火力全开。因此，弗里斯所指的附加信息
方面变得十分重要。

作为一种商业行为，广告围绕"商品符号化"的建立展
开。虽然广告里描述的言语文字和视觉形象源自人们的认知世
界，但是这些形象会重新加工、放大、简化、扭曲甚至重塑和
突显广告的核心意符。广告的逻辑很大程度上依靠省略和推
理，或者删减一个完整的文本所需的内容。通过省略，广告形
成了无说明的、复杂的符号系统。这些符号系统在通过文化和
意识形态来编码的语境中具有丰富的意义，而支离破碎的广告
文本信息需要由读者根据自身的文化背景加以推断。正如罗伯
特·戈德曼（Robert Goldman）所说：

> 商品转化为符号的前提是形象与特定产品相关联，
> 同时人们将产品的形象延伸成为特定关系或经历的意
> 符……该形象被随意地与某一产品相连，而它本身则脱
> 离了之前被用于与其他事物相关联的惯常用法。在此过

程中，产品成为这一独立形象的化身……并开始成为代表该形象的符号。于是当我们想起产品的时候，我们想起了其形象。当我们想起某一形象的时候，我们想起了与之关联的产品。（1992:18）

盖·库克（Cook，2001）使用"融合"（fusion）一词来概括广告中的符号与广告所在的更为广阔的文化领域之间的关系。

通过话语要素的精心编排，广告建立特定的形象，进而成为意识形态符码和文化模式的"供应商"。当观众解读广告时，文本中的文字形象和视觉形象的构建赋予广告"意义"。本书利用不同章节讨论广告形象构建的具体例子。作为案例研究，每个章节分析了广告语言构建形象的一种方式。同时，每章的重点是探讨一些具有社会及意识形态特征的问题及其影响。在本书中，部分案例仔细分析了语言符码和视觉符码之间的关系。而另一部分案例分析则从更广泛的角度探讨广告的交流形式和潜在的意象，以供大家讨论。本书所采用的分析均结合文化，尤其是结合广告中构成意识形态体系的意义符码，对广告做严谨的、阐释性的审视。而关于章节之间共同的背景信息，笔者首先确定广告形象构建的概念，其次对主题为广告语言（及话语）的研究做简要的文献综述。

1.1 广告的形象构建

本书对广告的语言和视觉要素的理解源自一个范围

更大的研究，笔者称之为广告的"话语成像"（discourse imaging）。在下述章节中，笔者将阐述的一个基本概念是：形象和形象构建的过程离不开语言符码及视觉符码。绝大多数人认为形象直接通过眼睛甚至镜头被视觉所激活，然而，在眼睛或镜头没有捕捉到画面的情况下，语言亦能引起视觉感受。视觉通常被视为广告文化的精髓。同时"基于形象的文化"（image-based culture）一词说明视觉已在广告文化中占据主导地位。事实上，绝大多数人采用"看"这个字来描述自己接收广告信息的行为。我们会说"看"广告而非"阅读"广告（当然，除非说出后者的人是一位文化批评者，并且用"文本"的概念泛指一切相关符号的呈现）。比如，苏特·杰哈利（Sut Jhally）认为广告的形象系统（image-system）以及其他视觉媒体拥有两个基本特征："依靠表征的视觉模式，以及构成视觉表征的形象加快视觉更新的速度和缩短观众的反应时间。"（2003:255）罗伯特·戈德曼和斯蒂芬·帕普森（Goldman and Papson，1996）对广告的意义过程做出了很好的分析。他们提出，"游离意符"（floating signifiers）在进入"图像库"（即把看到的图片、商标、图案设计等视觉符号转化为图像加以储存）的时候脱离预期的意符—意指关系进行重新组合，从而完成了销售和产品（服务）的宣传。

然而，几乎所有我们能想到的广告都至少在一定程度上用语言来承载意义。一些广告除了产品名称没有使用任何语言要素，即便如此，作为语言要素的产品名称也是承载该类广告意义的核心。例如，香水和古龙水广告经常包含三个元素：瓶身印有产品的视觉形象、为引起特定意义而摆出某种姿势的人物图片，以及为了体现产品内涵而精心挑选的产品名称，例如"迷情"（Euphoria）、"珍爱"（Tresor）、"阿玛尼密码"（Armani Code）、"倩碧快乐女士"（Clinique Happy）、"拉尔夫·劳伦热潮女士"（Ralph Lauren Hot）、"拉尔夫·劳伦马球罗曼史"（Ralph Lauren Polo Blue）、"盖尔斯男士"（Guess Man）、"酷农场男人精神"（Phat Farm Spirit of Man）。甚至假设"快乐"和"热潮"的香味完全一样，但由于两种产品的名称内涵不同，二者的意义也会完全不同。语言要素配合视觉图像投射在更大的文化话语里，在其文化话语的内外环境传递信息。它们既源自特定的文化话语，又对所在文化话语产生影响。语言要素在网络广告的应用更为凸显。品牌延伸所采用的新的延伸形式在网络上异军突起，且出现的次数愈加频繁。一些较为精致的网络广告向观众提供"有声图片"（talking pictures），采用多语种叙述的形式开展图片广告宣传。

鉴于广告在消费文化的环境中总量巨大，且它是意识形态主要的传播载体，语言应当被视为构成广告形象所不可或缺的组成部分。语言能够勾勒出一个想法或意向，或是鲜明地，或是模糊地。的确，在《贝德福德的批评及文学术语汇编》（Murfin and Ray，2003）中，"形象"的词条特别提到："在极端情况下，'形象'一词能被用于表示'想法'。"（第210页）换言之，在广告形象方面，读者在某个有意义的文化语境里解读广告中语言表征和视觉表征的相互作用，形成某种概念印象，从而赋予广告意义。

广告在不久前从单纯的产品展示和信息传播转向以形象

为基础的展示。形象展示通常极少与产品本身直接相关，或者经常大大地简略产品信息，以致对广告的解读须依靠观众（读者）赋予广告一个文化话语。而这个文化话语完全延伸和拓展了广告本身所呈现的话语。广告很少呈现大量产品信息，除非法律规定或者只有附上语言说明，产品才会被观众（读者）接受（例如药品类广告）。一些科技产品的广告也会附有大篇幅文本，例如少数汽车广告。在绝大多数情况下，我们看到的广告形象构建的过程是采用精挑细选的单词搭配视觉标志。尽管广告形象离不开平面广告、商业广告或网络小广告设定的框架，但是构成人们所感知的形象的各类要素与不断累积的文化含义和观众的个人经历息息相关，实际上正是这个相互关联的过程才产生了具体的广告效果。

理解广告的语言和视觉话语所构成的形象为何重要？理查德·戴尔（Richard Dyer）在《构图问题》（*The Matter of Images*）一书中对表征的论述有助于我们思考形象的概念。

表征即表现，总是且必然需要使用现有的文化符码和文化习俗等形式。此类形式限制和塑造特定时间、特定社会及特定场合下人们基于现实的说话方式和（或）关于现实的说话内容。虽然这貌似是对说话的限制，但实际上也使说话成为可能。文化形式拓宽了对具体事物加以表现（表征）的有限性和可能性的局限。同时，我们需要理解事物的表征如何受限于文化形式，才能明白为什么某特定表征表现为某特定形式。只有理解了形象在诸如叙述、体裁或景象中的呈现方式，我们才能真正

理解它们为何表现为它们所呈现的形式。（1993:2）

由此得出，任何形象的意义总是蕴含在文化表征的某些形式当中。

在媒体研究中，表征的本质和重要性更多地与斯图亚特·霍尔（Stuart Hall）的研究直接相关。霍尔的一篇论文指出，语言是阐述意识形态众多手段当中的核心手段，而主流的媒体形式及机构是定义意识形态的首要手段。该论文被视为研究种族及意识形态的里程碑。他认为，媒体在传播意识形态的过程中（既反复重申主题同时又改变其主题）处于核心地位，因为媒体能够产生"关于社会的表征、形象、描述、释义和框架，从而使我们明白客观世界的形态以及客观世界如人们所感知的那样运行的原因"（1981:31）。这个关于意识形态和媒体的观点可适用于广告的特定媒介作用。广告通过使用语言文字及视觉形象整合话语符码，从而生成关于社会客观世界的系列表征，并能扰乱、引导和促进人们对社会客观世界的认知。举一个显著的例子，在美国，纤瘦既是理想的女性体型形象，也是（白人）女性美的核心含义。这是由广告在一段时间里通过大量的话语符码所营造的。尽管越来越多的人批评这是表征的负面体系，但是一方面，时尚广告铺天盖地；另一方面，关于健康饮食、节食产品、健身项目和整形的广告让纤瘦的形象体系长存不息。本书第4章的分析展现了广告如何打造拥有零皱纹脸庞的中老年妇女形象，并不断强调这个形象是正常的（而不是理想中的）。进一步来讲，其传递的信息是妇女应该且必须处理容颜变老的问题。广告亦反复散播明确的种族

6

对立信息，尤其是白人与黑人之间的对立，即使种族结构时不时出现新的种族成分。虽然广告不是构成这些意识形态导向的唯一因素，但广告在文化环境中的日常显著性使它们成为影响意识形态的中坚力量。广告提供了大范围的"公众标志"（public symbols）。当我们在日常社会生活中"建立和保持个人身份"（Richards et al.，2000:2-3）的时候，这些标志可能起着导向作用。我们的身份认识（作为独立个体，作为社团和群体成员，作为一个社会）与广告传达的形象体系紧密关联。

1.2　话语的定义

在广告话语的形象构建过程中，强调文字意象的重要性并不意味着贬低其他因素对话语的价值，而是我们首先需要肯定语言的重要性，才能理解广告是一个文化过程。广告作为一个整体，其本身便是一种话语。它既遵循创作规范，又采用特定的话语要素来组织潜在的意义。为了开展对广告话语的分析，我们需要明确一些概念和术语。因此，以下将探讨话语的适用定义及几个关键特征，这是后文案例分析的基础。

朱迪斯·威廉姆森（Judith Williamson）在1978年出版的《解码广告：广告中的意识形态及意义》（*Decoding Advertisements: Ideology and Meaning in Advertising*）中分析了广告中话语构建的技巧，其最具意义的举措是提出了话语（尤其是语言）对广告的重要性。威廉姆森认为，"广告……提供的结构能够将客体的语言转换为人们的语言，反之亦然。"

她从符号学角度分析，巧妙地阐明了所谓的"相互关联"，即广告把两件事物关联的时候"并不遵循议论话语或叙述话语的法则，而是依据图片里二者的位置及图片的形式结构"（1978:19）。威廉姆森的论述是至今为止最为深刻的符号学研究，被誉为话语与广告研究的一座里程碑。

话语可以从许多不同的角度进行定义。语言学认为，话语有别于孤立的词语和句子，后者仅是前者的组成部分而不能代表前者，但有意义的一段话或文本能形成话语。从语言学的角度分析，话语具有延展性。例如，话语分析学者们把人们相互问候、交谈或参加会议的话语称为"使用中的语言"（Language-in-use）。话语亦指文字文本，例如"关于移民改革的话语"甚或一封情书。

话语的另一定义源自社会语言学，其重点围绕交际的手段以及它们在所处的社会语境中的应用和影响。该定义的话语既依靠语言手段，也依靠非语言交际系统和视觉表征系统。当话语的类型得到充分发展以至于容易被某一社会或群体辨识，则话语具有重要的意识形态作用。一种文化的任何一个时刻都会产生许多不同的、确切的话语类型。吉姆·吉（Jim Gee）从社会学角度对话语做出了解释，体现了文化语境中语言的复杂性：

> 每个话语都涉及言行举止、人际互动、价值衡量及精神信仰的方式。它同时涉及群体用于开展社交活动的空间和物质"素材"。话语整合了单词、行为、价值观、信念、态度、社会身份，以及手势、眼神、体态和

衣着打扮……通常情况下，话语是展示的方式……特定社会群体或社交界的成员关系。（1992:107）

米歇尔·福柯从广义的角度对话语做出解释。他认为，话语的构建也可以创造社会知识和规范社会行为。从该角度分析，话语使用语言以及其他一切与语言相关的资源既创造意义，同时又对意义做出限制。采用该方式构建的话语是文化的核心限定体系，该限定体系涵括个人并使个人社会化。

批评性话语分析（Critical Discourse Analysis，简称CDA）是近年发展起来的话语研究方法。其对话语进行解码，进而阐释话语在社会如何运作，尤其是在建立和维持权力关系方面。据此，批评话语分析不仅限于对话语本身的分析，而是对话语与政治、经济及社会情况的交错关系进行批判性分析。诺曼·费尔克拉夫（Fairclough，1995）对如何从批评性话语分析的观点研究媒体做了详尽的论述。费尔克拉夫指出，话语的分析应从两个相互联系的领域着手：（1）交际活动；（2）话语顺序。交际活动是指特定语境中具体开展的话语情景，该语境由话语的三个方面（以语言作为参考）组成，它们共同产生社交意义和影响。这三个方面分别为：（1）文本，包括词汇、语义、语法、句子结构、篇章结构；（2）话语行为，指话语的类型以及文本如何被生产、传播和理解消化；（3）社交行为，即话语如何关联特定的社会组织及社会交流活动。文本和社交行为通过话语行为这一中介维度联系在一起。费尔克拉夫在讨论媒体话语的时候指出，实施话语行为有两种不同的方式：常规性话语行为和创新性话语行为。前者的特征是"话语类型的正常应用"（例如，所有的香水广告在结构上的相似度极高），而后者打破常规模式，通常以创新的方式整合话语元素，或使用新的话语元素替换常规的话语要素（例如，使用即时消息的语言呈现广告文本，或使用一群奶牛踩着弹簧单高跷的形象来体现某家金融服务公司的非传统性质）。

在社会的飞速变化期，媒体话语将更具创造性，表现为各类异质元素的混合使用。我们所处的时代，事物日新月异：即时报道的时政事件、每日上市的新产品。同时，信息技术的快速发展能方便我们通达他人，获悉事物最新的突破，知晓人们能想到的每一类"最新的新闻"。费尔克拉夫转而强调，该语境下的发散性话语创新并不意味着是个人创新，而是"社会环境影响的结果"（1995:61）。费尔克拉夫提出的"话语顺序"为分析任何一项（一串）交际活动提供了语境。话语顺序指更为宽泛的话语行为和话语框架的性质。具体的交际活动在话语框架中进行。在广告研究中，任何一个特定的广告都可以被看作一个交际活动，如同普通商业一样被人们理解为广告机构的产品。广告话语的顺序包括生意行为（例如，由广告商进行产品广告的制作和发布，而非由产品所属公司执行）、惯例（例如，广告如何包装、投放和定价），以及行业准则（例如，广告需具有创新性且看上去真实可靠）。许多广告的交际活动看起来都很相似，广告与广告之间只是更换了具体的某些内容（例如，汽车、洗发水和麦片的广告）。然而，广告也出现了革新，尤其是在后现代主义的背景下，广告话语盛行碎片化、拼凑恣仿，以及破坏原意的稳定性。从本质上来讲，广告话语的顺序比其他类型话语的顺序更容易受环境影响而发生改变。例如，宗教话语的顺序变化缓慢，而司法话语的顺序则一成不变。

9   话语的概念范围亦可包含交际的语言和非语言手段，据此，批评性话语分析法能用于探究任何特定广告最初与广告产业之间的关系，进而探究二者所处的文化语境。许多广告话语的实例，不管是话语之内还是话语之外都十分有趣，或是因为其创作极具创意，或是因为巧妙地转变了观众的注意重心和他们对文本意义的解读。

研究广告本身和研究广告在社交行为体系的位置能产生不同的研究方向，一则1997年的梅赛德斯—奔驰杂志广告很好地说明了这点。该广告的特征为玛丽莲·梦露在红色背景前的脸部特写肖像照片。她戴着闪闪发光的蓝色耳环，眼妆精致，微闭双眼，张开鲜红的双唇，直视镜头。广告的右下方底部印有"魅力"（Glamour）一词。广告对梦露的这一经典魅力写真照做了一点儿独创性改编，把梦露脸上靠近嘴巴左上方那颗经典的美人痣换成了一个小小的梅赛德斯—奔驰的标志。该广告具有一些有趣的符号学特征，然而我们的分析不能止步于此。作为1997年的一则广告实例，我们应当考虑该广告所处的社会环境和盛行的社交行为。如此一来，这则广告就有许多值得探讨的地方。广告商巧妙地把梦露的经典形象与梅赛德斯的古板形象并列比较，符合婴儿潮时期的时代特点。这代人的父辈成就于金融时代，因此他们有足够的收入任意消费奢侈品。在这个时代，豪车引领潮流，以貌取人和消费文化大行其道。而梅赛德斯的固定形象是穿着传统服饰的老年富人开的车。于是该广告运用"魅力"（与所刊登的杂志《魅力》

［*Allure*］的标题采用同一种字体）这一语言文字和视觉元素共同为梅赛德斯—奔驰打造一个新的内涵。这种创新性是吸引消费者花大量钱购买豪车的有效途径。同一时代的其他广告亦极有可能通过为产品确立创新性表征的模式来改造产品标志，从而吸引一批富裕的消费者。

1.3　广告采用的话语要素

在广告的形象传播方面，有几个话语要素尤为重要。特此提出七个话语特征：省略、内涵、副语言、比喻、创作视角、人称和叙述。

广告的省略有几种不同类型。其中，语言省略可以由读者进行成分补充，完成语言衔接。由于广告受时间和空间的限制，只要省略的成分容易被目标读者补充和理解，省略便具有重要意义。麦克沙恩（McShane，2005）通过一系列复杂的例子，阐述了省略在广告中的使用情况。大多数广告的省略（采用"Ø"符号标注被省略内容的起止位置）要么是缺少某个语法元素的句法省略（"ØIt is/you are Ø *A little bit older* Ø It is/ you are Ø *A Whole lot bolder*"［"Ø就是/你若Ø长大少许，Ø就是/你便Ø胆大许多"］），要么是省去完整的语义所需的部分内容（"*In just 5 minutes* Ø which is how long you leave the lotion on your face before peeling it off Ø, Ø you will experience Ø *the power* Ø of ReNoviste Ø *to restructure your skin*"［"将乳液涂抹脸部Ø，停留五分钟Ø，剥离Ø，即可

10

体验Ø欧莱雅 ReNovisteØ重组肌肤的Ø功效"]）。互文省略（intertextual ellipsis）指省略的广告成分属于广告话语之外的其他话语，但这部分内容对广告意义的构成有着重要作用。当一则运动型多功能车（SUV）的广告使用大字体的"**尺寸是个问题**"标语，则读者领悟该文本全部意思的前提是知道该文本以外的、与男性生殖器或女性乳房相关的话语文本。同样，使用"少即是多"作为标语的笔记本电脑广告的字面意义貌似自相矛盾。然而，读者能够由该标语联想起精简尺寸与质量之间的关系。这在广告文本中被省略，却改变了标语的意思。费尔克拉夫讨论了广告的互文性，尽管与省略的关系并不明确。他的论述具有启发性：

> 互文分析在其分析框架内注重文本和话语行为的边界。它从话语行为的角度探索文本，从文本中总结话语行为实施的轨迹。互文分析旨在揭示与文本紧密结合的各类体裁和话语类型（往往是高度复杂混合型的创新性话语行为）。那么，产生文本需要依靠哪些体裁和话语呢？它们在文本中有哪些线索可寻呢？（1995:61）

读者或观众从广告以外的话语资料找回文本缺失的信息，其关键在于文本中的线索成分。

内涵（connotation）指一个或一串词语隐含的意蕴。内涵意义可以是个人的、另类的，也可以是社会或文化群体所共享的。为了全面了解内涵意义如何发挥作用，我们首先需要定义词语的外延意义，进而讨论特定的文化语境下广泛传播的隐含义。例如，颜色拥有数个内涵意义，但这些内涵意义不具有普遍性。在使用"火热"（hot）一词描述某件产品（例如唇膏）的颜色的时候，温度不是它要突出的属性，但这个描述需要我们通过使用"火热"的外延意义（"高温、发热"的意思）才能体会它的言外之意。

副语言（paralanguage）在语言学上指能够辅助话语系统表达意思的声音要素和吐字方式，包括说话时的音高、音调、重音、音量、音质，也包括面部表情、身体姿态、体距站位、肢体触碰等。副语言亦运用在书面文本，表现为对字体样式和大小、文本在纸版或屏幕的排版、文本颜色等的选择。

比喻（Tropes），又称形象语言、比喻修辞法，常见于广告中将产品比作特定文化语境中其他有实际意义的事物。由于比喻能提供一系列不言而喻的意义，因此许多广告话语会通过比喻实现必要的文本删减。据此，比喻和省略有共同之处，即读者或观众为了完整解读文本需补充文本缺少的成分。由于现代广告充斥着外观和表象创作，因此广告话语使用暗喻的情况尤为显著。如果一则广告使用"抗战暴涨的腰围"或"两性之战"的短语，读者联想的意义为使用计划策略和武器的战争、侵略和打斗。雪佛兰的其中一则广告标语为"一场美国革命"。同样，它使用了革命的比喻义，从而促使读者联想起该品牌采用强有力的手段推翻过去并赢得胜利。一些研究对广告使用比喻的情况进行了大量分析（Leigh，1994；McQuarrie and Mick，1996，2003）。

广告制作人负责选取由谁来陈述故事或传达信息，这便建立了广告话语的创作视角（point of view），使广告话语呈现出不同的选择。广告的创作视角对产品或服务的陈述者的陈述视角进行定位，同时也隐晦地决定了读者或观众的观赏视角。芭芭拉·斯特恩（Barbara Stern）对广告描述故事的方式进行了分析，并阐释了文学理论能用于揭示广告的表现风格。斯特恩罗列了广告使用的三种不同的创作视角：第一人称、第三人称和戏剧人物。第一人称自述有两种方式：一是以证词或采访的形式呈现，使用"我"来陈述；二是以主办方或公司声明的形式呈现，使用"我们"来代指公司。思考以下例子：

- 克里夫兰诊所近期的广告宣传海报使用一张空的大班椅的图片，在图片的上方写着："'直到我接受动脉瘤手术的前一刻，我都会一直查看邮件。几天之后我就将出院。如果谁坐了我这张新的意大利真皮椅，就甭提奖金的事。周一，大清晨，公司见。'——签名人 劳雷尔"
- 丰田的得州风格版平面广告宣称："他们说得州的东西比其他地方的大，且看我们给当地造的货车。"

12　　第三人称叙述是指用第三人称指称故事或广告中的人物。安眠药广告经常使用此类形式来构建这样的画面：一个正在睡觉的人物角色，配以诸如"马修先生已经发现了整晚好睡眠的秘密"的旁白。戏剧角色的角度是指借助迷你剧来为广告代言。运用该形式的广告语言从本质上讲类似为观众表演小品，它所持的立场是从旁白见证戏剧人物说话、做事的整个过程得出结论。盖可（Geico）汽车保险的洞穴人系列广告（以及此前的壁虎系列）便属于该类型。尽管广告中上演的迷你剧与保险毫不相干，但是它过渡到"连洞穴人都能办到，**盖可**就是如此简便！"的口号。每一种创作视角均有其优势和缺点，因此广告商在构建广告策略时很有可能会仔细衡量。

与创作视角相关却不相同的是广告词称呼读者或观众时所使用的语法人称（grammatical person）。广告是否直接与观众对话？抑或广告通过隐晦的方式让观众代入广告并对自己进行角色定位？许多广告使用第二人称的形式，如"您""您将看见……""更多惊喜，请您登录……"使用该模式的广告通常应用假装给予建议或传道授业的话语结构，其广告代言人或广告旁白直接称呼观众或读者。另一种方式是把观众定位为观察者或倾听者。

在展示产品及与产品相关的生活方式方面，叙述（narratives）是行之有效的话语风格。电视广告经常使用叙述方式来讲述有关产品的故事。它要么选用戏剧人物的视角，要么使用旁白的形式讲述产品与使用者之间的故事。平面广告有时亦会使用视觉构图来叙述故事的不同阶段。例如，一则Physicians Formula牌多色蜜粉的广告构图为一位哀伤的年轻姑娘使用思想泡泡的方式陈述故事，围绕她的泡泡里写着："我看起来很呆板/太不真实了/好吧，我是假人模特/一个呆板的塑料模特/啊快看！是一只小鸟/一架飞机/一个塑料假人模特女孩。"（I look dull/Almost fake/Great, I'm a mannequin/A dull, plastic mannequin/ Oh look! It's a bird/it's a plane/ it's plastic mannequin girl.）平面广告亦能使用隐晦的方式进行叙述，使读者产生代入感。万事达卡营销活动的广告（海报

版及电视版）向观众讲述了一次特定的愉快经历由数个部分
组成，并展示了每个部分的价码牌，而整个经历或经历的某
些方面的价格则显示为"无价"。这容易令读者或观众联想
起自身类似的故事，从而暗示他们如果也能像故事所说的那
样"万事皆可达，唯有情无价"（For everything else there's
MasterCard），他们便能获得无价的经历。

1.4　章节概览

13　　　本书后面五章重点讨论广告的文字意象和视觉形象所
体现的文化编码过程及倾向。每章围绕一个主题展开案例分
析，并与其他章共同形成一个有机整体，以此揭示一些显著的
广告话语结构类型，以及广告话语对21世纪美国显著的意识形
态符码的贡献。第2章和第3章探讨广告中与种族（第2章）和
多样性表征（第3章）相关的话语过程。其中，第2章（"吸烟
与映射：香烟广告传播的种族主义形象"）将阐述香烟（尤其
是薄荷醇类型香烟）的平面广告所使用的具体语言文字涉及
与种族相关的内涵。本章将通过一些实际案例来分析语言文
本，在搭配特定的视觉形象之后，如何重新传播关于黑人和非
裔美国人的刻板形象。第3章（"摆正种族观念：青少年广告
中多元文化的画面与声音"）将分析青少年节目中的电视广告
呈现文化多样性的方式。由于本章的广告话语运用各式各样受
青少年热捧的电视节目的缩影进行叙述，因此对植入广告的分
析需要在相关的节目话语所营造的语境中进行。结果显示，除

了一些以黑人演员为标志的节目之外，相对而言，面向青少年的广告仍然极少展现种族和文化多样性。在那些有大量白人角色和（据本文推测）面向白人观众的节目里，广告使用黑人演员的情况大多旨在加强黑人青少年文化里的一些特定的概念。第4章（"不同群体不同修辞方式：广告与脸部护理"）将描述一件女性同胞关注的头等大事：追求完美面容。而广告话语更是给这个观念的传播煽风点火。一系列广告话语潜在的基本观念是，所有年龄的人追求的目标都是完美的面容，为此笔者创造"脸部护理"这一术语来指代广告关于管理面容的目标。本章重点关注广告如何针对不同年龄层的群体运用不同的修辞方式，同时探讨男性和非白人女性的脸庞在脸部护理广告出现的位置。

第5章（"麦迪逊大街与硅谷交汇：科技对广告的影响"）将详细论述一种新的话语类型，笔者称之为"科技构图法"（technographic）。由此探讨具有文化显著性的受限语言（行话）如何进入广告话语。为了阐明科技描绘话语的可理解性，本章应用"实践社群"（community of practice）的概念，进而对非科技产品广告出现的不同类型的科技构图话语进行描述。

第6章（"从芭比到百威视频网：第五类框架中的广告"）为本书的总结部分。本章认为，由广告建立的网络品牌延伸（Internet Brand Extensions，简称IBE）利用叙述来发展一个广告框架。该框架流行把聚焦点放在个人身份，并暗示消费者拥有获取广告信息的主动权。尽管注重叙述话语的可选择性迎合自我沉迷的思想，然而，网络广告以广告娱乐

14

（advertainment）的混合形式提供大量软广告的同时也可能会产生群体意识、社交活动和社会责任错位的问题。

从本质上来讲，广告总是在推陈出新。正如文化利益和文化理念不断演化一样，一些显著的广告话语持续演化的情况也不足为奇。为了论证一些值得关注的话语特征，笔者在每个章节都提供了大量的例子。其中，绝大多数的广告例子标注了具体来源，以便向可能会接触这些例子的读者清晰转述，同时帮助有需要的读者直接阅读原广告。本书讨论的部分例子可能会经久不衰，而另一部分例子在本书出版后便会退出广告市场成为历史。不管怎样，这些例子都是总结话语实践类型的具体交际活动。而这些话语实践是社会实践的必要组成部分，它们传播了大量文化价值，体现这些价值意义的先后顺序。广告是我们当下时代主要的公众话语之一，其承载的语码能够强有力地表现文化意蕴和意识形态内涵。

2

吸烟与映射：香烟广告传播的

种族主义形象

15　　　　吸烟和广告之间的关系备受争议。由于公众怀疑"广告内容的真实性"，20世纪90年代发生了一起对烟草业进行披露的诉讼，并造就了2 060亿美元赔款的《烟草总和解协议》（Master Tobacco Settlement Agreement，简称MTSA，以下简称"《总协议》"）。该协议的签订是过去烟草广告欺骗公众的最好证明。在与美国46个州、波多黎各、美属维尔京群岛、美属萨摩亚、北马里亚纳群岛、关岛以及哥伦比亚特区签订的这份协议里，五大烟草制造商巨头被裁定赔偿上述地区由吸烟引起的健康问题而造成的经济损失（Wilson，1999）。从新闻报道中，公众得知了关于烟草业罔顾吸烟危害健康的事实，也知道了烟草商吸引潜在吸烟人士、赢得品牌偏好的计谋。协议的另一个主要成果是限制烟草公司向青年群体投放香烟广告。总的来说，《总协议》在法律上和经济上给予烟草业一次重大打击，使该行业的公众形象变得摇摇欲倒、备受质疑。此外，烟草广告的类型和宣传渠道成为管制要点，而该产业也被越来越多的监督组织和研究员盯上。

　　《总协议》生效之后，烟草业实际上增加了广告开支。联邦贸易委员会（Federal Trade Commission）2001年的报告显示，从1998年到1999年，尽管香烟的销量下降了10.3%，但是广告、推销项目的总开支同年增长22.3%，达82.4亿美元。由于《总协议》禁止烟草公司在广告牌、其他户外场所和公共交通场所投放香烟广告，因此烟草公司转而进军报纸、杂志、展销会和促销活动，以及近期的互联网广告。这大大弥补了《总协议》的限制所造成的广告损失。截至2001年，香烟的广告开支的增长超过35%，涨至112亿美元（Federal Trade Commission，2007）。其中"奖励商家、零售增值"的广告种类的开支占总广告开支的80%以上（Pierce and Gilpin，2004）。香烟广告和推销项目的开支持续上涨，2003年为高峰期，达155亿美元。但从2005年获取的数据显示，烟草业自2003年起缩减了广告开支，原因有可能是该产业普遍的资金紧张（参见表2.1 1998—2005年的数据）。即便如此，香烟广告和推销项目的花费金额从1998年到2003年总体还是增长了125%。

《总协议》实施多年以来，相关部门一直致力于加强向青少年投放香烟广告的禁令和对香烟广告的宣传场所及途径的限制，并注重监管各州对赔偿金的分配过程和使用情况。出于行业的生存和发展需求，烟草业对此密切关注，同时也极力吸纳新的吸烟人士来替代已去世和戒了烟的消费群。自吸烟有害健康的事实被曝光之后，社会出现了一批反烟教育行动，吸烟的潮流渐退。这导致烟草业兵革满道，举步维艰。从1965年至1995年，有吸烟行为的成人人数占总人口的比例从42.4%降至22.5%（Centers for Disease Control，2004）。截至2005年，该比例更是下降至20.9%（Centers for Disease Control，2006c）——这是反烟教育行动、传播吸烟相关健康资讯以及

16

曝光烟草业侵害民众的事实等多方共同努力赢得的胜利。即便
市场上充满了大量反对吸烟的公众信息，烟草业仍然和其他产
品的生产商一样寻求成功的营销策略。探索和建立目标市场便
是围绕着这个使命开展的。例如，因女士吸烟人数比男士少而
专门开辟女士香烟市场。在女性吸烟潮流开始减退的数年之
后（Centers for Disease Control，1996），维珍妮牌女士香烟
（Virginia Slims）于1968年推出。在20世纪90年代的那起诉讼
的整个过程中，人们对香烟广告的目标性和针对青少年推出的
特定香烟品牌极为关切（Arnette，2001）。青少年群体是顶替
去世的吸烟人士和戒烟人士的最佳人选，而种族亦被形容为目
标市场营销策略和香烟广告的重要组成部分。

表 2.1　1998—2005 年烟草业广告和推销的开支

年份	开支 / 亿美元	与上一年同比变化 /%
1998	67.3	—
1999	82.4	+22.4
2000	95.0	+16.4
2001	112.2	+17.0
2002	124.7	+11.1
2003	151.5	+21.5
2004	141.5	−6.6
2005	131.1	−7.3

来源：联邦贸易委员会（2007）

17　　　烟草商不断更新和改良出售的香烟，尽管这与市场营销
行为和广告行为没有直接联系，却反映了烟草商想方设法使吸
烟人士在初次尝试之后对香烟上瘾的举措。哈佛大学公共卫生

学院的研究人员近期开展的研究证实，从1998年至2004年，各大烟草商生产的香烟的尼古丁含量普遍上升，同时，单根香烟也越来越耐吸（Smith，2007）。

　　本章重点探讨香烟广告运用语言构建种族主义意象的方式。具体来讲，本章分析香烟广告所使用的语言文字如何涉及黑人—白人的种族对立和美国黑人/非裔美国人的刻板特征问题。对香烟广告形象构建的分析基于以下两个问题：（1）烟草商把它当作锁定黑人消费者的手段；（2）它在更大的文化环境中传播与种族主义相关的形象。第一点问题围绕广告的意图，即集中分析用于提高销量的市场营销和推广策略。第二点问题增加了社会和文化显著性这个重要的维度。这是因为香烟广告作为具有文化意义的话语体系中的一个组成部分，以特定的话语构建方式将种族概念实例化。尽管烟草业声称对所有的成年吸烟人士和潜在吸烟人士一视同仁，但本章分析的广告显示，该说法实际上暗藏着吸烟与映射的本质。诺曼·费尔克拉夫在详细研究媒体话语时给出的论述为本章关注的问题提供了参考："一个有用的研究假设是任何文本的任意部分……将会同时代表和建立相应的身份，并建立（与观众的）多种联系。"（1995:5）基于此观点，当香烟广告涉及种族概念，它便成为一幅具体的文化地图，用文字意象和视觉形象绘制各种身份。香烟广告向潜在的观众呈现不同种族身份之间的关系，这实际上是复述种族分歧问题，因此将被视为种族主义。许多香烟广告整合的语言文字和视觉形象是如何引申出种族方面的含义的？本章将围绕该问题展开分析。内涵意义的范围较广，既有被特定人群理解的独特含义，又有广为人知的普遍含义。"如果一个内涵意义是广义的文化组织的产物或者能反映这些文化组织，那么它几乎能够被全体成员感知和理解。"（Murfin and Ray，2003:73）据此，在美国的种族问题上，特定的形象确实能引发特定的种族含义。

本章首先介绍种族和香烟的背景信息，包括吸烟人口统计、薄荷烟针对黑人市场的营销，以及烟草对美国黑人产生的健康和经济影响。第二节的文献综述重点讨论香烟广告把美国黑人当作目标客户并持续针对他们进行宣传。第三节通过一系列例子分析香烟广告的视觉图片和语言文字所构建的形象反映了哪些长期存在的文化内涵。第四节具体研究数个香烟广告案例。这些广告使用的语言表达之间形成了鲜明对比，因为搭配文字的人物图片有黑人和白人之分。这些例子旨在说明香烟广告的文本带有种族主义色彩，其利用种族主义的内涵意义，在所在的种族文化意识形态范畴内对黑人吸烟人士或潜在吸烟人士进行了定位。本章的结论认为，香烟广告的种族主义文本是文化环境中的一部分，对此总结了几点看法。

2.1　种族与香烟

2.1.1　人口统计分析

吸烟的人口统计数据显示，主要的种族和民族群体之间、男性和女性之间的吸烟人数情况存在差异。2005年执行的全国健康状况走访调查（Centers for Disease Control，2006c）

显示，在总体的吸烟率统计数据下面存在许多变量（参见表2.2）。2005年的评估数据把美国的非拉丁裔白人的吸烟率定为21.9%：女性白人占20.0%，白人男性占24.0%。吸烟在非拉丁裔黑人中的流行程度总体与白人相似，占黑人总人口的21.5%；然而黑人男性吸烟率远高于黑人女性（分别为26.7%和17.3%）。

20世纪90年代期间，黑人高中生流行吸烟的人数增加了80%。但是（非常幸运）该趋势在1997年至2003年期间朝相反的方向发展，吸烟人数不但没有增加，反而降低了33%，从黑人高中生总人数的22.7%降至15.1%（American Lung Association，2004）。疾病控制与预防中心2005年的报告数据（Centers for Disease Control，2006a）估计，在所有的高中学生当中，大约有13%的黑人学生吸烟，而白人青少年和拉丁裔青少年吸烟的人数比例较高，分别为26%和22%。该报告还涵括了中学生吸烟人数的比例情况。其调查显示，白人、黑人和拉丁裔吸烟人数比例相近（分别为9%、10%和8%），但美国亚裔少年吸烟人数比例相对低很多，只占总数的3%。

在分析美国黑人吸烟数据的背景中，美籍亚裔的吸烟人数极少，整体吸烟人数占比只有13.3%。从2001年起，该比例仅上升了大约1%，其中拥有亚洲血统的男女吸烟人数的比例悬殊，男性占20.6%而女性仅占6.1%。2005年拉美裔吸烟人数总体比非拉美裔稍少——比例为16.2%，其中大部分吸烟人士为男性，占21.1%，而拉美裔女性吸烟人数只占11.1%。在接受调查的民族群体当中，美洲印第安人和阿拉斯加原住民吸烟的发生率最高，吸烟人数占比32.0%（男性占37.5%，女性占

19

26.8%）。

　　吸烟的人口统计数据亦能揭示受教育程度情况。一个人接受教育的程度越高，其成为一名吸烟人士的可能性越小（Centers for Disease Control，2006c）。2005年的数据显示大范围的教育水平和吸烟人数情况，其中43.2%的吸烟人士只获得普通高中同等学历证书。相比之下，拥有研究生学位的吸烟人数比例是7.1%。

　　香烟广告对美国黑人或非裔美国人的定位十分明显，其中跟香烟销量有关的原因如下：该种族群体容易实现区隔化市场的潜力；他们对薄荷烟情有独钟；他们承受着吸烟对健康造成的严峻后果。

表2.2　2005年美国成人吸烟人士的比例
（选定组，基于全国健康状况走访调查）

组别	男性	女性	合计
总人口	23.9	18.1	20.9
种族或民族			
白人 *	24.0	20.0	21.9
黑人 *	26.7	17.3	21.5
拉美裔	21.1	11.1	16.2
美洲印第安人 / 阿拉斯加原住民 *	37.5	26.8	32.0
亚裔 *	20.6	6.1	13.3
受教育程度			
普通高中同等学历	47.5	38.8	43.2
高中毕业	28.8	20.7	24.6
本科学位	11.9	9.6	10.7
研究生学位	6.9	7.4	7.1

续表

组别	男性	女性	合计
贫困状况			
处于或高于	23.7	17.6	20.6
低于	34.3	26.9	29.9
未知	23.9	18.1	20.9

* 非拉丁裔
来源：疾病控制与预防中心（2006c）

2.1.2　市场和对薄荷烟的偏好

首先，在整体吸烟率下降的背景下，正如上述所说，成
年非拉丁裔黑人吸烟人数的总体比例比非拉丁裔白人的吸烟人
数比例略低，但是该群体的男女吸烟人数比例差异很大。吸烟
的黑人男性较多，导致他们容易成为香烟广告的目标。同时香
烟广告也使出浑身解数，促使该目标客户群保持和增加香烟的
消耗量。吸烟的黑人女性较少，以至于香烟广告的目标性更加
明确，即希望可以通过广告吸纳新的黑人女性吸烟人士。这个
性别方程式的两边都加剧了烟草行业的渴求——发展黑人青少
年吸烟群。其次，黑人吸烟人士偏爱薄荷烟。

黑人和白人对薄荷烟的喜好程度差异极大，3/4 的黑人喜
欢薄荷烟，而白人喜欢薄荷烟的人数是 1/4（Centers for Disease
Control，2003）。烟草业在广告宣传和"公共关系"方面做
出的努力巧妙地造成了这种差异。菲利普·加德纳（Philip
Gardiner）解释道：

通过使用电视和其他广告媒介，搭配为符合文化意
识形态而量身定做的形象和信息，烟草业使薄荷烟"美

20

国黑人化"。烟草业对含薄荷醇的产品定位十分成功，尤其是把酷凉牌（Kool）香烟定位为年轻、时髦、全新和健康。薄荷烟在美国黑人社区中占有较大的市场份额，在此期间，烟草业向美国黑人组织捐赠资金，希望能够缓解社会对他们产品的攻击。（2004:S55）

2001年的全国家庭普查报告中，有关药物滥用的数据记录了特定的香烟品牌喜好，其中黑人吸烟人士近几年非常喜欢新港牌（Newport）香烟（45.2%），其次是酷凉牌香烟（10.7%）。本次调查亦发现，白人和拉美人喜欢万宝路牌香烟（分别为44.5%和59.5%）。在这些大的组别当中，有几组更为具体的数据对比情况尤为显著：女性与男性相比、中学年龄的青少年与成人相比、某些亚洲血统群体（可能是菲律宾人）与白人相比，三组均是前者更喜欢薄荷烟（Sutton and Robinson，2004）。这些品牌偏好情况分析使我们思考一个问题：为什么需要考量品牌喜好？从美国黑人的情况来看，香烟偏好问题确实至关重要。据美国癌症学会研究发现（American Cancer Society，2004），薄荷烟额外的不利影响是"与吸其他香烟的人相比，吸薄荷烟的人能够吸得更深并使烟雾在体内停留的时间更长"。

2.1.3 对健康的影响

吸烟对美国黑人的健康造成的后果比白人严重许多（Health disparities，2005）。吸烟导致的一系列具体的健康问题都与偏好薄荷烟脱不了干系。疾病控制中心（2003）汇编的信息指出，许多严重的健康问题均与吸烟相关，而吸烟对黑人群体的负面影响特别明显：（1）黑人患肺癌的人数比例更高，其中黑人男性比白人男性患有肺癌的风险高出50%以上；（2）患有脑血管疾病和中风（吸烟增加了患病概率）的黑人男性和黑人女性人数比对应的白人患病人数高出两倍；（3）在控制吸烟量方面，黑人吸烟人士血清里的可替宁（尼古丁的初级代谢物，具有尼古丁的生物活性）含量比白人吸烟人士的高。基于上述情况的综合分析，非裔美国人吸烟人士偏好的香烟品牌有可能比白人吸烟人士的尼古丁含量水平更高。

2.1.4 对经济的影响

吸烟除了对黑人吸烟人士的健康影响更大，黑人吸烟人士还要承担比白人吸烟人士更为沉重的经济压力。黑人整体的收入比白人少，而抽烟却是一个需要不断增加花销的习惯。2005年，黑人家庭的收入中位数是3.085 8万美元，而相应的，白人家庭的收入中位数是5.078 4万美元（US Census Bureau News，2006）。由于州与州之间存在差异，因此很难测算吸烟实际上的平均花费。然而，为了说明情况，我们可以使用疾病预防控制中心的估计数据：刨除差异性巨大的州税和地方税之后，美国2004年每包香烟的均价为3.9美元（各州香烟消费税税率及排名［State cigarette excise tax rates and rankings］，2004）。假设一名吸烟人士的吸烟量为每周5包香烟，而每包香烟的均价是4美元，那么他（她）每年在这项百害而无一利的爱好上的花销将超过1 000美元。与其他定价消费品一样，消费的实际费用随着收入的降低而增加。换言之，香烟的平均开支占黑人家庭收入的比例比白人家庭的要高许多。与此同时，吸烟带来的医疗和保健消费亦构成了吸烟造成的经济损失的一部分。

2.2　烟草业的目标客户：非裔美国人

不同的研究资料表明，烟草业专门把美国黑人作为目标客户。其中一支研究队伍调查了香烟广告中一些明显的种族主义成分。该研究重点关注20世纪50年代和60年代刊登在《黑檀》（*Ebony*）和《生活》（*Life*）杂志的香烟广告，并记录了这些香烟广告使用模特的情况。调查发现，《黑檀》的香烟广告几乎全部使用黑人模特（尤其是运动员），而同时期的《生活》所刊登的广告一概不使用黑人模特（Pollay et al.，1992）。另有一份研究（Cummings et al.，1987）对比分析了黑人读者群中广泛流传的杂志（《尊翔》［*Jet*］、《黑檀》和《本质》［*Essence*］）与白人读者量占主要地位的杂志（《新闻周刊》［*Newsweek*］、《时代周刊》［*Time*］、《人物》［*People*］和《小姐》［*Mademoiselle*］）所刊登的香烟广告，发现二者在广告的数量和宣传的香烟类型上存在差异：目标读者为黑人的杂志比目标读者为白人的杂志刊登的香烟广告数量更多，薄荷品牌的香烟广告数量整体占比更大。

记录最为详细的案例之一是雷诺士烟草公司（RJ Reynolds，以下简称"雷诺士"）。其旗下最著名的香烟品牌有骆驼和沙龙。雷诺士的文案作为《烟草总和解协议》的一部分被公之于众，文案的一些具体内容显示了该公司使用特定策略吸引黑人吸烟人士的意图（Balbach et al., 2003）。其中，最为露骨的手段是该公司于1989年或1990年研发了一种名为"上城区"（Uptown）的香烟。雷诺士为了抢占美国黑人市场而专门设计了这款香烟，然而当该品牌准备投放市场和销售的时候，雷诺士遭遇一个费城团体发起的强烈抵制，该团体恰恰取名为"上城区联盟"。尽管此次抗议成功阻挠了上城区牌香烟的面市，但是雷诺士并没有因此而放弃取悦和招揽非洲裔顾客群。

雷诺士长年向美国黑人市场集中投放薄荷烟。继1998年的烟草和解案之后，该公司加大了在面向非裔读者的杂志里投放广告的力度。巴尔巴赫等人（Balbach et al., 2003）分析了雷诺士公司在《尊翔》《黑檀》和《本质》（三本杂志均面向黑人读者）刊登的香烟广告的内容，并与《人物》杂志所刊登的广告进行了对比。结果发现，在1999年至2000年间，面向黑人读者的杂志所刊登的香烟广告与《人物》杂志里的香烟广告在主题上存在明显区别，前者更可能强调"解脱与奇妙"和"贵重品"，且似乎更喜欢刻画"夜生活"。此外，面向黑人读者的杂志和《人物》杂志所刊登的薄荷烟的广告量也存在差异。这种差异清楚表明了雷诺士的薄荷系列品牌定位的目标客户：雷诺士在面向黑人读者的杂志投放了43则广告，其中98%的广告推销薄荷烟，而在《人物》杂志里没有发现任何一则薄荷烟的广告。

2004年，雷诺士并购了布朗与威廉姆逊公司（酷凉牌香烟和好彩牌［Lucky Strike］香烟的制造商），并因此扩大了经营范围。新的母公司更名为美国雷诺士烟草控股公司

（Reynolds American，Inc.），由三个子公司组成：（1）雷诺士烟草公司，生产骆驼、云丝顿、酷凉、沙龙和特威尔五个品牌的香烟；（2）盛达菲烟草公司（Santa Fe Natural Tobacco Company），生产美国精神·天然牌香烟；（3）莱茵有限公司（Lane Limited），生产登喜路系列产品和其他多类烟草产品（美国雷诺士烟草，日期不详）。雷诺士公司针对美国黑人推出广告的情况与本次并购尤为相关，原因在于该公司在并购之后掌控了薄荷烟市场的更大份额（薄荷烟的销量冠军是由 P. 罗瑞拉德烟草公司［P. Lorillard］生产的新港牌香烟；参见 National Household Survey on Drug Abuse，2003）。酷凉牌香烟针对黑人青年，采用嘻哈风格进行广告宣传，我们能从中清晰地看出雷诺士公司试图吸引更多美国黑人青年购买他们的品牌（本章后面将对该广告宣传做进一步阐述）。在收到大量的抗议之后，新雷诺士公司同意减少使用嘻哈主题的广告，并为一些预防青少年吸烟的项目支付了146万美元（Herman，2004）。

2.3　种族主义广告的文化文本

　　广告商为了吸引不同群体的公众吸烟采用不同的广告宣传方式，这种"黑人与白人"的概念展示了美国种族对立的思想。不仅如此，这种概念还体现在广告商为整合销售信息而构建带有种族主义的话语。普通香烟和薄荷系列产品为了吸引非裔群体而使用的广告话语构建及广告宣传策略，实际上传播了一个明显带有种族主义倾向的体系，该体系的特征就是美国的种族意识形态。

广告策略与广告的文化文本如同十字交叉的坐标线，通过对突显种族类别的视觉形象、广告宣传的渠道和广告词的成分结构进行针对性的选择，共同在香烟广告里展现了一个种族符号学的概念。在下述分析的实际例子中，我们将通过探索香烟广告里语言文字和视觉形象的相互作用来揭露这个黑人—白人对立的种族符号学概念。广告的语言文字需搭配视觉形象，因为它们既汲取广告所处的文化下的种族意识形态，又加强了这种意识形态。该文化文本的构建过程将通过香烟广告的一系列例证进行说明，包括本森哈奇（Benson & Hedges）、沙龙和酷凉三个品牌详细的广告宣传案例。这些例子将展示种族主义如何被文本化，进而延续创作有关黑人和白人的故事。

2.3.1 首先谈谈"骆驼老乔"

"骆驼老乔"（Joe Camel，现已永久退出广告舞台，之前被称为香烟广告之王）的例子臭名远昭。1978年，"老乔"以卡通人物的形象出现在广告场景里。广告商将其描写为喜欢恶作剧和享受生活乐趣的家伙，因此吸引了年轻观众。广告刻画了许多不同场景的老乔，包括老乔骑摩托车，和朋友畅饮、打桌球，开敞篷车和朋友们一起兜风，化身为飞行员且背景出现一名金发"美女"，出现在好莱坞且背景出现同一名金发"美女"，做电台节目等场景。雷诺士公司给老乔的形象加入"性格柔顺"（smooth character，与香烟的"口感柔顺"一语双关）的话语文字，丰富了关于风趣幽默的话语中有型和狂野的一面。

24

当烟草业处于诉讼的阵痛期，这个烟草肖像涉嫌吸引年轻观众吸烟的问题便遭到了大众媒体的报道和研究人员的关注。1997年5月，联邦贸易委员会重新展开了一个早期的关于老乔的吸引力和青少年广告的调查。而雷诺士烟草公司在同年7月宣布让老乔"退休"的决定（Slade，1999）。

1971年起，香烟广告被禁止在电视播放。而骆驼老乔在该禁令出台很久之后才首次亮相，因此，它成为文化肖像的故事特别值得研究。杂志、销售点展架、骆驼牌香烟赞助的活动，以及吸引眼球的大型广告牌刻画了骆驼老乔的一生。老乔的脸和身影似乎随处可见。笔者记得在开车驶入剑桥市的时候，一块骆驼老乔的巨大广告牌赫然耸现在哈佛广场。在骆驼老乔广告早期的宣传活动中，这个香烟肖像的冲击力显而易见。1991年，《美国医学协会杂志》（*Journal of the American Medical Association*，Fischer et al.，1991）发布的一项研究表明，91%的6岁受访者和30%的3岁受访者能认出老乔是骆驼香烟的标志，对于6岁组来说，老乔的识别度与迪士尼的标志米老鼠的识别度相当。另一份研究显示，在骆驼老乔推出之后，骆驼牌香烟在未成年人、青少年市场的占有率从0.5%上升至32.8%（DiFranza et al.，1991）：增幅竟高达656%！

虽然有关骆驼老乔吸引青年的指控和曝光成了关注焦点，但是有关骆驼老乔的另一个具有社会显著性、属于市场营销方面的问题受到的关注却少之又少：在骆驼老乔后期的一些广告中，老乔的外表具有种族化特征。1997年1月和2月（就在1997年7月老乔宣布"退休"的前几个月）推出的骆驼薄荷烟杂志广告把这只骆驼包装成穿戴光鲜，理了黑人的短平头发型，得意有型的公子哥（参见从《黑檀》摘录的图2.1，1997年2月）。图2.1广告中的三只骆驼与香烟共同出镜：一只手持一根香烟，因为手伸向镜头而以放大变形的尺寸突显香烟，其余两只嘴巴叼着香烟，其中一只递出一盒打开的骆驼烟给观看广告的画外烟友。单词"薄荷醇"（MENTHOL）以大写字母形式出现在广告顶部，字体格外大。由于《黑檀》的这则骆驼牌薄荷烟广告是跨页广告，因此十分引人注目。它被印制成竖版，导致杂志的读者通常不会一翻而过，而是把杂志旋转90度看看这则广告。该跨页广告也采用了易撕的设计，它可以从杂志上撕下来当海报贴。在《黑檀》杂志的语境里，我们不难发现，长着黑人模样的骆驼的视觉形象结合 "MENTHOL"的大型语言文字实际上是广告种族化的表现。通过赋予著名的老

25

图 2.1　**骆驼牌**薄荷烟 "老乔和朋友们"（《黑檀》，1997 年 2 月）

26

图 2.2　**骆驼牌**薄荷烟 "老乔和朋友们"（《黑檀》，1997 年 7 月）

乔广告种族化的、含薄荷醇的意义，雷诺士烟草公司似乎想在老乔 "退休" 之前最后奋力一搏，把骆驼烟推向黑人观众。

　　此外，同一时期（1997年7月）在《黑檀》刊登的另一则广告描绘了三只骆驼在一间砖房的消防通道上小聚的情景。该建筑看上去像是市区公寓（参见图2.2）。尽管该广告没有明示是薄荷醇系列，但是仔细观察广告中的骆驼能清楚发现雷诺士烟草公司的上述意图。因为其中的两只骆驼没有戴帽子，他们的发型是黑色的短平头。同样，这三只骆驼伙计也手持香烟。

27

2.3.2 以种族化文字意象构建香烟广告的显著主题

2.3.2.1 新港愉快（Newport pleasure）

烟草商针对美国黑人使用的显著的宣传主题之一是把吸烟与"解脱与奇妙"联系在一起（Balbach et al.，2003）。该主题通过在广告中反复出现"愉快"的标语吸引享乐主义者。

罗瑞拉德烟草公司的新港牌香烟（美国黑人吸烟人士最喜欢的香烟品牌）长期使用"愉快"的字样作为宣传广告主要的文字意象和品牌元素。自1972年起，新港牌"愉快"香烟的招牌屹立至今。它全部的广告主题都围绕着一对男女或一群可爱的青年享受某种活动带来的乐趣。该品牌早期的广告宣传刻画白人吸烟人士的故事，广告词声称新港牌使人"愉快地活着"。然而，公司在20世纪80年代末转而使用非白人模特，于是该广告主题有效地传达至黑人观众。罗瑞拉德烟草公司做出改变的理由很简单：关于吸烟危害健康的公共宣传十分奏效，美国的吸烟人士的数量和香烟销量下降。因此，开发新的市场和改进营销策略对烟草公司愈加重要。1979年，新港牌香烟的总销量是98亿根，位居香烟销量排行榜的第18位（Borio，1997）。罗瑞拉德公司向美国黑人销售新港牌香烟的宣传策略十分奏效，1990年的销售数据显示，新港牌香烟的销量跃居第5位，共计240亿根香烟（Borio，1997）。尽管关于愉快的广告词旨在同时引起白人和黑人对罗瑞拉德公司的薄荷烟品牌的意象感受，但是该文字意象与黑人吸烟人士的关联明显越来越深。许多香烟广告采用黑人模特，然而新港牌香烟的广告以使用深色皮肤模特著称。词组"愉快地活着"构建了一个文字框架，它能引起读者关于充满微笑、浪漫和友谊的美好生活的视觉感受。

新港牌香烟后来把广告词"愉快地活着"改成"新港愉快！"。1999年在《黑檀》及其他杂志刊登了这样一则广告（参见图2.3）：三名魅力十足的非裔美国青年（一名男性在中间，两旁站着两名女性）身穿泳装，从他们摆出的运动姿势可推测他们在玩沙滩排球。为配合"新港愉快！"的情景，三人笑容灿烂，露出洁白透亮的牙齿，其中一位女青年手持香烟。由于该广告的情景缺少背景，因此由这三名年轻黑人构成的视觉形象所表达的 "愉快"的具体内涵十分耐人寻味。三

28

图 2.3　**新港**愉快！（《黑檀》，1999 年 8 月）

人的泳装打扮和男子头上的球状物体是表明这是沙滩场景的唯一线索。然而，在玩沙滩排球的情景下，采用其中一名女子手持香烟的设定显得十分怪诞。新港牌香烟的其他广告描述的视觉形象包括一对黑人男女滑冰，一名黑人女性拥抱正在弹电吉他的男伴，一名黑人男性和两名黑人女性乘坐摩天轮，一对黑人男女靠在铁丝网护栏上（参见图2.4），等等。

29

一些新港牌香烟的广告表达了黑人和白人之间友好的互动。例如，2002年12月的一则广告画面（刊登于《尊翔》《时尚》［Cosmopolitan］及其他杂志）是两对非裔美国男女和一对白人男女一起过节的场景，打着传达季节性信息的标语"节日愉快！"。新港的广告亦在同一年使用"燥起来"的广告词——此文字意象能轻易让读者联想起吸大麻的情景。《黑檀》刊登了两则广告，它们把这个有可能与大麻相关的含义与黑人的社会生活联系在一起。其中的一则广告描绘了一对黑人男女在酒吧跳舞的场景，而另一则广告描绘了两名黑人男性和一名黑人女性打牌的场景。

2004年，新港牌香烟的广告文本扩充了新的内容，包括使用"极品薄荷醇！"的广告词。其中的三则同类广告（刊登于《本质》及其他杂志）展示了黑人享受的愉快和新港牌香烟带来的高品质生活方式之间的联系；话语的中心思想是赋予新港牌香烟黑人民族性和享乐的内涵。在第一则广告（参见图2.4）里，一对俊俏的非裔美国男女青年身穿休闲服，出现在貌似是运动场的围栏后面。双方因为相处愉快而开怀大笑，露出洁白的牙齿。男方的头发编成时尚的辫子头，而女方则是松散的大波浪发型。在第二则广告（《本质》，2004年

4月）里，三名外表出众的非裔美国青年（两男一女，其中一名男模特与第一则广告里的是同一个人）出现在一家夜店的桌子前。桌面上摆放的那瓶饮品从外观上可推断要么是白葡萄酒，要么是汽酒，同时女青年的手腕佩戴着由几颗大的紫水晶串成的手链。第三则广告画面（《本质》，2004年10月）是两对年轻貌美的黑人男女一起打台球的场景：其中的一名黑人男性正在等候击球，而剩余三人从旁观看。与其他广告相同，这则广告挑选的模特也都是皮肤黝黑、衣着体面的俊男美女，以灿烂的笑容表达他们享受"新港愉快！"的时刻。由于烟草公司需要规避关于产品的市场定位带有浓厚的种族意向的指控，因此，新港牌香烟的广告在展示那些愉快的情景时亦会加入白人模特，但广告的主旨含义在于新港愉快首要是黑人吸烟人士的体验。

2.3.2.2 传播充满神秘感的黑人形象

香烟广告与种族相关的第二个显著的主题是把黑人刻画为不同于白人的、充满神秘感或外来的族群，从而把黑人和白人族群进行区分。维珍妮牌女士香烟在"寻找自己的声音"的产品宣传中呈现了这一主题，其主要在1999年至2001年的各类女性杂志上刊登相关广告。耗资4 000万美元宣传经费的系列广告有一些共同特征，即采用来自不同文化背景的、迷人的女性特写彩照，且通常使用多页延展广告的形式呈现。例如，1999年11月发行的《世界时装之苑》（Elle）和同年12月发行的《悦己》（Self）杂志刊登了一则六页的延展广告，一页为

图 2.4　**新港**愉快！（《本质》，2004 年 6 月）

一名亚洲女性（可能是韩国人）的照片、一页为一名黑人女　31
性（可能是非裔美国人）的照片，一页为一名金发碧眼女性
（欧洲人或白人血统）的照片，还有一页是深色头发、民族特
征明显的女性（可能是拉美裔美国人）照片。这些照片都十分
精美绚丽，广告词的字体样式和排版也非常吸引眼球。随着社
会长期刻板地认为拥有黑色皮肤的人是陌生的、神秘的和外来
的，该系列广告采用一种类似"心智—身体"二分法的方式
给黑人女性和白人女性的照片搭配截然不同的广告词。一方
面，搭配白人女性照片的广告词："我直视诱惑，然后做出

自己的决定。"该广告词的语言要素产生了关于独立和精神控制的意象感受——"我做出自己的决定"（强调为笔者后加），形成一幅描述心智的意象。另一方面，搭配黑人女性照片的广告词："我声音的神秘力量永恒不衰。"（参见图2.5）社会存在的一种观念认为，神秘是黑人种群的一个普遍的、永不消失的属性。该广告词的语言要素不仅把神秘和黑色联系在一起，而且加深了关于黑人的这种刻板观念。

多个不同的团体组织抗议维珍妮牌女士香烟赤裸裸地针对非白人女性和年轻人进行广告宣传并使用"声音"一词来诱惑吸烟人士，而实际上吸烟当时已经被披露会增加患喉部（发声区）癌症风险（Centers for Disease Control，2006b）。其形成的舆论压力导致菲利普·莫里斯（Philip Morris）不得不在2000年时叫停这次宣传活动（Fairclough，2000）。而这次宣传活动所使用的广告与许多高端广告一样，最终成了收藏者的囊中之物——在不同的场合向新的观众展示它们的艺术美感和解读它们的种族化文本。其中的一些广告甚至被放在易贝网（eBay）上销售。

2.3.2.3 酷凉牌的清凉魅力

酷凉牌香烟的广告宣传因使用种族化主题而与众不同。下文将通过两个例子来说明酷凉牌香烟的广告如何运用文字意象和视觉形象来传播美国文化里长期存在的关于黑人种群的一些观念。第一个文字和视觉构图带有种族主义色彩的例子是酷凉牌香烟2004年专门为"柔顺融合"（Smooth Fusions）系列发布的广告宣传活动，该系列香烟属于"薄荷醇之家"（"家"的概念是酷凉烟广告宣传的组成部分，创建于2000

年）。在一套限量版的香烟收藏品里，布朗与威廉姆斯公司提供了四款不同的"柔顺融合"，每一款由一个品种名和相应的属性文字描述形成一个文字图案。产品最初的发布活动出版了硬纸折叠式杂志海报广告，里面对每一款"柔顺融合"的品种名做了详细的描述（印在品种名的正下方位置），并邀请（潜在的）吸烟人士**"品尝出乎意料的口感"**（TASTE THE UNEXPECTED）。

摩卡禁忌——诱人（MOCHA TABOO—ENTICING）

"充满诱惑与惊喜。**摩卡禁忌**的甜蜜包围将使你难以抗拒。"

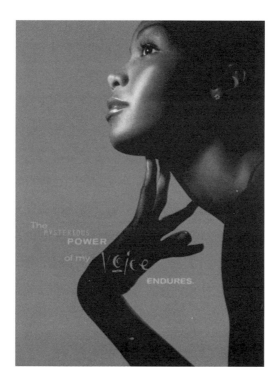

图2.5　维珍妮牌女士香烟"寻找自己的声音"（《世界时装之苑》，1999年11月）

加勒比凉意——迷人（CARIBBEAN CHILL—ALLURING）

"让**加勒比凉意**的迷人魅力带你在岛屿间畅游航行。"

明特雷格——动人（MINTRIGUE—TANTALIZING）

"撩人的**明特雷格**以其动人清新的秘密给你无限遐想。"

33 **午夜梅果——醉人**（MIDNIGHT BERRY—ENCHANTING）

"深入而醇和，**午夜梅果**让你沉浸在漆黑夜晚的魔力之中。"

该广告宣传活动引起激烈的争议（却并非由于它传递的种族化意象），其宣传的多种口味的香烟对青年观众充满吸引力，可想而知这正是引起举国上下关注的重点问题。然而，文本中的种族形象结合文字意象形成了关于神秘、异国魅力、黑暗的意识形态主题，在美国，这些主题语码长期与种族主义相关。图2.6摘录自该公司推出的折页海报广告的右侧版面（《名利场》［Vanity Fair］，2004年6月），从该图中我们看到，在一个绿色格调的背景里有一个黑人女性；配图文字印在她的臀部位置，以营造一种诱人的文字意象："……带着迷人的岛屿口音……"她的右方是三盒加勒比凉意香烟的图片并附加一段广告文本。为了延续整个广告文本的神秘含义，该黑人女性的正下方、明特雷格香烟包装的图片的左侧版面印有一段文字："……一个问题、一个答案和一个难解之谜。全部在同一时间。"整个折叠式广告的文本均使用省略号来表示未陈述的部分，以此增加广告的神秘意味。海报的其中一个版面重复出现图2.6的黑人女性的形象，这是一种视觉押韵手法，但该图像变得朦胧不清，表面印有一些螺旋线条，并删除了文字文本。在图2.6中，黑人女性的正下方版面出现一个黑人男性脸部的图像（同样神秘朦胧）。

该男性图像是竖向的脸部特写，由于只露出三分之二脸部，因此观众只能看见他一只眼睛。他有宽大的蒜头鼻和嘴巴，眼睛透过广告凝视观众，眼白部分与海报的黑色、绿色和蓝色色调形成鲜明对比。与该男性的脸部一起并排放在左边的是一位穿着细高跟鞋和网眼袜的女性：我们看到她的腿脚摆着女人味十足的姿势。该广告关于黑人神秘和性感的意象显而易见，让人难以忽视。

2.4　关于黑人与白人的文字意象与视觉形象

本节将以三个案例阐述广告构建的文字意象如何从文化或社会话语的角度发挥作用。这些例子表明，搭配黑人视觉形象和白人视觉形象的语言文字和含义存在明显的差异。在这些香烟广告中出现的语言文字不仅仅涉及向特定的市场推销香烟，还涉及广告以外的文化意蕴。这些文化意蕴既高于广告，又体现在广告中或由广告产生。本节所分析的广告依然是薄荷烟的广告，但并非是前文提及的非裔美国人最喜欢的新港牌香烟，而是其他与新港牌香烟竞争的品牌推出的薄荷

34

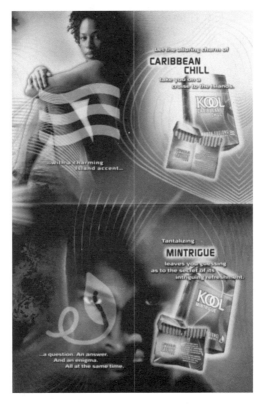

图 2.6　**酷凉**柔顺融合（《名利场》，2004 年 6 月）

35　烟广告。

2.4.1　本森哈奇薄荷烟（1999）

　　在本案例中，笔者将重点讨论1999年在一些流行的、读者量大的杂志里广泛出现的两则广告，这些杂志既包括《电视指南》（*TV Guide*）、《娱乐周刊》（*Entertainment Weekly*）、《时尚》，亦包括面向黑人读者的《黑檀》《尊翔》和《黑色优雅》（*Black Elegance*）。这两则广告是采用黑暗格调（广告呈现黑色、灰色的灰绿色，且人物柔和、棱角模糊、轻微失焦）创作的系列广告的其中两则。

该系列1999年发布的所有广告均属于人物图像类，而笔者所挑选的这两则广告拍摄了两组不同种族的人物：一则描写了一群白人（男性和女性）的场景，另一则是一名成年黑人女性的肖像图。除了绿色格调相同之外，这两则广告给人的印象是关于"白与黑"的视觉表征。而以这两组视觉表征为核心，周围所映衬出的绿色格调毫无疑问指向薄荷烟。两组广告都在右下角展示一盒香烟的图片和品牌名，"本森哈奇薄荷烟"（Benson & Hedges Menthol）这几个单词以大写形式竖向印在广告右侧边缘，与那盒香烟排成一线。此外，在广告图的右下角底部都附上同一个文本：

这将是更柔顺的状态。

（IT'S A SMOOTHER PLACE TO BE.）

我们能通过词组"更柔顺的状态"所构成的语境从两个重要的方面对广告进行解读。第一个重要的意义是把薄荷醇的意思缩窄至"柔顺"（可能以此区别于"辛辣"），而非拓展至能引起诸如"爽口""纯净"或"清新提神"等其他联想的意思。第二个重要的意义是采用比喻的手法把"smooth"（柔顺）与"place"（状态、位置、居住的地方）组合起来。把吸烟的经历比喻为"状态"的恰当性是基于美式英语用"状态"比喻一个人的位置或生活环境，例如以下这两句话："这段感情并不是我想要的爱情（的状态）"（This relationship is just not the place where I want to be），"他现在

的状态好多了"（He is in a better place now）。该文本中的
"place"并不是表示一个地方，而是一种状态，例如，在与
情人分手之前或一个人摆脱沮丧后的状态。

　　"更柔顺的状态"的标题反映了香烟广告的主流话语内
容。由此很容易联想起骆驼牌的香烟广告，其使用拟人化的
"骆驼老乔"强有力地把"口感柔顺"变成标志性的文字意
象。广告用"性格圆滑"[1]的文字来形容骆驼老乔，同时也向
骆驼牌香烟的顾客保证香烟的柔顺特点。值得研究的是，骆驼
牌香烟和本森哈奇香烟是由不同公司生产的（前者的生产商是
雷诺士公司，后者是菲利普·莫里斯公司），两款香烟的广告
使"柔顺"的含义更加耐人寻味。这恰恰透露了"柔顺"是香
烟的一个互文标志，由此我们能够推断上述的这则广告与另外
一种著名的香烟产品之间也存在关联。

　　接下来，我们来讨论本森哈奇香烟广告中哪些元素反映
了美国社会里的种族化话语。其中一个广告被命名为"五人
桌"，而另一个广告被命名为"一个吸烟的女人"。两则广
告采用不同的方式来表达文字"更柔顺的状态"截然不同的意
象，这是广告利用所处的文化里存在的种族化意义所造成的。

　　"五人桌"的广告拍摄了穿着得体、年龄在25岁到接近
30岁的三女两男。他们围着一张圆桌坐着，彼此亲昵。桌子盖
着一张浅色桌布，面上摆放着高脚玻璃杯（杯里的饮品估计是
冰水）、食盐瓶和胡椒粉瓶，以及少许无法具体辨认的食物
（参见图2.7）。两名男子拥有黑色、有型的短发，且其中一

1　"smooth character"一语双关，既可表示性格圆滑，也可以表示品质（口感）顺
滑。——译者注

名男子显然戴着领带。三名女子中的两名是金发美女，剩余一名女子拥有一头黑色秀发。

　　三名女子都是晚宴的正装打扮，穿着吊带裙，露出香肩。五名成年人都面带微笑，目光都主要投向其中的一位金发美女身上。这是一幕关于美丽、机智且快乐的白人享受优雅的晚宴的场景。从人物的坐姿来看，其中的两对男女像是情侣或夫妻，他们相邻而坐。剩下的黑发女性坐在最右侧的位置。五人所坐的桌子前面是一幅深绿色且轻微失焦的帘布，它的材质看上去高雅奢华，有自然的褶皱，轻柔地垂坠着。帘布被拉开成一个三角形的形状，并在两旁用绑带固定。这是为了巧妙地露出桌子，从而让观众产生这是一个快乐的"五人桌"的印象。其中的一位金发美女（左二）把一只手臂放在桌子上，托着脑袋，拿着一根香烟，烟雾袅袅升起。该广告画面剩余的场景十分模糊，因此只能做以下推测：桌子的后方是月亮或一盏模糊的灯，以及（可能是）一排扭曲变形的、广角的法式门，门上方是一种浪花形状的结构；在前景中，接近帘布的固定绑带的左侧上方顶部是两盏模糊的灯或灯杆的图像。所有的元素构成一个场景，共同刻画出广告右侧底部的台词所指的"更柔顺的状态"——一张外观高贵典雅的餐厅桌子配以水晶高脚杯和亚麻桌布。"更柔顺的状态"是对场景的高度概括，而晚餐被列入该情景之中。广告海报的左上方顶部也印有一句广告词，字体比右侧下方底部的台词更大：

气氛是薄荷味的。

　　把展现薄荷醇的场景和文字意象比喻为一种气氛给设定

的场所增加了愉快的意味。

图 2.7　**本森哈奇薄荷烟 "五人桌"（《黑檀》，1999 年 8 月》）**

该系列宣传的另外一则广告与 "五人桌" 形成鲜明对比。为了方便陈述，笔者将其命名为 "一个吸烟的女人"。这则广告采用了一名女性的大型肖像照，该模特皮肤黝黑，几乎能肯定是非裔美国人。她轻闭双眼，头发高高地盘在后脑勺，放松张开的双唇柔和地呼出 "香烟"（缓慢、放松地呼气使烟雾像是从她的嘴巴里自然洋溢而出，缥缈升起，参见图 2.8）。她裸着半边肩膀，一只手拿着一根（刚点燃不久的）长烟。纯白色的香烟在布满灰绿色和黑色画面的海报里显得格

图 2.8　**本森哈奇薄荷烟**"一个吸烟的女人"（《黑色优雅》，1999 年 10 月）

外抢眼。香烟被放在广告画面的中部偏右位置，摆放高度从与　39
模特微抬的下巴等高起纵向延伸至下眼睑。

　　在模特的左后方，我们能模糊地看见一个男人。他抬起
双臂，貌似正在跳舞。他是一个背景人物，面向正前方。由于
广告构图的需要，他三分之一的身体在海报左侧边缘的画面之
外。该男模特也是黑色皮肤，身穿长袖衬衣，并敞开露出里面
的白色背心。广告海报的左上方印有一句广告词，字体比右侧
下方底部的台词更大：

天黑之后的薄荷味

这句广告词的文字意象与"五人桌"广告里的"气氛是薄荷味的"截然不同。后者能引起人们联想的气氛：一个愉快的晚上，五位快乐的朋友在一个设定的场所里进行社交互动。相反，"天黑之后的薄荷味"营造的文字意象与黑暗和神秘的符号域有关。广告中的女人可能在一家夜店里，但观众无法从画面判断她出现在这个"天黑之后"的场所的具体位置。尽管海报显示该女人在吸一根烟，我们作为该广告的读者也能够从海报中出现的本森哈奇烟盒做出这样的判断，但是，她闭上双眼的姿势以及从她嘴巴里缓缓翻腾而出的烟雾看起来却能让读者联想起吸毒。这个无法确定位置的视觉形象被放入黑暗之中并配上"更柔顺的状态"的语言文字，而"五人桌"是一个具体的能够实现"柔顺的状态"和"气氛是薄荷味的"的晚餐场所，二者存在明显差异。根据这则广告的文字和视觉形象呈现的效果，观众甚至可能将它解读为"夜晚里的女士"，而在她的夜晚里，背景是那个面貌分辨不清的男模特。

综合分析两则广告，我们发现与种族相关的广告话语长期把黑色与黑暗、神秘进行关联，其做法使"一个吸烟的女人"成为一个强大的象征，进而广泛引起观众一系列带有种族意义的联想。从该海报的图像来看，"更柔顺的状态"没有关联具体的场所（除了图像与夜晚之间的联系），它所在的地方只能靠我们根据那个轻闭双眼的黑人女性的视觉图片进行想象。她的目光没有看向某个地方，因此该女人身处的状态并不明确，而读者必须从这套神秘的符号解读该广告。这与"五人桌"的情况不同，因为"五人桌"广告里进行聚会的白人清晰地展示了他们所处的位置以及他们目光的聚焦点。"五人桌"的薄荷醇作为香烟的添加物能制造一种气氛，而"一个吸烟的女人"的薄荷醇则被放在一个"天黑之后"的时间里。这种反差说明了香烟广告反映了其所处文化中的一个刻板概念：黑人与神秘和逃离之间存在必然联系。不仅如此，从人物形象来看，五个白人吸烟人士是注意力集中的，而那个黑人吸烟人士是处于某种恍惚状态或沉浸在自我幻想当中。这两则广告加强了种族对立性的意义。此外，"一个吸烟的女人"的广告也暗藏了感性甚至性感的意味——两个词明显地让人联想起那种没有被固定的场所禁锢时的愉快。

2.4.2　沙龙，"一个世界，两种感觉"

第二组广告来自沙龙牌香烟的"唤起感官"（Stir the Senses）广告宣传。该系列的广告采用的图像和文字传达的蕴意与之前的广告大不相同。沙龙早期的广告运用文字意象使该品牌的香烟和清爽的口感之间建立起符号关系：沙龙"最为清爽提神"；"沙龙激情活力"；以及使用命令式广告词"给你自己提提神"。这些早期的广告拍摄了草木繁茂的场景，广告色调采用鲜绿色，甚至出现了美丽的瀑布。雷诺士公司在发布新的广告宣传时称："本系列广告旨在突出一个事实，即沙龙在其产品线内主动推出带有两种独特口感的识别标志，这是薄荷烟市场的首创。"（Salem launches，2003:16）沙龙本次广告宣传（2003年发布）描述了两种不同的薄荷

40

烟：一种叫"黑标"（BLACK LABEL），一种叫"绿标"
（GREEN LABEL）（第三种"银标"［SILVER LABEL］也在
同年推出，且"产品种类"的宣传版块对它进行了描述）。宣
传采用的系列广告通过几种不同的形式呈现，其中开山之作
是一款高端版的广告。这款广告采用亮光硬卡纸印制成一种
"打开我"式的对折广告，从而邀请读者打开卡纸阅读（近
似于"可嗅"古龙香水广告，消费者可以打开广告闻一闻香
水的香气类型）。这个对折硬卡纸被插在杂志里，封面中间
靠右位置印有"欢迎来到感官世界"（welcome to a world of
sensation）的标语。一旦读者打开卡纸，便能看到并排显示的
两个版本的薄荷烟"世界"。标准版的广告是以杂志里常规的
对页海报形式出现，本质上与高端版广告的卡纸内里一样，但
尺寸稍大（常规对页广告的尺寸为8英寸×10.5英寸，插入式
对折广告的尺寸为7英寸×10.5英寸）。

广告采用绿色、白色和黑色色调呈现出明显的几何图
案。2003年推出的第一组广告没有使用任何人物模特，只有黑
标和绿标两款香烟的外盒包装的图片，盒面采用醒目的白色字
体印上"沙龙"一词，并在大写字母下方印上相应的款类文字
（后期的广告加入了人物模特）。对页海报的左页展示了沙龙
牌黑标薄荷烟的两种包装———一种是翻盖盒装的淡味型的，一
种是推拉盒装的醇味型的（参见图2.9）。其中醇味型的黑标
薄荷烟显示了香烟盒拉开的部分，且露出三根香烟的烟蒂。醇
味型包装盒的摆放角度朝中间偏右（好像要向对面页靠拢的样
子），它的位置比淡味型包装盒更靠近镜头。对页海报的右页
展示了绿标烟的两种同样的包装形式，只是醇味型的采用翻盖

盒装并打开盒盖露出烟蒂部分（参见图2.10）。

　　同样，**绿标**的**醇味型**包装盒比淡味型包装盒更靠近镜头，而且它的摆放角度也是朝向对面页。从广告呈现的视觉效果来看，两种款式的香烟图片分占了两个独立的版面，但它们精心设计的摆放方式使两款香烟遥相呼应。此外，烟盒摆放的位置毫无疑问亦是为了在视觉上凸显**醇味型**。所有的香烟盒子都印有为本次宣传活动而开发设计的一个图标：一个貌似阴阳

图 2.9　**沙龙薄荷烟**黑标（《人物》，2003 年 4 月 14 日）

太极图的圆形物体（"球体"），沙龙的广告商把它用于一些早期的宣传。该球体的两个部分为互补的对半图案：一半是深绿色，几乎是墨绿色，而另一半是明亮的鲜绿色；左半边突出的深色球茎部分在下方位置，右半边突出的浅色球茎部分在上

图 2.10　**沙龙薄荷烟**绿标（《人物》，2003 年 4 月 14 日）

方位。与太极图相似，该球形图案对半的两边里面分别有一个小圆圈，但这两个小圆圈只是发光的亮点，而非太极图内圈的颜色互补。沙龙牌绿标薄荷烟包装盒的绿色十分亮丽，类似青柠的果皮颜色。黑标薄荷烟包装盒的绿色几乎接近黑

色，但球体图标和款式标签文字四周的颜色稍浅。

尽管广告的文本语言精简，却毫无疑问属于种族化的话语，并营造了显而易见的种族化的文字意象。两款香烟广告文本以对比的文字形式呈现：

黑标
不可思议的丰富，美味无穷的浓烈。
绿标
意犹未尽的柔顺，透爽清新的活力。

此外，关于四款香烟的焦油和尼古丁含量的信息被标注在黑标海报页的底部，而卫生部长的健康警告则被标注在绿标海报页右上角。

该广告使用的语言文字至少从以下两个方面促使语义符码种族化：（1）通过产品类别的命名（黑标、绿标）；（2）通过用于描述这两个薄荷烟款类的文本形式和文字意象。

2.4.2.1 不同名称

也许有人会质疑沙龙薄荷烟广告中黑色和绿色之间的对比并不意味着这些文字是种族化符码，或者它们不会引起关于种族化的意象，因为并不是黑—白之间的对比，然而，我认为这种对比是具有种族化意蕴的。原因在于绿色关联薄荷烟中的薄荷醇意蕴，因此其属于无标记语言成分。于是，黑色相对地代表了有标记成分，并与泛型的绿色薄荷烟形成对比。换句话说，薄荷烟广告强调绿色在观众的预料之中，这使绿色成为薄荷烟广告的默认颜色。而把香烟的颜色换为黑色强化了它的薄荷醇含义，因为它成为观众预料之外的深色薄荷烟。雷诺士公司直接把香烟的颜色换成了黑色而不是深绿色，这是为了加强该香烟和黑人消费者（尤其是黑人男性）之间的联系。

　　黑标沙龙薄荷烟的广告页的底部印有关于两种沙龙薄荷烟的产品信息，同时还出现下述文字："**黑标**烟仅在部分地区销售"。这句声明使**黑标**沙龙薄荷烟成为一个有标记的产品名，并且被归类为"少数群体的"薄荷烟（它的含义能够被放入这些广告所处的文化话语中加以理解）。黑色意指"少数群体的"（在其他事物之中），且供应的限制性使人们意识到该款香烟至少在数量上是属于少数的。同时，或许人们也会认为该款香烟是专门针对黑人少数群体推出的特别款香烟（想起没有成功的上城区牌香烟），而实际上，后一种情况似乎更贴近事实。

　　广告上的产品信息还包含了一个电话号码。对**黑标**薄荷烟感兴趣的人群拨打此号码能获取这款香烟销售点的相关信息。根据雷诺士公司正式发布的消息，在广告被投放到市场的时候，**黑标**薄荷烟在29个州和3个城市有售。该款产品的销售点是雷诺士公司基于消费者和潜在消费者的人口分布情况所做出的市场分析而决定的。美国统计局（2003）在2002年7月收集的"黑人或非裔美国人纯社区及混住社区"普查结果显示，有17个州的黑人人口超过100万（合计3 800万）。雷诺士公司的选址清单引人注目之处在于它和这份人口普查结果中的黑人人口高密度区相吻合。2003年，**黑标**沙龙薄荷烟的销售点降至15个州，这15个州的黑人人口全都超过100万：亚拉巴马州、佛罗里达州、乔治州、伊利诺伊州、路易安那州、马里

44

兰州、密西根州、密西西比州、新泽西州、纽约、北卡罗来纳州、俄亥俄州、宾夕法尼亚州、南卡罗来纳州和弗吉尼亚州。17个州的人口普查结果之中，只有加利福尼亚州和得克萨斯州不在**黑标**薄荷烟的销售点列表里。黑标烟只在这两个州的两个城市——奥克兰和休斯敦（黑人人口数量较高）——出售。其余两个销售**黑标**沙龙薄荷烟的城市据说是密苏里州的圣路易斯市和华盛顿哥伦比亚特区（二者均属于黑人人口密度高的城市）。**黑标**沙龙薄荷烟对目标销售地的选择明确表明这个"少数群体的"品牌的定位是面向那些黑人人口占总人口比重较大的地区。该情况亦可称为社会语言学上的产品定位：通过在产品名植入特定的文字意象，使**黑标**沙龙薄荷成为美国黑人族群的特供香烟。

2.4.2.2　不同描述

雷诺士公司把两款香烟放在一起进行广告宣传的目的是标榜沙龙的"一个世界"（薄荷烟的世界）的两个部分。但它们同时也是"一个世界"里的"两种感觉"。黑标的感觉为"不可思议的丰富，美味无穷的浓烈"，而**绿标**的感觉为"意犹未尽的柔顺，透爽清新的活力"。这样的"一个世界"对黑人和白人进行了明显区分。

相比前文提及的本森哈奇薄荷烟的"**天黑之后的薄荷味**"广告隐晦的文字意象，沙龙的**黑标**薄荷烟广告赤裸裸地使用文字把黑色与神秘、不可思议联系在一起：黑暗意指神秘，因此但凡黑色的事物都是不可思议的。此外，这种神秘是"丰富的"（rich）。**黑标**的包装盒写着"**醇味型薄荷烟**"（RICH FLAVORFUL MENTHOL），且广告上800-号码另一端的信息描述显示该款香烟的特征是拥有"更多风味"。该杂志广告没有使用"风味"作为广告词，却用"美味无穷的浓烈"的短语来表达这个特征。近年来，"风味"一词在语言传播的过程中带有显著的民族和种族色彩（正如有一个民族芭比娃娃系列叫"Flavas"）。吉内瓦·史密瑟曼（Geneva Smitherman）在她的《黑语》（*Black Talk*）词典中收录了"风味"一词，并将它定义为"吸引力"和"风格"（1994:111）。而城市词典（urbandictionary.com）也给出了相同的解释。通过文字把抽**黑标**沙龙薄荷烟与"美味无穷的浓烈"的体验联系在一起能直接强调感官的意象。吸烟人士喜欢浓烈的、即时的感觉体验，这种即时满足的印象源自对种族主义文化话语的刻板理解，刻板地认为部分人（美国黑人）是感性的，更追求享乐，桀骜不驯。广告的语言文字所包含的内涵指向特定的种族意识形态，即黑人历来被认定为只有感性而已。

沙龙**绿标**薄荷烟"意犹未尽的柔顺，透爽清新的活力"的描述营造了较为普通的、属于无标记语言的文字意象。"柔顺"是一个普通的香烟符号——是不同品牌的香烟以及同一品牌不同款式的香烟的通用属性（回想本森哈奇薄荷烟的广告）。**绿标**的包装盒写着"**柔顺清新型薄荷烟**"（SMOOTH REFRESHING MENTHOL）。与**黑标**烟的语言文字引发关于神秘感性的意象不同，**绿标**烟的魅力是把自身置于更为清晰理性的平面。具体来说，"透爽清新的活力"的文字意象把香烟的体验由内在感觉提升至外在风采。精神焕发意味着使人振奋，恢复活力。该意象向观众预示了抽老款烟（吸过此烟的所有人）获得新味道的方式。

第三条产品线叫沙龙"**银标**"薄荷烟。该款式的薄荷烟同样在2003年推出，但作为"数量有限的"限量版单独进行广告宣传。其广告声称这款香烟"打破陈规"。香烟采用高贵的"专属银色推拉盒"包装，并忠告消费者或潜在消费者要"趁其在市，寻其芳踪"。确实，该款香烟现已退出市场。**银标**烟系列的广告文字旨在营造一种专属高贵、彰显地位的意象，其四款香烟盒上的文字写着"由四种独特的薄荷醇味觉体验组成的优质收藏品"，全部由公司精选的零售商出售。最初，**银标**烟的两页延展广告将该款烟描述为"新薄荷烟学"（该词暗示了该系列烟通过分析四种精选的优质薄荷烟营造一种理性的吸引力）。2003年9月发行的《黑檀》及其他杂志刊登了展示四款香烟包装的广告，并用彩色字体标注它们的"味觉体验"：

黑色潮流（DARK CURRENTS）——让人垂涎欲滴的草莓味薄荷烟。深层次的丰富体验（烟盒由莓红色和银色组成）。

深度冰爽（DEEP FREEZE）——带有留兰香薄荷的极度清劲，冰爽十足的薄荷烟（烟盒由深绿色和银色组成）。

清凉之谜（COOL MYST）——柔和，透出一丝奶油香草的香甜。淡淡清新的薄荷醇口感（烟盒由蓝绿色和银色组成）。 46

冰火协奏（FIRE & ICE）——辛辣与冰爽薄荷醇的创意搭配（烟盒为银色）。

上述文字符号引起种族化解读的指向性非常明确："黑色潮流""深度冰爽""清凉之谜"，以及用"冰"来降温的"火"都引起关于非裔美国人的深沉、黑暗的形象（强调为笔者后加）。

"唤起感官"系列里有两则广告所宣传的种族形象和承载的文化信息极具煽动性，原因在于它们在面向黑人读者的杂志以及一般的流行杂志例如《新闻周刊》投放了许多周。其中的一则广告拍摄了一个黑色夜晚的场景，星星在黑色的背景里闪烁着绿光。场景就好像点满了绿色的灯，使整则广告呈现出绿色格调。广告画面中出现一名仰躺在水里（可能是湖，或更有可能是一个大游泳池）的黑人女性（参见图2.11）。水面漂浮着许多点燃的蜡烛，而该女子摆出以下姿势：轻闭双眼，头部像靠着枕头一样往后稍仰，双臂和一个膝盖露出水面。她右手的手指轻触水面，泛起小小涟漪。标题十分简单："唤起感官"。

另一则广告同样是夜晚取景，背景描述了一栋多层建筑，灯火通明，表明这是一个都市场景（参见图2.12）。广告的右上角近景出现一名黑人男性的肖像，看起来像是有一盏绿灯照射在他身上。他用两根手指夹着一根香烟，并用嘴巴含住烟嘴，同时微俯身子，双眼半阖，貌似准备点燃这根香烟。我们同时看到一连串灯光的光晕（或许是以此代表在城市高速路上疾驰的汽车的前灯）。同样，标题十分简单："唤起感官"。该广告引人注意的地方在于男子手中的香烟延伸至光晕中间（几乎像是他正在伸手触碰那盏灯，而他的状态容易让人解读为正在使用毒品）。两则广告都十分明显地把沙龙香烟和黑人代表的形象联系在一起。它们都把人物放在近似真实的场景里，但画面所包含的一些元素打破了场景的"真实性"。两则广告都呈现了没有与他人进行社交活动的、孤立的黑人个体，且人物形象都是沉静的，其眼睛全闭或半闭，拥有宽厚的嘴唇。"唤起感官"系列的香烟也有部分宣传广告使用了白人模特，但笔者不曾发现任何一则使用了白人模特的广告与上述两则广告相似。两则经常刊登的广告拍摄了一名白人模特，其描述的白人群体是张大双眼直视镜头的形象。这个广告系列刻画的白人模特均比黑人模特显得机灵活泼。且该对比恰恰是黑人—白人对立概念的又一实例，它所描述的白人形象的自控能力更强、与现实的联系更紧密。这些种族化的形象具有较大影响力。

图 2.11　**沙龙唤起感官 "水中的女人"**（《本质》，2004 年 10 月）

48

图 2.12　**沙龙唤起感官"点烟的男人"**（《新闻周刊》，2004 年 6 月 28 日）

2.4.3　酷凉烟，要真实（BE TRUE with Kool）

49　　　2005年6月，酷凉烟新发布了名为"**要真实**"的广告宣传
活动。雷诺士烟草公司决定把市场营销的重心放在骆驼牌和酷
凉牌香烟，以致对云丝顿牌和沙龙牌的投入度降低（Louis，
2005）。该全新的系列广告宣传则是此决策中的一个环节，
它同样带有种族主义色彩。系列广告被投放在许多不同的杂
志上（例如，《新闻周刊》、《时代周刊》、《Dub汽车杂
志》［*Dub*］、《体育画报》［*Sports Illustrated*］和《Vogue
服饰与美容》［*Vogue*］），但这些广告具有相似的基本视觉

版式，其中包括：背景由蓝色和绿色构成，以营造出蓝宝石的
设计效果；前景则有一个人物模特站在页面的左边，但站姿朝
右边。且（在大多数情况下）只使用人物的半身照。在该宣传
活动初期使用的系列广告中，有两则广告值得我们关注。其中
一则广告拍摄了一名装扮为音乐人的黑人男性。他身穿一件紫
色西装外套，内搭藏青色的领带和衬衣（最上面的扣子打开
着，且领带是松开的）。他顶着一个脏辫发型，上唇和下巴都
留着短胡子，并戴着一副黑框眼镜。同时，他一只手拿着小号
和一根香烟，食指上还带着一枚金戒指（参见图2.13）。另一
则广告拍摄了一名拥有一头中长卷发的黑人女性。她穿着蓝色
牛仔裤和绿色闪亮的抹胸上衣，并佩戴了一副金色大圈耳环和
一大串金色手镯。她右臂弯曲，把手放在上胸部，且手指夹
着一根香烟。她身体微微前倾，身体的大部分重心放在左脚
（参见图2.14）。两则广告的人物都闭着双眼，笑容灿烂，
洁白的牙齿十分抢眼。两幅图中烟雾上升的形状都是盘旋缭
绕的。

　　这次宣传活动的广告所使用的文字文本由两个元素组
成。首先，在海报的右下角印有该品牌的标志——"KOOL"
的字样（字母颜色为白色，以绿色围边，两个"O"相扣）置
于相扣的圆环上面。同时，祈使句"**要真实**"（BE TRUE）
印在"KOOL"第二个"O"的正下方，字体较小，颜色为黄
色。海报页面中部偏右的位置印有一句简单的祈使句，形式为
由两个单词组成的"BE【+形容词】"，字体的大小和颜色与
右下角"要真实"的字样相同。

　　上述两则广告的黑人模特都处于愉快的状态，但广告

没有交代他们具体身处什么场景。为配合黑人模特的视觉
形象，广告文本选用合适的"BE【+形容词】"祈使表达，
以营造对应的文字意象。搭配男模特形象的形容词是**正宗
的**（AUTHENTIC），而搭配女模特形象的形容词是**柔顺的**
（SMOOTH）。前者摆出音乐人的姿势，把酷凉牌香烟与
"正宗的"联系在一起（或许是代指黑人男性的爵士音乐是
正统的）。后者能被识别的身份信息只有黑人、女性和感官
（或性感），因此该语境下的文字成分"柔顺的"把香烟和该
名女子的体验（既可能是她吸烟时的体验，也可能是观众对
她的视觉体验）联系在一起。该名女模特右手摆放的位置和

50

图 2.13　**酷凉烟，要真实"手拿小号的男人"**（《体育画报》，2005 年 8 月 8 日）

51

图 2.14　**酷凉烟，要真实"闪亮的女人"**（《体育画报》，2006 年 10 月 10 日）

站姿的角度给"柔顺的"添加了另一层隐含义，这种感官的　52
迷离和具有识别性的身体特征暗示了柯林斯（Collins）称之为
"谈起黑人女性的性感，总离不开她们对感官享受的喜爱和渴
望"（2004:72）的现代淫妇形象。这些广告文本明显带有种
族性：对黑人男性而言，识别度高的角色是爵士音乐人；对黑
人女性而言，识别度高的是她们性感的身体。

　　"要真实"系列宣传的其他一些广告也采用了黑人男性
和女性模特，这些广告也为种族化的言语意象提供了语境。广
告制作方曾在许多不同的杂志里附赠一份亮光纸印刷的小册
子，这本广告册共有八页，同时展示了白人模特和黑人模特的

形象。两名白人模特的其中一人装扮成音乐人，但他的照片旁白没有附加形容词。第二名白人模特（女性，表现出正在录音室唱歌的样子）的照片则印有"关于旧世界**经典**和新世界**风格**"的文字文本。第三名白人模特（同样是女性）表现出在钢琴前自弹自唱的样子，搭配的文本写着："关于**正宗**和**原创**。"广告清晰地描述了每个白人模特身处的背景，因此广告文本的具体语境也清楚无疑。前文讨论的黑人男性的广告形象被放在小册子的最后一页，且只印着"要真实"的文本。在册子中心折线的左侧，有一页广告拍摄了一名黑人女性正在跳舞（但可能只是张开双臂坐在柜台旁）的肖像近照。她穿着细肩吊带且贴有亮片的白色连衣裙，张开嘴巴且闭上双眼。在她胸部下方位置印有"**关于上城区的态度**"的文字。同样，这则广告把这名黑人女性的身体作为首要的意符，凸显了她的性感。这则广告的对面页刊登的广告拍摄了一名长着亚洲人面孔的男子。他坐在音乐室的吧凳上，一手抱着吉他，一手拿着一根香烟，旁边的烟灰缸里装满了烟头。海报的底部印有"**混有下城区的感觉**"。"态度"和"感觉"的字体比其余文字的字体偏大，同时，"态度"二字的颜色为白字黑底，而"感觉"印在拼花地板的背景之上，字体颜色为天蓝色。鉴于两名有色人种以对面页的形式，"上城区—下城区"的对比便显得十分明显。"上城区"可能暗示着地位高贵，但也可能代表着雷诺士公司在20世纪80年代后期设计并重点向黑人推出的一款香烟的名字。"下城区"有许多不同的含义，其中包括孤独、海洛因和口交。

酷凉牌"要真实"系列香烟2006年的宣传目录增加了

一个新的香烟产品线——XL。该名称所表达的加大码的概念实际上是以隐喻的方式指示外形更粗大的香烟。XL香烟在2006年末和2007年初推出的广告与最初的"要真实"系列香烟的广告有几点不同之处。这个系列的第一批广告均采用亮光纸印刷的对折页内嵌杂志广告的形式。所有广告均采用同一名黑人男模特的照片。他衣着考究，发型是极短的板寸头。图2.15是对折页内嵌广告的封面，图中的该名男子和一名种族身份不明确的黑发女子站在一起。广告不仅保留一名黑人作为中心人物，还把这些模特放在具体的场景里，而不是站在没有场景设置的背景板前。其采用带绿色的黑白搭配的配色方案，且有时候会同时使用那名固定的黑人男模特和其他模特。广告商使用三个形容词打造这款香烟的品牌印象：**更柔顺**（SMOOTHER）、**更粗大**（WIDER）、**与众不同**（DIFFERENT）。在对折页版的广告中，这三个形容词出现在折页封底，印在一张酷凉XL烟烟盒的图片上方。在这些广告中出现的那名男模特看上去身材健美，个头高大，但广告画面并不会让观众认为他的体格十分魁梧。他或许确实穿XL码衬衣，但是该广告中的XL的内涵与"更柔顺、更粗大、与众不同"三个词的文字意象联系在一起，而这几个形容词长期被用于暗示黑人男性的生殖器是男性生殖器的典范。如果把这份对折页广告从杂志中抽出来并摊平，"更柔顺、更粗大、与众不同"这三个词刚好出现在该名黑人男模特的头部的对面位置。从这则新的XL款烟的广告可以看出，酷凉牌香烟广告所宣传的典型的黑人男性与上述典型的黑人女性一样，他们都是性感身体的化身。这两则广告充分说明了酷凉牌香烟广告把这

53

图 2.15　酷凉牌 XL 烟（《滚石》，2006 年 11 月 16 日）

54　个种族性感化，体现了美国长期存在的关于黑人种族的意识形态对它的影响。

2.4.4　活动赞助和网络广告中与种族相关的角色分析

　　沙龙牌 "唤起感官" 系列香烟的广告宣传形式远不止最基本的杂志广告和销售点展架广告。在推出不同类型的薄荷烟产品之后，沙龙时刻关注在特定城市举办的说唱音乐活动，详细制订和更新本品牌的网络宣传方案，以及发布一些叙述抽沙龙烟烟民的夜生活的小故事选集。

2.4.4.1 沙龙与活动赞助

2004年，沙龙赞助了一场拍卖会和三场巡回演唱会，其相关的信息在沙龙烟的官网（salemaccess.com）由"**三场不同的巡演，三种独特的感觉**"（3 DIFFERENT TOURS. 3 UNIQUE SENSATIONS）的文字意象承载。杂志广告和销售点广告对该活动进行了宣传。从构成具体文本和视觉表征的话语成分来分析，整个广告介绍充满了浓厚的种族化主题。

沙龙活动赞助的主题普遍以说唱音乐和艺人为中心，并利用"包装码"打造了一个被称为**后台访问**（BACKSTAGE ACCESS）的竞投活动，奖品是"由疯克音乐大师费雷克斯（Flex）私人定制的独一无二的凯迪拉克凯雷德ESV®汽车"，笔者所见的广告显示，该竞投活动的宣传内容仅仅包含了黑标醇味型香烟的产品信息（参见图2.16），因此，广告的含义明显指向一位黑人说唱者，与黑人说唱者们相关的SUV，以及沙龙牌黑标薄荷烟。这些元素构成了2004年"唤起感官"巡演系列的决定性特征，其话语公式可表达为：

感官+说唱+凯雷德=黑人

上述的等同明显带有偏见性，只是把黑人视为一种注重说唱风格的感觉器官。

沙龙烟的官网仅对年满21周岁及以上人士开放，它过去长期提供许多不同的娱乐项目，而这些项目一如既往是沙龙烟针对非裔美国人群体所实施的推销策略。网站推出

55

图 2.16　**沙龙参加巡演系列**（《简》[*Jane*]，2004 年 11 月）

56　　的主要的活动项目之一便是"巡演系列"（Tour Series），
涉及覆盖14个城市的三场不同的巡回演唱会，每场巡演分别
有一个特定的名字：**氛围**（VIBE）、**流动**（FLOW）和**律动**
（GROOVE）——三个词的文字意象都与心情的愉快和身体
的感觉相关。每一个演出系列的名字里包含一种"感官"，从
而延展了沙龙牌"唤起感官"系列香烟的宣传：

　　·**声音**的感官，2004年6月

　　·**表达**的感官，2004年8月

　　·**风格**的感官，2004年10月和11月尽管黑人说唱作为最流行的音乐之一绝不仅仅面向非裔美国听众，但是演唱会的选址透露了沙龙烟（以及普遍的薄荷烟）与流行文化下的黑人消费者及其偏好倾向之间存在紧密的联系。"巡演系列"举办演唱会的每一个城市的黑人人口比例比全国黑人人口总比例都高得多。具体举办巡演的城市以及相应的黑人和非裔美国人人口比例（US Census Bureau，2001）情况如下：费城（44%）、匹兹堡（28%）、克里夫兰（52%）、哥伦布（26%）、底特律（83%）、密尔沃基（39%）、芝加哥（37%）、印第安纳波利斯（26%）、圣路易斯（52%）、孟菲斯（62%）、休斯敦（26%）、亚特兰大（62%）、迈阿密（24%）、巴尔的摩（65%）。这些比例是黑人占美国总人口比例（2000年为12.3%）的2~5倍。这份巡演地点的分布图是沙龙烟市场营销的风向标，帮助沙龙烟牢牢锁定非洲裔吸烟青年或潜在吸烟人士（以及青少年群体，因为他们能够直接接触诸如《本质》《尊翔》和《Vibe》等杂志和销售点的推销活动）。举办巡演的这些地方也通过一场具体的流行文化运动（说唱）和"感官世界"传播了关于黑人的形象和联想。

在给演唱会打广告期间，沙龙烟的官网除了描述自身产品的品牌信息和演唱会的会场信息之外，更侧重给访问者提供选择的权利。访问网页的公众可以点击一系列的链接查看和选择围绕不同主题而举办的娱乐活动，官网亦会时不时地更新这些主题。2005年，该网站主打刻画关于沙龙烟烟民们的夜生活的故事。名为《沙龙故事》（Salem Stories）的影片包含了不同种族的演员，通过剧中人物的观点呈现了几种不同的选择

（Stern，1991）。例如：

> **三位朋友，一个夜晚**
> **以及一个感官的世界**
> **随他们一同在沙龙式的小镇里过过夜生活**

剧中的三位朋友是埃里克（Ｅｒｉｃ，黑人）、迪伦（Dylan，拥有黑色头发的白人）和米兰达（Miranda，也是拥有黑色头发的白人，且皮肤黝黑）。剧情主线讲述他们聚在一起参加社交活动，其间遇到阻碍，以及他们如何选择不同类型的沙龙烟。尽管这三位朋友约好搭乘同一班地铁到一家俱乐部，但出现了阻碍：错过列车（埃里克）；因遇见美女而忘记正事（迪伦）；因遇见充满魅力的男人而忘记正事（米兰达）。该故事在网站发布了两集，访问者可以点击播放每一集影片中任一位朋友的片段。由于这是在一个"沙龙式"的夜晚某个小镇里发生的"沙龙式"的故事，因此每位人物角色代表一个类型。迪伦和米兰达（白人角色）都是因为所遇见的异性而选择了自己的香烟类型：迪伦的美女递给他一盒黑标薄荷烟，上面有她用唇膏写下的电话号码；而米兰达新找的男人递给她一根绿标的"深度冰爽"。唯有埃里克（叙述整个故事的黑人）从故事的开篇就拥有他自己选择的沙龙烟类型——绿标。他的选择出乎观众的预料，因为人们会根据主人公的视觉形象预判他选择黑标。然而，网站对绿标烟的描述与杂志广告里的描述不尽相同：绿标还是"意犹未尽的柔顺。透爽清新的活力"，但是网站还额外把这款烟描述为"一盒绿标烟，尽享口感更淡，薄荷味更浓，烟草味更少的七种风格"。绿标烟的文字描述把这故事里唯一的黑人角色和含有更多薄荷醇的这款香烟联系在一起。描述黑标烟的第一句话是"口感更粗犷，烟草味更重，薄荷醇偏少"。其通过语言符号把白人吸烟人士和更少的薄荷醇、黑人吸烟人士和更多的薄荷醇关联起来。从策略上来讲，黑人配绿标沙龙烟的这种转换有助于雷诺士公司避免关于市场定位带种族性的指控，但是相应的文字成分亦随之发生转变，其通过强调绿标的薄荷醇浓度把这款烟和黑人吸烟人士紧紧地联系在一起。沙龙烟广告表面上的改变折射了香烟背后是一种种族化的市场定位。上述的影片广告所呈现的种族化意象完全没有改变黑人和白人的文化定位，即使存在影响，效果也是微乎其微。

2.4.4.2 酷凉烟及活动赞助

酷凉牌香烟多年来一直参与一些显然针对黑人青年（以及其他种族的想接触黑人音乐文化的青年）的音乐活动，最具特色的其中一项活动是与《Vibe》杂志共同赞助的DJ比赛。酷凉牌MIXX香烟在2004年年初推出的一则广告（例如，参见2004年4月的《细节》杂志［Details］）称，酷凉烟认同DJ"是嘻哈界的核心"。广告拍摄了两名黑人DJ（男性）站在场景中央，两人的外侧边缘各站着一名跳舞助兴的黑人女性。为吸引潜在的观众，广告打出以下信息："在对战的第六个年头，由备受欢迎的两位新星DJ掀起的这场横贯东西海岸的对战是唯一能让你……**体验属于街头的原声带**。"对此感兴趣的人无法从一般的网站获取酷凉烟的更多信息，必须登录houseofmenthol.com。此外，广告还提供了免费热线以防某些地区无法使用互联网（该情况极有可能发生在城市里的一些欠发达地区）。2004年，酷凉烟还赞助了在芝加哥、费城、亚特兰大和底特律举办的"酷凉新兴电子爵士节"——这些城市的黑人人口数量都相当庞大。广告把该节日宣传为一个庆祝活动，为"奠定当今城市文化基础的音乐"进行庆祝（《本质》，2004年10月）。"城市文化"的内涵赋予爵士乐青春洋溢的形象。酷凉烟接着赞助了2005年的"新爵士观巡演"活动。这些赞助活动引起了公众争议。whyquit.com的创办者约翰·波利托（Polito，2005）撰文对这种由雷诺士公司带头发起的巡演赞助活动进行了辛辣讽刺。文章开篇提出以下问题：你（如果你是雷诺士公司）如何"在全国每年44万名尼古丁瘾君子因吸烟死亡的情况下找到新的替补烟民，从而保持你的市场份额……你将如何引诱这些替补烟民上钩并将他们套牢？"作者给出的答案是"新爵士观巡演"，它的特色在于邀请了诸如弗洛伊特瑞（Floetry）、约翰·传奇（John Legend）、康芒（Common）、德拉灵魂（DeLa Soul）、布斯塔·莱姆斯（Busta Rhymes）和米里本–阿里（Miri Ben-Ari）等黑人艺人（当然，具体的艺人根据具体演出的主题进行变换）。相关的广告宣传非常清楚地锁定黑人文化，以至于我们几乎可以肯定它潜在的观众是黑人族群。然而，白人青年和青少年亦喜欢音乐，而当他们解读这些广告形象时，他们会因为有机会聆听其中的某位艺人或某个组合，或羡慕那些即将前往观看的伙伴而心情久久不能平复。不仅如此，这些广告形象还再次向他们传播了社会对黑人固有形象的认知——音乐、说唱、嘻哈、大多数黑人是彪悍的且拥有酷帅有型的都市风格——酷凉烟的宣传加深了这种刻板认知。

2.5 小结与思考

本章所阐述的内容与案例分析初步探讨了广告的语言文字和视觉形象如何构成具有特定种族化表征的广告文本。当然，并不是所有人对种族化文本的解读都与本文相同，但是，当具体的形象（文字的和视觉的）以文化形式传播时，它们便成了文化符号的元素。由于本章所探讨的广告的宣传渠道远远不止那些面向非裔美国人的杂志，因此，这些广告不仅是针对非裔美国人的具体的广告片段，它们还属于更普遍的、具有意识形态的广告话语的一部分，并在话语中通过一种快速文本构图的方式体现黑人和白人的形象。在这种情况下，快速文本构图深深地反映了美国关于种族的意识形态。

正如许多研究指出，广告由特定的符号组成，这些符号完整地构建了紧凑的、由形象驱动的宣传所需的元素（Fowles，1996；Frith，1997；Goldman，1992）。我们也许对所见所闻的内容会产生质疑或困惑，感到喜欢或讨厌，但是我们的感受不应仅此而已。广告跟我们的日常对话、书报杂志、电视电影节目一样对我们的文化进行描述、复述和旧意新解。为了说明人类学家解读某一种文化语境下的广告文本和解读美国的广告文本（或孟买的广告）具有很大的差异性，威廉·马扎雷拉（William Mazzarella）阐述了广告语言的真相，即广告语言隶属于它所在的文化：

> 我认为，如今最不需要我们认真对待的便是广告。
> 正如我们不该盲目地误信广告只是单纯地回应消费者的

需求，我们亦不可武断地仅仅把它定性为虚假文本。它
的语言（不管我们是否喜欢）是我们的语言，文本的留
白是我们的留白。我们需要分析广告是如何且为何采用
这些语言和留白的。（2003:62）

本章所探讨的香烟广告（以及文中所提及的香烟品牌的
其他广告和其他品牌同样带有种族化形象的香烟广告）传递的
种族化和种族主义形象显然符合烟草公司的利益需求。它们的
广告商根据公司的利益需求制作和投放广告。这些广告包含的
文字意象和包罗万象的话语是体现烟草公司带有种族主义意识
形态的确凿证据。广告的创作者在选择文本时可能有意或无意
地塑造了对比鲜明的黑人和白人形象，然而，当一位在视觉和
语言上均受过专业教育的人挑选文本来搭配视觉形象时，他几
乎不可能没有意识到自己所负责的广告让不同种族的人形成
了对比。从更广义的文化层面来讲，这类广告以更细微的方
式延续了过去的做法，而绝大数人认为这种行为已成历史，
实则不然。

本章重点围绕广告的文字符码展开了分析，这一方面的
研究在过去没有引起足够的重视。随着广告的宣传模式由传统
的印刷拓展至电视，以及最近的互联网，广告所使用的文字符
码愈加成为人们文化环境和语言的一部分。我们不能低估这些
文字符码的重要性或将其视为可有可无的成分。由于广告必须
依托有限的话语成分来表达意图，因此所选择的每个话语成分
都会影响广告的整体符号意象。从特征来讲，广告语言属于电
报式语言，且意义隐晦难懂，其与政治话语的"录音节选"

十分相似。这些"词语节选"是为了吸引观众注意并让观众记住，它们可以富有趣味、创造性和代表语言使用的最新趋势，但同时也能传播干扰人心的意象。广告除了宣传产品或服务之外，其重要的体系亦包含了这些文字意象。本章分析的香烟广告所属的烟草公司涉嫌实施了针对非裔美国人的不道德行为。从广义的社会层面来讲，这些公司所提供的信息的效力在于反复告诉观众，我们身处的国家种族分明且语码带有种族主义。

在反复宣传特定形象和文字意象时，广告商面临双重挑战，即既要利用本文化的人们耳熟能详的概念，又要为这些概念创造不容观众忽视的语境。吉伯·福尔斯（Jib Fowles）从社会心理学的连通性对广告商的挑战做了以下说明：

> （广告的）符号必须能被大多数人理解，因为广告的策略在于力求获得受众，因而必须由人们熟悉的、表达社会共性的元素组成。然而，虽然使用相同的象征，但是符号不能过于司空见惯、枯燥乏味，以致消费者熟视无睹，甚至排斥抗拒。广告产业的工作须抓住公众的心理，发现其深处的情感，并创造出耳目一新的符号，从而获取和完善能与消费者产生新共鸣的机会。
> （1996：167）

本章讨论的香烟广告正是保留熟悉性和尝试创造新符号的结合体。当不同种类的香烟广告把意象颜色如黑色—绿色作为显著性符号进行对比时，符号符码或许并不具有十分明显的种族主义。但是进一步分析发现，当语言文字与视觉形象进行搭配时，香烟广告话语暴露了吸烟及其映射的信息背后及引申的事实，这足以证明种族化话语的定位作用。

在谈论美国文学以及更为广义的美国文化的问题上，托妮·莫里森（Tony Morrison）认为，种族的概念从隐喻的层面来说是我们文化的一部分：

> 种族已经变成一个隐喻的概念——是指代和掩饰武力、事件和阶级的方式，并表达着社会腐败和经济分化对全体国民的威胁远大于生物学上的"种族"对全体国民的威胁……它（种族主义）有一个远超经济、阶级隔离以外的功用，即采用隐喻的方式假设了一种生活。这种生活被非常完整地植入日常话语当中，以至于它可能比以往更不可或缺，被展示的内容更多。（1992:63）

据此，观众极有可能不是直观地"阅读"广告里的种族概念，他们需要借助一套阐释系统才能理解文化话语层面的意义。这套符号的阐释系统映射了种族主义的意识形态。香烟广告的意图旨在吸纳及保留新的吸烟人士和影响顾客对香烟品牌的选择，与此同时，其宣传的一系列语言文字和视觉形象都带有特定的种族主义的意识形态，任何种族和民族的观众在阅读香烟广告时都会接触这两个方面。以特定的方式构建黑人和白人的形象源自深层次的文化方面的意蕴。罗伯特·弗格森（Robert Ferguson）在分析种族和媒体的问题时，提醒我们在思考媒体中的种族信息和种族主义话语的时候，我们须知道"相似的话语处处可见，时时可闻"（1998:55-56）。对于白人观众而言，本章讨论的这类型广告中的视觉形象和文字意象加强了他们熟知的种族层面上的"他者"概念。他们的刻板印象把广告里的形象视为怀旧的、日薄西山的经典形象，进而以这种"他者"概念弱化黑人观众。对于黑人观众而言，他们看到的形象再度宣传了关于自我压迫的意义（一些有可能从根本上影响社会进步和自尊的形象）。正如帕特里夏·希尔·柯林斯（Patricia Hill Collin）所说，黑人的性别意识形态，除非推倒重建，"左右着他们对自己身体的认知和感受。这种意识形态贯串每个人的大脑、灵魂和身体，并促使构建自我压迫"（2004:282）。

摆正种族观念：青少年广告中多元文化的画面与声音

20世纪90年代末，在研究与性别相关的项目和针对儿童　62
的电视广告用语（Johnson and Young，2002）时，笔者和同事
注意到，广告中几乎没有出现有色人种儿童的身影，即使出现
在广告中，他们也鲜有台词。广告整体上展现的是一个由白人
的面孔和声音构成的社会，有色人种儿童的出境率极低。当广
告中出现有色人种儿童时，他们总是被当作摆设——经常被放
在画面的边缘或者作为背景人物。在我们看过的上百则广告
中，只有一则广告由一名非裔美国男孩出演，他在广告中扮演
一个有台词的角色。该广告为瑞茜牌泡芙麦片而拍摄，于1999
年播出。广告中，这名非裔美国男孩位于屏幕中央，他大约10
岁，不论是长相打扮还是说话语气都像一名嘻哈歌手。他推销
产品时所采用的语言风格有着黑人英语方言的味道，观众很容
易将其识别为黑人英语。

　　这则广告令人震惊之处在于，它不仅是唯一一则由非裔
美国男孩主演的广告，还凸显了非裔美国男孩的嘻哈风，且背
景是城市里的贫民区。这则广告让笔者想起在2007年初时看到
的睡美人芭比的广告，该广告由一名白人女孩和一名亚裔女孩
（可能是中国女孩）主演。在广告中，亚裔女孩站在白人女孩
的旁边，但要稍微靠后些。两人都看着睡美人芭比娃娃，它闭
着眼睛，躺在一张漂亮的床上。亚裔女孩看着白人女孩说：

"它的眼睛真的闭着"——神态和语气表现出一副惊讶的样子，与白人女孩自信的情态形成对比。而扮演救醒睡美人的王子的角色，不出意料地也是白人。最后一个短镜头是两个女孩站在芭比娃娃的旁边，但是只有白人女孩触摸了芭比娃娃。这则广告的拍摄效果是为了展现亚裔女孩对芭比娃娃一无所知，作为外来者对芭比娃娃的眼睛着迷（这可能是为了微妙地展现亚洲人对非亚洲人的眼睛存在羡慕之情），并且较少地直接参与对芭比娃娃的实施行为。

63   可能有人会认为这两则广告具有重要的文化意义，仅仅因为它们的人物角色采用了非白人儿童。然而，在关于非白人儿童的社会定位问题上，两则广告均有硬伤。非裔美国男孩是嘻哈风的，说方言的。亚裔女孩是甜美的，她被边缘化并对芭比娃娃的眼睛着迷。两则广告都根据刻板印象创造出观众所看到和听到的影像。同时其影响不止于此，它会促使人们借助这些刻板印象来理解和对待这个多种族、多民族社会的方方面面。据此，一旦广告传播大批与种族概念相关的符码，它们便具有意识形态方面的功能。

笔者经常回想出现非裔美国男孩和亚裔小女孩的那些广告画面，他们在广告中代表着不同种族，这些表征是青年儿童日常生活的一部分。面向青少年市场的电视节目增长迅猛，在广告中展现多种文化范式的机会也随之增加。在本章中，笔者将研究电视广告如何将多元文化的社会现实融入广告的场景和叙述之中，而这些电视广告是面向青春期前儿童（此处指8~12岁的儿童）、青少年（此处指13~19岁）推销产品的。该年龄群体在广告文化中占据重要地位主要有两个原因。第一，青春期前儿童、青少年的消费水平持续增长。第二，这一群体已经接近独立的年龄，受到的消费控制更少，使用信用卡的机会更多。因此，广告商培养出的消费行为奠定了当今挥霍无度的消费经济的基础——在消费经济中，成人储蓄现在已经呈"赤字"状态。据美国商务部2007年1月27日的报告称，"自1932—1933年的大萧条以来，美国的年储蓄率第一次降低至负值（–0.5%）。这意味着美国人不仅花光了他们（2006年）所有的税后收入，还要动用之前的储蓄或者增加借贷"（MSNBC，2007.1.30）。在消费文化中，商品激增与促销促使社会形成了令人吃惊的美国消费模式，而广告则是当中重要的推动因素。

许多成年人都有这样的体会，现在的青少年的确是花销大户，尤其是与他们自己年轻时相比。据报道，2003年青少年消费总额达1 750亿美元，2006年花费达1 900亿美元（Mintel，2006）。许多青少年在课余时间和周末打工赚钱，其他家庭成员也会给他们零花钱。据2005年的一项电话调查显示，国际传播调查（International Communications Research，2005）发现青少年女孩每周花费47美元，男孩则是每周45美元。因此，青少年市场成为广告商的首选。由广告衍生了一系列关于经历和生活方式的形象和描述，同时，这些经历与生活方式又与琳琅满目、骈兴错出的产品相关联。

消费主义的培养在青少年早期就开始了。儿童被毛绒玩具、零食和娱乐活动的电视广告狂轰滥炸，他们通过一句"我想要……"对父母呼风唤雨，影响父母的购买选择。这一现象可谓是家喻户晓。青少年通过各类消费品作为创造自我个

64

性的手段，体现个性的癖好和倾向，这种情况愈演愈烈，随之
迎合这一市场的广告便无处不在。某些产品设计专门针对青春
期前的儿童和青少年，并明确锁定这一市场。而一些更适合成
年消费者的产品也出现在青少年的视线中——该做法很可能是
为了延续青少年影响成年人消费选择的模式，尤为重要的目的
是，培养青少年对于未来购买潜在产品的品位，如在汽车、汽
艇和昂贵首饰方面的品位，还培养青少年的一种消费心态，令
他们认为信用卡是获得这些产品的捷径。

由于各式各样的广告和媒体铺天盖地，青少年不仅能接
触形形色色的产品，还有多样的社会写照和生活方式。在日常
生活的大环境下，广告中的大量角色无处不在。广告展现的不
仅是产品，还有形象——包括视觉的和声音的——作为生活的
典型和剧本。这些形象承载和传播一切事物的思想意识形态符
码，从怎样观察和感受事物到如何在约会对象面前放松、淡
定，以及在不同的青少年活动场合应该使用什么样的科技产
品。本章探讨的这些意识形态符码与多元文化社会相关。更确
切地说，笔者的关注点是少年儿童和青少年电视节目期间播出
的商业广告如何呈现种族和民族多样性。为此，笔者通过以下
几点问题来探讨商业广告中种族和民族多样性的表现形式：

· 广告中的人物角色是如何被打上种族和民族标记的？

· 在商业广告中，观众所看到和听到的有色人种与欧洲/
白色人种之间的关系是怎样的？

· 在针对青少年的广告中，多元文化社会有哪些表征形
式？在青少年节目中插播的广告所呈现的具有种族和

民族特质的人物导致了哪些多样性文化范式流行起来？

· 广告中文化多样性的表征如何助长多元文化社会形成一些特定的观念？而这些文化多样性的表征又如何促进意识形态符码的传播？

为了解决上述问题，笔者重点对电视节目的预期观众和所插播的广告中出现（或缺失）的多元文化文本进行并列对比。

本章包含四小节。第一节简要探讨广告的意识形态本质，进而对青少年广告观众群体进行概括和定义，并介绍如何在广告所属的社会语境下对广告话语进行辩证分析。在第二节，笔者将阐述青少年人口的整体情况，这一背景信息有助于探索与文化多样性和青少年广告相关的问题。其中介绍了美国文化多样性不断加强，以及在这一文化多样性环境中的青年人口的分布情况。第三节探讨青少年广告中有色人种的表征和呈现方式，这种表征的呈现方式被韦斯特和芬斯特梅克（West and Fenstermaker，1995）称为"践行文化多样性"（doing of diversity）。在本节中，笔者对一些关于广告里出现有色人种的研究进行了论述。第四部分由以下两个小部分组成：（1）在青少年电视节目中插播的广告是如何呈现种族与民族意味的？对此，笔者会给出一系列的具体例子；（2）在那些主要描述白人故事的商业广告中（预期对象也极可能是白人观众），有色人种是如何展现的？笔者将通过对两则广告详细分析来说明这一问题。这两个例子分别为美国移动运营商Boost Mobile的广告和由反毒品网站AbovetheInfluence.com发起的一项公共服务广告宣传活动。

65

3.1 意识形态符码及多样性

青少年群体易于接受刻画社会多样性和文化多元性的广告，因为他们通过个人经历、学校课程以及流行文化，能够接触到一系列的多元文化观念。当今的青少年在20世纪90年代还是学龄前儿童，在那个年代的美国，多元文化社会的观念和事物随处可见。当今，在许多青春期前儿童和青少年日常居住的社区，他们通常能够看到并接触属于不同文化群体的人。亦有部分儿童和青少年居住在种族和民族相对孤立的大都市里。此外，虽然还有部分儿童和青少年居住在更为封闭的小城镇和农村地区，但他们仍然能够体验大文化环境中文化多样性的许多表征，即便只是其中的几种文化。

针对青春期前儿童和青少年群体推出并且被该群体购买的媒体产品，会为他们提供一系列的生活方式参考、社会关系模型。这种情况不仅出现在广告当中，电视节目内容或者杂志内容中，亦会植入此类广告。

3.1.1 广告中的意识形态符码

正如导言部分所提及的，广告是意识形态符码的主要传播媒介。尽管关于意识形态有许多不同的观点，但格罗斯伯格等人（Grossberg et al.，1998）的论述对媒体分析很有帮助。

格罗斯伯格等人认为，媒体在塑造主流的思想意识形态方面的作用十分强大："在当今世界，媒体与意识形态的形成过程和结果息息相关。毕竟，它们……可能是当今社会中思想和意义符码最为重要的生产者。此外，它们往往是人们

66

日常生活的中心和重要组成部分。"（1998:182）该论述借鉴了路易·阿尔都塞（Althusser，1970）的观点，阿尔都塞强调意识形态是一套表征系统，它是"现实"的象征性替身，但同时也很可能被人们理解为"现实"本身。这套表征系统引导着人们每天的生活经历。路易·阿尔都塞的近期著名理论是"意识形态的作用在于将具体实际的个体变成主体"（1971/2001:116）。在被他称为"质询"的过程中，个人被带入（阿尔都塞称为"召唤"）思想意识形态领域，成了先于他们而存在的观念的主体。该意识形态和质询之间的关系理论有助于我们理解广告通常是如何将它的观众和听众带入一个与产品相关的小型世界的，以及是如何通过仔细选择能指来传递思想的。意识形态的存在十分平常，从这点来看，意识形态的编码可能是无意识行为，也因此没有引起人们的关注。例如，在核心家庭长大的人可能不会想到审视媒体所展示的核心家庭的典型表征，或者审视将该类型的家庭结构视为"正常家庭"范例的蕴意，其原因在于他很容易被带入广告世界。而来自另一种家庭结构的人则可能会认为这样的广告陌生不经，没有共鸣，因为他们不熟悉广告中所呈现的事物。然而，也有一类人，没有在广告中看到与他或她的家庭的相似写照，但仍然被带入到广告中，因为他们受到了意识形态符码的支配。对于此类人群而言，也许是因为他渴望成为核心家庭的一员，或者仅仅是因为他与这种性质的家庭及它们的产品背景有交集。相似地，在我们社会中，抚养与母性是联系在一起的，因此一个刻画母亲与孩子的养育关系的广告不太会让人们产生心灵冲击，这说明意识形态编码仍然在强化传统性别角色。许多分析广告内容的研究描述了这种强化特定意识形态主题的偏见与表征模式，尽管它们不常在意识形态语境中出现。例如，在广告中，亚裔美国人总是高学历、富裕、技术相关人士的形象，广告语码总是把这个种族特征鲜明的美国群体与社会经济地位挂钩（参见Paek and Shah，2003）。

3.1.2 辩证方法

67 　　为揭示意识形态符码如何在青少年广告的多元文化话语中发挥作用，笔者以上文提及的四点问题为纲，对电视节目中的具体广告进行定性的、辩证的分析。2005年至2007年初，笔者观看的电视节目不计其数，这些节目或是明确为青春期前儿童和青少年而设计，或是把这一群体当作主要的观众。因为青少年经常倾向于观看比建议观赏年龄更大一些的电视节目，所以年龄更小一点的"青春期前儿童"（tween）这一年龄群体（主要由9~13岁的儿童构成）在此也被定义为属于青少年节目的其中一类观众。"tween"一词比传统的"preteen"（未满13岁的孩子）含义更丰富，因为前者能够从心理上和生活方式上将儿童时光与青少年岁月连接起来。1999年《新闻周刊》的一篇文章归纳该年龄群体的特征为"对进步和长大成人十分着急，儿童的成长速度快得可怕"（Kantrowitz and Wingert，1999:62）。对特定电视节目以及在节目中插播的广告的预期观众群体进行定义十分重要，从文化表征的角度来看，这是因为处于关键年龄的群体如何在社会里被给予机会对思想意识形态符码的世界产生质询和广告所处的环境之间存在着相互作用。

为了理解青少年节目和其中插播的广告，笔者研究了一系列深受青少年欢迎的节目。主要的观看时间集中于2005年10月和11月，2006年3月、5月和6月，以及2007年1月，主要观看的节目包括《天才魔女》（*That's So Raven*，迪士尼）、《姐与妹》（*Sister Sister*，迪士尼）、《美眉校探》（*Veronica Mars*，CW电视台）、《迪格拉丝中学的下一代》（*Degrassi*，The N电视台）、《一对一》（*One on One*，The N电视台）、《小女巫萨布琳娜》（*Sabrina the Witch*，The N电视台）、《冲浪青春》（*Beyond the Break*，The N电视台）、《超人前传》（*Smallville*，福克斯广播公司）、《马尔柯姆的一家》（*Malcolm in the Middle*，福克斯广播公司）、《橘子郡男孩》（*The O.C.*，福克斯广播公司）、《丑女贝蒂》（*Ugly Betty*，美国广播公司）、《你被禁足了》（*Grounded for Life*，ABC家庭频道）、《青春沙滩》（*Falcon Beach*，ABC家庭频道）、《篮球兄弟》（*One Tree Hill*，华纳兄弟电影公司）、《青春性日记》（*The Bedford Diaries*，CW电视台）、音乐节目《106 & Park》（黑人娱乐电视台）、《音乐总动员》（*Total Request Live*，音乐电视台），以及《胜利之光》（*Friday Night Lights*，美国全国广播公司）。在笔者观看的众多节目中，其中一些属于长期节目，而一些则属于新节目，类型涵盖喜剧、戏剧和音乐等综艺节目。笔者对数百则商业广告做了相关笔记，并对在20个节目中插播的全部商业广告做了详细图表，主要从以下三点进行标识和区分：（1）广告中出现任何多元文化的表征，包括出现外表可辨的种族或少数民族群体，以及从声音上被识别为"有标记"的英语变体（即非典型的主流美式英语变体）；（2）有色人种的外表和文化特征（例如：皮肤颜色深浅；身形胖瘦；有无口音）；（3）广告中，非白人演员是否有台词？如果有，台词中展现哪种语言变体以及具有什么交际功能？

为了着重研究意识形态符码贯穿广告的方式，笔者密切关注着整个节目"套餐"，包括实际的节目内容（故事情节和角色）以及节目中插播的所有商业广告。与节目套餐相关的主要问题是，在播出的商业广告中，文化多样性的体现程度和体现方式是怎样的？节目套餐又是如何为商业广告提供语境的？从广告文本的角度来说，每则广告都可能是一个意识形态的缩影，因此笔者旨在探究这些广告文本如何定位文化多样性。根据费尔克拉夫提出的媒体批判性话语分析的框架，本章"试图揭示文本、话语实践和社会文化实践之间的系统性联系"（1995:16-17）。

3.2　青少年人口与文化多样性

美国青少年人口数据主要来源于美国人口普查局，该机构负责收集国民自报的族裔信息和拉丁裔人口信息。虽然这些数据总有滞后性，但仍能提供实实在在的整体人口概况。人口普查每十年一次，基于邮寄问卷的形式，外加游说以增加参与率（尤其针对人口普查问卷参与率低的地区）。人口普查局的目标是使其调查能够涵盖到每一个人，从而使调查数据尽可能与实际人口情况一致。尽管这些数据既不完美也不完整，但它们的确能够合理且有效地反映人口情况及当中的一些关键特征。在每两次人口普查的十年间隔期，会通过人口抽样调查来确认人口的变化趋势。

2000年的人口普查有近2.815亿人参加，如今，参加人数已超过3亿人，因此，下文所展示的数据将会相应地增加。而数据显示的比例情况将给分析青年人口构成提供很好的参考。人口数据根据种族和民族分为若干组。2005年更新的美国人口数据（US Census Bureau，2006）显示各种族的人口数量占比情况如下：非拉丁裔白人大约占67.4%，黑人或非裔美国人占13.4%，亚裔和太平洋岛民占4.8%，美国印第安人或阿拉斯加原住民占1.5%。拉丁裔人口占总人口的14.1%（包括自我归属到其他种族群体的拉丁裔人）。具体的数据情况参见表 3.1。近期，据美国国土安全部估计，2005年还有1 050万非法移民居住在美国（Hoefer et al.，2006）。

人口普查局在人口分组中加入了年龄一项，其中两个年龄群体对本研究来讲至关重要：10~14岁和15~19岁的年龄群体。这两个年龄群体，涵盖了青春期前儿童和青少年，包括大学一年级的人群。2005年人口普查局估测这两个年龄群体的人口总数接近4 200万人，截取数据如下（US Census Bureau，2006）：

10~14岁：20 857 743

15~19岁：21 038 989

总计：41 896 732

表 3.1　2005 年美国种族和民族分布

种族和民族	数量	占比
总人口	296 410 404	100.0
仅白人人种 / 不含西班牙裔	198 366 437	66.9
西班牙裔白人	39 488 517	13.2
白人与其他人种混血	241 806 816	81.6
仅黑人人种 / 不含西班牙裔	36 324 593	12.2
拉丁裔黑人	1 584 748	0.53
黑人与其他人种混血	39 724 136	13.4
仅黄人人种 / 不含西班牙裔	12 420 514	4.2
亚洲人与其他人种混血	14 376 658	4.9
美洲印第安人及阿拉斯加人 / 不含西班牙裔	2 863 001	1.0
美洲印第安人及阿拉斯加人与其他人种混血	4 453 660	1.5
本土夏威夷人及太平洋岛上居民 / 不含西班牙裔	405 019	0.14
本土夏威夷人及太平洋岛上居民与其他人种混血	989 673	0.33
西班牙裔或拉丁裔族源	42 687 224	14.4

来源：美国人口普查局（2006）。国家人口性别、年龄、人种和西班牙裔族源：2000—
2005 年。

　　青春期前儿童和青少年群体的人数约占美国人口总数的
14%。与总人口的分类方法一致，该年龄群体也根据种族和民
族进行了分类（参见表3.2）。[1]青春期前儿童和青少年主要还
是白人和非拉丁裔，其他族裔的人口占比虽不尽相同，但比例

1　由于人口普查局调查方法的限制，种族信息仅限于拉丁裔和非拉丁裔。调查问卷
　　中的两个问题：（1）种族项下有几个选项，外加一个综合选项；（2）民族项下，
　　只有一个选择题，选项分别为拉丁裔和非拉丁裔。有学者倡议停止使用词语"种
　　族"，而使用"民族"来涵盖所有的任意类别，如赫克特等人将民族定义为"共同
　　遗产"（Hecht, 1993:2）。该定义方式的好处在于避开了在文化浸泡下对种族和民
　　族进行人为分类的观念的影响。从另一方面来说，大多数人恰恰就是在文化影响下
　　进行分类，意识形态驱使人们接受其"常态性"。

亦不小。青春期前儿童和青少年群体中，西班牙/拉丁裔约占
17.5%，比例高于整个青少年群体在美国人口总数的占比。纯
黑人群体（不包括其他任何人种）约占15.8%，同样略高于该
群体在国民总人口的占比。而尽管亚洲人的绝对人口数量占
比相对较小，但该群体的儿童和青少年人口比例的增长率在
过去数年间发生了变化：纯亚裔占3.8%，亚洲人与其他人种
混血占4.7%。

表 3.2　2005 年美国青少年人口，按种族和民族划分

人种或种族群体	10~14 岁	15~19 岁
青少年总人口	20 857 743	21 038 989
仅白人 / 不含西班牙裔	12 397 142	13 031 784
仅白人（包括西班牙裔）	15 897 506	16 192 543
共计：白人与白人和其他种族混血（包括西班牙裔）	16 371 990	16 590 680
仅黑人	3 330 715	3 279 954
共计：仅黑人和黑人与其他种族混血	3 579 255	3 460 715
仅亚洲人	792 275	800 284
共计：亚洲人和亚洲人与其他种族混血	989 073	973 543
仅美洲印第安人 / 阿拉斯加人	259 477	268 811
共计：仅美洲印第安人 / 阿拉斯加人和其与其他种族混血	402 084	417 668
仅本土夏威夷人		
共计：仅夏威夷人和夏威夷人与其他种族混血	45 375	44 264
西班牙裔族源	95 868	91 814
	3 859 218	3 460 936

来源：美国人口普查局（2006）。国家人口性别、年龄、人种和西班牙裔族源：2000—
2005 年。

总的来说，纯白人群体人口数量近年来呈缩水状态。其在数据中有明显体现：在10~14岁和15~19岁的年龄群体中，少数族裔群体和西班牙裔群体分别占40%和38%左右。毫无疑问，青少年人口的构成从文化和种族来讲都是多元的。

皮尤基金会（PEW Foundation）开展的一项研究揭示了青春期前儿童和青少年使用多种形式媒体工具（Rainie，2006）的现象。他们用"千禧一代"（millennials）来描述8~18岁的年龄群体，将他们与年龄更小的群体进行区分。"千禧一代"的特征之一是该年龄群体沉浸在一个由媒体和各种小玩意儿组成的世界中。电视在该群体的日常生活中仍然扮演重要角色，他们平均每天观看电视的时间为3小时51分钟，平均每天以某种方式使用电脑上网的时间则为1小时2分钟。

这就是青春期前儿童和青少年年龄群体的写照——皮尤称其为"千禧一代"——他们的种族和文化构成都是多元的，他们沉浸在媒体世界中，他们观看电视，同时他们使用网络、iPods及其他此类工具、手机以及其他所有媒体衍生品的时间均有所增加。

3.3 广告的多元文化表征及"践行文化多样性"

为研究广告展现多元文化社会的方式，首先需解决以下问题：广告中任何一个文化多样性的表征，对美国社会的种族和民族构成有什么样的意指？毫无疑问，我们的生活全面沉浸在媒介交流中，这一现象不仅改变了文化含义的本质，而且改变了人们成为及再成为文化产物的方式。电视、广播、电影和网络均为各种文化产物提供了平台，并塑造着人们作为文化产物参与其中的言行举止。每当我们观看电视（即使只是一个瞬间）、打开一本杂志、使用互联网的时候，我们就进入一个复杂的世界，以不同的表征重现各式各样的意识形态符码。通过媒体文化传播的意识形态符码不仅塑造着人们的行为和态度，还影响着人们采用哪些词语来质疑和反对某些意识形态符码。媒体环境极为宽泛，这使其意义系统不仅直接、积极地全面参与我们的生活，而且通过媒介表征的相关话语（例如从媒体文本中提炼的对话、互文指涉和商品）将我们带入媒体环境中。

广告是媒体文化环境中的一个重要元素，本章的主要关注点在于广告是如何通过其传播的表征对社会的文化构件赋予意义的。媒介表征的一般性质和表现文化多样性的具体模式对于理解广告所传播的言语意象和视觉形象的复杂性十分重要。

3.3.1 "广告时刻"和重现

在探索广告中涉及文化多样性的主题及其变化形式时，不仅需要关注具体的广告，还应对一系列广告之间相互关联的复杂方式进行思考。广告是一种文化实践，而文化实践由一次次具体实践衔接的片刻组成。莉莉·乔利亚拉基（Lilie Chouliaraki）和诺曼·费尔克拉夫在《话语和后现代社会》（*Discourse and Late Modernity*）一书中描述了不同文化实践之间如何相互关联的过程，如下：

> 单个实践活动是在一个实践网中进行的……不同的

实践被灵活地组合在一起以构成实践网，使单个活动成为其中的片刻，这种方式也改变了单个实践活动自身。

社会实践网络被权力的社会关系制约，网络内外实践衔接点的变更与权力的动态变更及权力争斗相关联。（1999:23-24）

每一则广告都是一个广告时刻，即在当前语境下的特定广告。一个广告时刻由两部分组成，一是该广告自身，二是"伴随性话语"（accompanying discourse）（Cook，2001），即广告所处的、不直接与广告相关的话语。例如，欧莱雅男士日用健发洗发水（L'Oreal Vive for Men Daily Thickening Shampoo）的广告在多本杂志中都有刊登，包括《滚石》（Rolling Stone）和《体育画报》。广告所在的杂志的主题焦点和具体讨论的内容形成不同的语境，限制了广告的解读。《滚石》杂志2005年8月11日刊的封面人物为美国摇滚巨星吉米·亨德里克斯（Jimi Hendrix）。照片中，他的发型随性"自然"，标题写着"吉米·亨德里克斯传奇"。翻看几页杂志后，看到这则生动的洗发水广告的读者可能会发出笑声，因为同时考虑到杂志中的其他文章的内容（想必吉米不需要这洗发水吧！）以及《滚石》杂志自身，或者对于那些想要一头浓密头发的人而言，可能只是一个值得一试的产品。同样的广告亦刊登在《体育画报》上，读者多半是老年人——他们中很多人会联想到自己稀疏的头发，还有一大部分读者是工人阶级。如此说来，广告时刻是广告本身和读者/消费者在特定历史时刻下所处的伴随话语的综合。此类广告时刻具有对文化实践进行阐释的潜力，其中包括各种各样的消费模式，作为文化实践的具体产品，以及演员们（包括他们的言行）的形象。

广告时刻凸显了表征发挥作用的特定方式。当表征被重复使用时，它们成了"表征和表征实践的全部家当"（Stuart Hall，1997:239）。广告中种族和民族多样性的表征既可能是整合性表征，亦有可能是排他性表征——如种族和民族混合的表征和相互独立分离的种族和民族群体表征。

表征的可能性主要有四种。在整合性广告时刻（advertising moments of integration）中，表征所展现的不同种族和民族群体为平等的、有相似兴趣和偏好的，并且没有出现一个种族主宰另一种族的现象，除了一个种族的表征可能在数量上极大超过另一种族（贝纳通推出的颜色大联盟系列［United Colors Of Benetton］）。早期的广告宣传中实行了该表征策略，不同种族和宗教根源的模特都穿上了贝纳通的衣服。同样在后期的部分广告中，则在强调该品牌主打全球品质的语境下同时并列展示不同种族或民族的模特。）

多元主义广告时刻（advertising moments of pluralism）也展现不同的种族和民族群体，然而广告采用的表征仍然保留不同群体鲜明的文化完整性。（维珍妮牌女士香烟的"寻找自己的声音"广告中，展现了来自不同种族和民族群体的魅力女性照片，通过特征明显的服饰装扮来突出她们的民族独特性。）

在象征主义广告时刻（advertising moments of tokensim）中，广告画面会加入某些非欧洲/白人的多样性标志，以此来营造关于多元文化思想的潜在意义。然而此类广告没有进一步实际地呈现复杂多元的社会。例如，在汤米·希尔费格

73

（Tommy Hilfiger，美国服装品牌）经典男士服装的一则广告中，呈现了两个白人成年人（一男一女，似乎是对夫妇）、一个白人男孩和一只狗的场景，场景中还有一个黑人男孩。黑人青少年的表征模糊，观众甚至可以把他理解为这对白人夫妇的儿子。或者他是白人男孩的朋友，而白人男孩是这对白人夫妇的儿子。

在排他性广告时刻（advertising moments of segregation）中，广告画面将人物角色按照不同的种族或民族群体分隔开。实际上，我们通过大众传媒看到的大部分广告时刻都是排他性广告时刻，因为大多数广告仅展现欧洲/白色人种，同时广告亦存在种族和民族隔离的情况，尤其是向针对特定受众的媒体投放广告时，如《黑檀》或《拉丁人》（Latina）杂志。电视或网页商业广告的语言也存在排他性，因为我们看到的说话者清一色是欧洲/白人，而旁白也是主流的美式英语。我们几乎听不到与特定移民群体相关的英语变体或者其他国家的英语口音；当我们的确听到"不同"时，那通常是英式英语，或者是法式英语，尤其是女士化妆品广告。在这些各式各样的广告时刻中，被标志为"不同"（笔者最近常听到各"色"各样）的人们均成为"他者"的表征。

近年来，表征在文化研究领域受到了大量关注。表征的概念可以简单地理解为经过加工的"重新发布"，而非对"真实"事物的简单重复。当重现某事或某人的时候，该表征对象须接受修改以突出某些方面，并删减或消除客观对象的剩余部分。我们也可以通过框架（framing）理论来理解表征的概念。在此，先将框架理论比喻为画框。当一张图画被框

74

住时，某些事物会被框进去，某些事物会被排除在画框外，而强调则是如何利用边界突出主体。框架理论可进一步比喻为"图像编辑"（Photoshop）：正如我们可以通过图像编辑更改、添加、删减照片中的元素一样，表征也可以改变、添加、删减客观对象的其中一些元素。关于"什么事情正在上演？"这一问题，几年前，欧文·戈夫曼（Erving Goffman）通过回答该问题阐释了框架的特点。他认为，框架由活动"片段"（strip）组成："从连绵不断的活动长流中分割出来的任意片段，包括事件发生次序，真实或虚构的情节，从被主观地囊入其中的那些片段来说，它们在活动长流中有着持续的作用"（1974:10）。在传媒语境中，媒体制作人持续不断重现活动片段，呈现的形式有时是静态画框，有时是单独拍摄的几组片段，有时是为了讲述某个特定故事的短篇叙述文本。根据塔克（Tucker，1998）的观点，这些框架是由"关键词、短语、图像、资料来源和主题构成的共有信息库组成，框架的主题是为了突出并宣扬具体的事实、阐释和评论，从而使框架更为凸显"（1998:143）。

在任何一个具体的历史时刻中，与"差异"相关的意向模式构成了一个管理体制，霍尔称之为"表征体制"（1997:232）。当表征系统运作时，与表征相关的意象在相互语境中被解读，也就是说，一旦某一表征处于统管地位时，这些意象总是在互文的情况下被解读。格罗斯伯格等人（1998）在阐释意识形态的概念时提到，正是反复出现的表征提供了突出强调意识形态的符码。在传媒语境中，表征体制的角色十分重要，因为它们有助于构建不同版本的"真实"。

据此，在研究针对青春期前儿童和青少年的广告时，我们需要关注文化多样性表征反复出现的特定类型，以及这些表征分离出来的意象在广告语境中承载的蕴意。迈拉·麦克唐纳（Myra Macdonald）在《传媒话语探究》（*Exploring Media Discourse*）一书中写道：

> 对构成"种族"，或"女性气质"，或"伊斯兰教"，或"媒体暴力"的内涵进行阐释，成为媒体高产性工作的一个重要特点。媒体（关于真实）的构建概念并不意味着媒体有欺骗的意图，也不意味着媒体有能力主宰公众的想法。相反，一方面存在着公众实际的行为和态度，另一方面媒体的角色在于帮助公众在大脑中形成"理解的框架"，构建的概念暗示了二者之间至关重要的互动关系……我们最好把媒体理解为有助于构建不同版本的"真实"。（2003:14）

75　　如果用"广告"来代替上述引用语段中的"媒体"，那么，基于广告在表征中所扮演的角色，它有能力通过生成表征来促成关于重要社会问题（如种族、民族和文化多样性）的理解框架。

　　表征与刻板化（stereotyping）有着密切联系，但两者并非同一概念。表征通过指定一些事物并用特定的方式框住所指定的事物来重现和修改经历。"种族"便是关于表征的一个鲜明的例子。种族从生物学的角度来讲没有最佳的划分标准，而种族在美国的语境中却是一个备受瞩目的概念，并因此以特定的方式对其进行刻画。种族在美国通常有四种表征，分别

是白人、黑人、亚洲人和美洲原住民。这些分类范畴与过去
几个世纪崛起的种族谬论有着历史渊源，其中的一个极具影
响力的理论由德国生理学家约翰·弗里德里希·布卢门巴赫
（Johan Friedrich Blumenbach，1752—1840）提出。根据对人
类头盖骨的研究，他将人类分为五种人种群体：白种人、埃塞
俄比亚人（后改称黑人）、蒙古人（后改称亚洲人）、新大陆
原住民（后称美洲原住民）和马来亚人。对于每个人种的地理
缘起，他都有着十分丰富的理论研究，但如今这些理论中的大
部分已经没有说服力。如今，几乎没有人了解某个种族的概念
史，但我们仍然把这些概念当作"真实"的代表，不仅涉及与
肤色相关的思想，还包含了与种族意义相关的一系列思想，其
中包括"混血人种"的混合概念。

刻板化现象是表征的形式，但是它们在某些方面更为
具体固化。霍尔告诉我们二者的区别：刻板化"根据一种规
范来划分人种，并把排除在规范之外的构想成'他者'"
（1997:259）。对于霍尔的定义，笔者想要补充一点，即刻板
化通过还原性框架来限定和重现表征，而这些表征是基于一系
列的特征来表示刻板化的客体。例如，北美人常被刻画成迟
缓、偏胖、懒散的人。自欧洲人征服美洲人后，人们对该刻板
化现象浑然不觉，不论是在精神信仰层面，还是在塑造当地人
经历的历史层面。美洲原住民的表征一旦被建立，该表征体制
便通过组织语境使任一美洲原住民被理解为"他者"。一旦
个人或者某个表征被认为不适用该刻板模式，他就会被看作
"例外"。这种情况的动态变化在于，通过将某个具体的个
体标志为"例外的"且不同于其他一切"他者"，而将"他

者"重新分配到"正常"的范畴。

3.3.2 广告中的"多元文化实践"

76 强调社会角色和文化身份容易实现把人们及其社会地位当作客体对待,同时把他们的行为看作相应社会地位所具备的特点。分辨人们的社会角色和文化身份能够帮助我们理解媒体表征的历史模式是如何沿用及影响当前的文化实践的,尤其是那些关于社会歧视和权利不平等的表征。在设计代表有色人种的角色时,由于画面背后的广告机构可被置于次要地位,因此广告在考虑文化多样性的问题上受限不少。提高广告制作商的重要地位的其中一种途径是将文化多样性看作一种"实践"(doing)。此处,笔者参考了社会学家坎达斯·韦斯特和莎拉·芬斯特梅克(West and Fenstermaker,1995)的做法,他们基于韦斯特和齐默尔曼(Zimmerman)的早期论作,对具有社会标志的"不同"提出了自己的观点。后者将性别看作一种持续发生的达成状态,即把性别看作一个动词而非名词。根据他们的理论,性别被定义为"具有根本性相互作用的且根深蒂固的性格特点"(1987:137)。韦斯特和齐默尔曼在阐述种族和阶级的概念时借鉴了该理论,种族和阶级近似于一种社会成员对性别、种族和阶级进行同时设定的思考方式。基于上述观点,我们可从以下角度来理解文化多样性:文化多样性不仅被人们的行为和话语所创造和巩固,在表现相关的性别和阶级的过程中亦可持续不断地产生文化多样性。(尽管上述作者未将"年龄"纳入考虑范围,但是年龄亦属于社会生活的特征之一,故可用相似的方法进行诠释。)韦斯特等人认为,"种族的整体由属于不同种族类别的成员所产生的各类差异性构成……差异性一旦产生，人们便利用这些差异性来维持'种族身份'的'核心'特点"（West and Fenstermaker，1995:25-26）。

我们可以将广告对文化多样性的展现看作一种实践行为——广告的制作者及之后广告中传播的表征均为施事主体。当制作商在广告中对表示不同文化意义的类别做出标志时（如以特定方式安排有色人种在画面出现，一群具有某类种族或民族共性的模特在画面出现，等等），广告的制作者便是在实践文化多样性。但广告不是把一些视觉和言语片段拼凑在一起的固定剧本。一旦被放入伴随性话语当中，广告会与其他视觉和言语因素一起发挥作用。当广告含有动态影像和声音的言语意象时，展现文化多样性便是一种多维的实践。从这一角度来讲，广告成了制度化过程的一部分，在该过程中，差异、他者和多样性被创造并且被当作社会环境中有意义的且相对稳定的固定事物。实践文化差异性和多样性有助于将观众带入广告，同时也实现了广告商推行广告的初衷。

3.3.3　广告中关于有色人种的意识形态及表征

近年来，研究者们一直关注有色人种在广告中的展现方式。他们通常从三个领域对广告中的量化表征提出质疑，包括：不同族群的表征与现实族群的联系、情景和产品极有可能含括特定民族或少数民族群体的表征，以及广告中有色人种的角色设定。麦斯托和斯特恩（Mastro and Stern，2003）在研究表征出现频率、选择性表征和表征质量问题时参考了这些研究领域，并对这三个领域的前人研究进行了有效总结。其论著虽

77

然大部分在本质上属于内容分析，但是关于广告中有色人种的表征历时演变的问题，该论著提供了弥足珍贵的整体信息。

上述三个领域从不同的方面涉及了广告的表征在意识形态方面的隐喻。为了克服某些族群在产品促销的过程中被排除在外的潜在风险，大量使用表征变得十分重要——其本质上是将一些不被承认的边缘化族群移入广告消费者可接触的广告框架之内，在框架的某个领域得以再现。广告的选择性表征将特定族群与特定情景及产品关联起来，这同时也反过来反映出它所代表的族群的价值。例如，如果黑人在塔吉特百货（Target）和西尔斯公司（Sears）的广告中被重点刻画，但在诸如布卢明代尔百货公司（Bloomingdale）这类商店的广告中却被忽视，那么这说明黑人作为消费者的定位可能被低估了，其原因是广告商对他们的社会经济地位存在偏见。麦斯托和斯特恩称表征质量"可以说，能够极具启发性地衡量广告刻画的价值大小"。观众在展现文化多样性的广告时刻中看到和听到的某个角色会形成特定的意识形态符码，这些意识形态符码有几点重要的提示作用：（1）社会是如何构建的；（2）什么类型的人有什么社会地位；（3）谁在社会中处于最中心的位置。

在讨论广告展现文化多样性的地位方面，有几项研究提供了一些值得参考的观点。泰勒和斯特恩（Taylor and Stern，1997）对1994年6月在电视节目的黄金时段播出的1 300则商业广告进行了分析。他们关于广告中亚洲人表征的结论引起了特别的关注：尽管广告中亚洲角色的比例超过了现实中亚洲人占美国总人口的比例，但与其他人种或具有种族显著性的群体相比，他们出现在广告背景的可能性更大，而且过分刻画他们处于工作状态。这些研究者也分析了特定产品领域中的商业广告在不同的种族或民族中流行的比例情况。他们发现常出现亚洲面孔的商业广告"偏向宣传与富裕和工作导向一致的商品或服务"（1997:55）：零售业类（在该范畴中，占整个商业广告样品的11%）、化妆品类（占10%），以及电子通信类（占近10%）。黑人常出现在食品或饮品的商业广告中（在该范畴中，占整个商业广告样品的30%），亦常出现在相对较少但频率仍然较高的零售业类商业广告中（占29%）。最常出现拉丁裔的商业广告包括：汽车行业类（在该范畴中，占整个商业广告样品的52%）、零售业类（占38%）、化妆品类（占16%）。

在前文所提及的麦斯托和斯特恩（Mastro and Stern，2003）的研究中，作者调查了2001年2月期间播出的2 880则电视广告，并对广告中出现的有色人种的属性进行了分析。根据该研究的结论，在过去的几年中，虽然广告运用有色人种表征的情况总体上有所改善，但仍然存在一些问题。尽管黑人角色在广告中出现的频率（12%）与该群体占全国总人口的比例相近，但亚洲人（2%）、拉丁裔人（1%）和美洲原住民（0.5%）表征的使用情况则不然——样本池的分析显示，他们在商业广告中的展现远远不足。研究发现，黑人角色最常出现在金融服务相关的商业广告中（他们的表征占20%），以及食品广告中（他们的表征占18%）；亚裔角色最常出现在科技广告中（他们的表征占30%）；拉丁裔角色最常出现在香皂和除臭剂广告中（他们的表征占43%）；广告极少出现美洲原住民的表征，其为数不多的表征最常出现在零售业广告（如沃尔

玛）和汽车广告里。白人最常出现在科技广告（15%）和食品
广告（15%）中。此外，通过比较这几个种族和民族群体身处
的广告情景可以发现，亚裔角色更多地在与工作相关的场景中
出现，黑人和拉丁裔人则较多出现在室外场景中，而白人则更
常出现在室内场景的广告中。同时，黑人和亚洲人的角色通常
不演绎发出或接收指令的情景。

　　帕克和沙（Pack and Shah，2003）亦对广告中的种族表征
进行了研究，其考察范围是2000年期间出版的美国新闻杂志中
所刊登的广告。与麦斯托和斯特恩的研究结果一致，他们发现
亚洲面孔集中出现在以工作环境为背景的广告中，扮演角色常
为专业人士、科技人员和商业人士，关于黑人和拉丁裔人的表
征分析结果也与前者的结论类似；但是黑人的表征还包括运动
员角色，拉丁裔的表征还包括蓝领工人角色。由于该研究的
广告样本主要来源于新闻杂志，因此毫无疑问商业/金融/保险
类广告占据最高比例，且这些广告适用所有种族或民族的表
征。亚洲人的表征在电子/计算机以及互联网公司产品广告中
出现的频率也相当高。较亚洲人而言，使用黑人和拉丁裔人群
表征的产品广告范围更大。以上研究者们指出，广告中亚裔美
国人表征所使用的语言特点更强调职业道德及专业性。

　　一些学者亦对儿童电视商业广告进行了研究。尽管他们
研究的商业广告主要面向年龄层更小的儿童，但其描述为本节
理解种族和民族的表征如何在儿童商业广告中呈现提供了主
线，这是"儿童获取关于社会群体认知的（重要）信息源"
（Bristor et al.，1995；Li-Vollmer，2002）。一系列研究考察
了20世纪80年代末和90年代初在儿童节目期间插播的商业广

告，发现"少数族群"的表征在广告中出现的频次较少；为数不多的少数种族或民族的角色几乎总是黑人（参见Seiter，1990；Greenberg and Brand，1993；Li-Vollmer，2002）。两个较新的研究指出，儿童商业广告在展现"少数族群"表征方面的进步值得肯定，但这两个研究对其背后的原因分析依然难以一语中的。

两位学者（Bang and Reece，2003）集中对1997年春季在美国主流电视频道（美国广播公司、哥伦比亚广播公司、福克斯电视台、尼克国际儿童频道、华纳兄弟电视网、联合派拉蒙电视网）上播出的儿童节目中插播的广告进行了研究。他们的研究样本是出现人类角色的813则商业广告。白人角色在广告中的出现频率达99%，黑人和亚洲人表征的使用比例较高，超出了他们在全国总人口的占比，而拉丁裔人的表征则展现不足。研究基于儿童观众的视角有以下几点直观发现。首先，有黑人、亚裔和西班牙裔出现的广告里总有白人的身影。鉴于此，两人认为，"白人儿童可能会因此认为其他民族群体和自己是同一群体的，从而导致他们看不到民族群体之间的差异性，并尊重这些民族差异"（2003:62）。第二，黑人角色最常出现在食品广告中（出现黑人角色的食品广告数量占61%，出现白人角色的占46%，出现拉丁裔角色的占17%，出现亚洲人角色的占48%），但黑人角色最不常出现在玩具广告中（出现黑人角色的玩具广告数量仅占18%，白人角色33%，拉丁裔角色34%，亚洲人角色24%）。第三，与白人角色相比，黑人和亚洲人角色在家园和家庭情景类广告中出现的频次较少，这可能传达了一个强烈的信息，即这些群体在主流社会中的文化完整性问题——在一个沉浸在"家庭价值"的时代，该类型的表征极富影响力。

李-沃尔默（Li-Vollmer，2002）于1998年在一周的时间里对网络和有线电视播出的儿童节目进行了研究。其目的在于了解节目中出现有色人种表征的类型。该样本包含了2 429名角色：75%为白人；20%为非裔美国人；2%为亚裔美国人，还有2.4%的拉丁裔人。黑人角色经常出现在谷物类广告（120则）中，较少但也有部分出现在餐饮广告（25则）、小吃/饮料/其他食物广告（23则）和玩具广告（22则）中。亚裔美国人角色仅仅出现在了科技类和谷物类广告中（广告数量分别为12则和16则），拉丁裔角色仅仅出现在了餐饮业广告中（29则）。白人角色出现在所有类型的广告里，但最常出现在谷物类广告（405则）和零食及饮料类广告（260则）中。角色定位是表征的一种重要形式，并且二者与种族特色是一致的：与白人相比，非裔美国人的角色更多地表现为运动员和音乐家。当商业广告的主角定位把种族或民族纳入考量范围，那么有29%的非裔美国人主角定位为工人，却只有5%的白人主角定位为工人，其他少数族群的主角定位没有工人的角色。其他少数群体被给予的为数不多的几个主角角色大多是从事服务行业工作的。该研究还探讨了不同种族或民族背景的角色与台词之间的联系。该样本采集的所有台词里，白人角色的台词占了86%。在多族群角色共同出演的商业广告中，有超过三分之二的台词是由白人说出的。根据李-沃尔默的结论，儿童电视广告中非裔美国人角色的表征"可能会给普通观众留下一个看似正面的印象，认为目前儿童广告具有展现文化多样性、文化平等和进步的特点，但是进一步的研究表明，这一表面的改变掩饰了种族偏见的持续践行，在屏幕呈现的画面、选角和有色人种的角色导向方面，儿童广告仍然存在种族偏见"（2002:220）。

3.4 青少年广告不易展现文化多样性

为窥探青少年节目中的电视商业广告展现文化多样性的情况，本节将对一系列节目的具体情节进行概括描写。具体为：先了解节目的基本信息——角色和剧情——之后再研究这些电视节目的广告时刻所呈现的文化多样性表征属于何种类型。这是从定性分析的视角了解电视广告针对青少年群体如何对文化多样性进行包装。为此，下文对六种不同类型的儿童电视节目进行了定性分析，原因有二：（1）这些节目受青少年欢迎；（2）它们对文化多样性的展现形式各异，从仅由或主要由白人出演的节目到仅由或主要由有色人种（此处指黑人群体，他们在电视节目中绝大多数情况下代表着"少数族群"）出演的节目。

3.4.1 概括描写

笔者从七个不同的电视节目中选取出一个情节，目的是描述在青少年节目中插播的广告如何体现文化多样性。其中的三个节目只由或主要由白人演员出演，且故事线以白人为中心（三个节目为：《超人前传》《篮球兄弟》以及《橘子郡男孩》）。另外一个节目拥有多种类型的演员阵容和丰富的故事线，节目对文化多样性的演绎在某种程度上使得文化多样性成为该节目的主题（该节目是《迪格拉丝中学的下一代》［*Degrassi: The Next Generation*］）。另有两个节目无论是演员还是故事线均围绕黑人展开（这两个节目为：《天才魔女》和《一对一》），最后选取的一个节目为音乐剧/综艺类节目，因为该节目主要由有色人种出演，且描述说唱艺术家的故事（《106与说唱公园》［*106 & Park*］）。

3.4.1.1　《超人前传》

《超人前传》讲述的是男主角克拉克·肯特（Clark Kent）在成为超人之前的青少年生活经历。该节日属于纯科幻电视剧，其围绕着关于友情、欺骗、爱情、冒险、克拉克拥有的神秘力量主题的剧情展开。剧中亦出现了一群从一场流星雨所坠落的绿岩石中获得特殊力量的人物角色。《超人前传》为TV14级（即该节目可能不适合14岁以下未成年人收看），于2001年开播，是美国CW广播公司（是哥伦比亚广播公司旗下公司，前身为华纳兄弟）播出的电视剧，演员为白人，角色多是青年人。下文的概况描述基于2006年10月26日播出的剧集期间所插播的广告。从电视剧每集开始播放前到本集剧终，再到下集预告，一共插播了46则广告。当然，其中有10则广告为CW电视台的节目宣传或电影和数字DVD影碟宣传广告。而剩下的36则广告中，有6则广告均以某种形式涉及文化多样性表征，占全数商业广告和产品宣传广告的比例分别为13%和17%。

#1：一家智利饭店为推出的"猪小排"（BabyBack Ribs）

菜品所做的宣传广告呈现了十分丰富的文化多样性。在该广告中，（1）出现一名亚洲面孔的女性青年；（2）一位年长的黑人男性，他面前放了一盘西式排骨，手中拿了一个瓶子（貌似是啤酒）；还有一对看起来像是西班牙裔的夫妇，画外音为男性声音，画面中的角色仅作为视觉能指。

#2：花旗银行的一则广告描述了一个有明显口音的白人所发生的滑稽故事。该白人在多个场所使用他的花旗银行卡，但遭遇一名年轻男子一直试图使他分心，从而发生了一系列滑稽事件。在最后一幕，该白人正在买一张飞往伊斯坦布尔的机票，这使观众认为他是土耳其人。广告呈现了一系列滑稽事件，将主角表现为一个滑稽、独断的角色。然而，这是为数不多的出现非美式口音和非欧洲口音英语的广告。

#3: 威瑞森电信（Verizon）V-cast移动电视服务[1]的一则广告拍摄了一名黑人男青年的故事。这名男青年出现在城市街道的场景中，手中拿着他的威瑞森V-cast手机，并随着音乐跳舞。在此过程中，他向另一个人（观众看不到这名角色）宣告"这是费尔姬"。他将手中的威瑞森无限电信手机递给了出现在他面前的、在镜头后面的这个人。后来该黑人青年被两名路过的年轻女孩吸引（两名女青年均为黑人）。他拿起威瑞森手机，走近她们，说道："两位女士，喜欢费尔姬吗？"在这则广告中，该黑人青年被刻画成一个笨拙的、自我陶醉的男

82

---

1 V-Cast：2005年2月，一项名为V-Cast的服务让威瑞森在无线多媒体世界梦想成真。这是美国运营商首次为用户提供3G无线宽带多媒体服务。选择V-Cast的用户将享受到一系列的无线电话应用，包括收看视频节目，接收NBC每日更新的视频新闻以及时政评述，收看来自FOX或NFL的体育赛事，参与互动游戏，并且还能简便快捷地从华纳集团下载最火爆的音乐录影带到手机中观看。——译者注

孩，而显然，他所拥有的V-Cast移动电视服务功能中的费尔姬将帮助他轻易获得黑人姑娘们的芳心。

#4：《劲爆美国职业篮球2007版》（NBA Live 2007），PS2（PlayStation 2）的一则广告展现的故事场景是真实玩家——科比·布莱恩特（Kobe Bryant，洛杉矶湖人队队员）和虚拟玩家——比利·乔·卡斯伯特（Billy Joe Cuthbert）之间的对抗，比利·乔·卡斯伯特是被创造出来的角色，游戏赋予他的个人简介是他作为犹他爵士队后防队员而名声远扬。当游戏玩家对抗时，屏幕上会显示卡斯伯特的名字。卡斯伯特——白人男性——在广告中有台词，布莱恩特——黑人男性——没有台词。

#5：塔可钟（Tacobell）的广告刻画了三位年轻人一起吃饭（可能是午饭）的场景：一名黑人女性、一名白人女性和一名白人男性。画外音为女性，广告中只有白人男性有台词。

#6：在马萨诸塞州彩票（Massachusetts State Lottery）的广告中，展现了三个体育场景。该广告将买彩票明确类比成一种体育项目。场景一描绘的是棒球运动，画面呈现的是一位白人投球手和一位白人一垒手。场景二展现的是足球运动场景，我们可以看到有两名来自新英格兰爱国者队（New England Patriots）的球员，一位是四分卫汤姆·布兰迪（Tom Brady），白人；一位是跑卫凯文·福尔克（Kevin Faulk），黑人。第三个场景是篮球运动，该场景中展现的所有队员均是黑人。

在《超人前传》所插播的广告中，有色人种角色很大程度上沿用了俗套的固有特征：在卖猪小排的餐厅中出现的黑人顾客，黑人运动员，一个被安排在餐厅场景中扮演服务员的亚洲人。虽然在其中一则广告（塔可钟）里，通过运用一位黑人男性和两位白人的表征，让观众看到多样文化之间的互动，但广告中只有白人男性安排了台词。

3.4.1.2 《篮球兄弟》

《篮球兄弟》（TV14级）为每集时长一小时的肥皂剧，于2003年在美国CW电视台首播，主要的故事情节围绕五个白人青少年和他们的家庭展开。剧中角色经历了一系列的起起落落，磨难和痛苦——约会、分手、和好、意外和死亡。演员是白人，角色名字也很符合白人风格：卢卡斯（Lucas）、詹姆斯（James）、佩顿（Peyton）、布鲁克（Brooke）、内森（Nathan）。"这五个青少年一方面经受着高中世界的残酷，另一方面每天过着自己的个人生活和社会生活。"

在2006年3月3日播出的一集中，即第三季最后一集，自上一个节目结束后到本集最后一个镜头之间总共插播了50则广告。在该剧集开始之前，共播出了7则商业广告。而节目期间则穿插了42则广告；其中13则广告是为了宣传电影和该频道所播出的其他节目。在50则商业广告中，8则广告（占全部商业广告的16%）含有非白人角色；5则广告出现了黑人，或者更明确地来说，出现了非裔美国人的角色。

#1：美国开心食品（Kashi Foods）的一则广告采用了数名深肤色的演员，从画面判断，这些人来自某些气候温暖的国家。在广告设计的不同情景里，扮演主角的是一位白人。他饰

演一名食品购买者并说道："我愿意找遍全世界，只为得到开心食品。"这名白人是这则广告中唯一拥有台词的角色。

#2：新奇士橙汁（Sunkist Orange Juice）的广告拍摄了一支流行音乐乐队，其中出现一名亚洲青年女性的面孔，她看起来是个键盘手。广告中她有四个镜头，时间都比较短，但是唯一的声音是一名男性的画外音。

#3：秘密牌除臭剂（Secret Deodorant）的广告描绘了一个白人少女与几个男孩在玩赛车电子游戏的情景。一个男孩对另外一个男孩说："兄弟，你输给了一个女孩。"画面显示，一名非裔美国男孩作为广告背景出现，他也是失败者之一，但他不是广告中那名讲话者口中打趣的对象。有台词的是那个白人少女和几个白人男孩中的一个。

#4：卡尼尔果实系列光滑柔亮洗发水（Garnier Fructis Sleek and Shine Shampoo）的一则广告展示了几位不同的女性的表征，其中包括一名黑人女孩，她留着长发，非洲发型，中分；画面中，她被安排在离镜头较远的背景中，且是最后一位出现在镜头里的。画外音为女性。

#5：马萨诸塞州彩票的一则广告是为了告诉观众可以在"十点新闻"中找到中奖数字。广告背景展示了一群棒球队员，全部为黑人。画外音是男性。

84　#6：梅西百货公司（Macy's）的时装秀（INC Runway Collection）（男士和女士衣物）广告展现了一位黑人女模特，背景是10位T台模特。画外音为男性。

#7：威瑞森展现了一则叙事风格的广告。广告中，两名白人男性正在录制纪实电视节目，他们对数名普通人进行采

访，主题是关于使用威瑞森的满意度。广告向观众展示了三位表示满意的用户，他们出现在平常工作的场景中。第一位受访者是白人男性，他站在自己的皮卡货车前，车上装满了木材。第二位是白人女性，她站在房外的车道上，她的狗也在旁边。第三位是黑人男性，他正站在一条小溪中捉鱼。当他发言时，他的语音语调听起来像非裔美国人，且带有南方口音："一张账单，搞定三项费用（手机、座机、网络）。太棒了。"

  #8：美国移动运营商Boost Mobile的广告描述了绰号为"Rip"（断裂）的理查德·汉密尔顿（Richard Hamilton）的故事。汉密尔顿是一位美国职业篮球联赛（NBA）底特律活塞队球员，他身上有大面积的文身。近几年来，他的鼻子多次受伤，因此他在打球时会戴着一个透明的塑料面具来保护鼻子。该广告也同其他系列广告一样，聘请了一名著名的流行文化名人作为代言人，使用"过去和现在"的叙述形式，讲述无名小卒成长为风云人物的过程，重点突出Boost Mobile在此过程中所起到的主要作用（下个章节将对该系列广告中的另一则广告进行更为详细的探究）。这则广告的故事情节如下："在过去的某一天"，一位朋友"啁啾"（chirp）[1]年轻的Rip去打篮球，"之后发生的事都众所周知了"。然后，广告展现了另一个场景，主题是关于如果Rip没有被喊去打篮球的话，他的生活会是什么样的？这部分的广告呈现了一个黑人殡仪馆的可笑场面——棺木旁边是一位DJ，吊唁的人们跳着牛

---

1 chirp原意为"小鸟或某些昆虫吱喳叫，唧唧叫，发啁啾声"，在此处应指chirp信号，是电报声调首尾不平滑产生的变调效果。电键接触瞬间产生电流变化，造成震荡波形变化，声音类似小鸟啁啾，因此译为"啁啾"。——译者注

仔舞，或是随意摇摆。理查德作为丧葬承办人主持着这混乱的场面，广告解说员向消费者说道："没有Boost Mobile的话，他就不能让最顽强的防卫躺下，他将作为丧葬行业中最辛苦的工作者让死者躺下。"广告高潮出现在理查德不小心点燃了葬礼现场。之后我们就看见他戴着他的标志性面具出现在镜头前景。该广告像其他系列广告一样以一个画外音的问句结束："你在何处？"

在《篮球兄弟》中出现的广告有一个令人印象深刻的共同点，黑人角色要么作为广告背景出现，要么演绎俗套刻板的行为或生活方式。前者仅通过皮肤的颜色来体现其种族特征，后者所呈现的行为或生活方式带有鲜明的社会阶层含义和非裔美国人指向性——黑人男性钓鱼，黑人篮球明星以及黑人篮球场景。这些广告出现在节目的伴随话语里，而节目的剧情是围绕白人演员展开的，当中涉及在非郊区中产至中上层阶级环境中的一系列青少年生活经历。《纽约时报》作者查尔斯·麦格拉斯（Charles McGrath）将《篮球兄弟》及其他同类电视、电影和文学作品把营造的环境描述为"一个人们沉浸于无阶级区分的、无差别化的美国永无乡……［也就是说］把一个比弗（Beaver）、奥兹（Ozzie）、哈莉特（Harriet）和唐纳·里德（Donna Reed）等人居住的老社区升级成为年轻人常出没的郊区，他们用喷枪四处涂鸦，性别和外貌的地位在这个地方比传统的工作和金钱的地位更重要"（McGrath，2005）。然而，麦格拉斯没有提到这个"永无乡"是白人的堡垒。

3.4.1.3 《橘子郡男孩》

《橘子郡男孩》的故事地点设计在加利福尼亚的橘子郡，它是一部TV-PG等级的电视剧，即建议家长提供指引的电视节目。这种级别的电视剧节目中部分内容可能不适合儿童观看，存在少量的暴力、性题材和不当行为。该节目是福克斯电视台播出的肥皂剧，首播是2003年，每集时长一小时。该剧以富裕的新港滩（Newport Beach）为背景，演员均为白种人，且大部分都是富人。剧中阶级结构的扭曲点在于一个名为里安（Ryan）的青年男性，出生于奇诺街（Chino），被"当时的公诉人桑迪·科恩（Sandy Cohen）收养"。而桑迪·科恩本人亦是一名嫁入新港滩富人家的外来者。在该节目初次播出的时候，剧中描述这些孩子是处于高中时期的青少年。然而现在的剧情显示他们已经毕业，并从事其他事情。节目穿插了关于爱情、鲁莽、欺骗和死亡的主题。所有涉及这些纠缠瓜葛的都是白人演员，有色人种演员的戏份极少。黑人演员偶有角色，通常要么作为背景，要么扮演一名护士或者警察或者监狱工作者。

下文参考的广告内容来源于2005年播出的一季《橘子郡男孩》之中最受欢迎的一集，该集节目于2005年9月8日播出。包括那些开场广告在内，播出期间共有44则广告。其中，12则广告是为福克斯电视台的其他节目做宣传，5则广告是为即将上映的电影或DVD数字影碟做宣传。在剩下的27则商业广告中，有10则广告出现了有色人种的表征，情况如下：

#1：美国老牌折扣零售商店飞琳（Filene's）推出一则关

于两天促销的广告，其描述了一群视觉表征各异的人采用一种更潮流的方式推广该百货商店的产品，画外音为男性。该广告出现了六名女性，全部是白人；两名儿童，其中一名是亚洲女孩；三名男性，其中一名是黑人。亚洲女孩在屏幕上出现的时间太短，以至于笔者观看第一遍时把她给忽略了。

#2：美国第三大移动运营商斯普林特（Sprint with Nextel）展现的是一位白人男性在不同的城市场景中使用他的手机，场景中的一切事物看起来都很普通，直到他做出一些非常人的举动，例如把他自己作为一种交通运输方式。拥有黑色皮肤的角色作为背景出现在某些场景中，但很容易被观众忽略。

#3：一则大众帕萨特汽车的广告展示了两名年约30岁的男性（一位是黑人而另一位是白人）在某街区投掷橄榄球的场景。两名男性身形魁梧，但黑人男性体型偏胖，当他跳起来扔球的时候，肚子上的赘肉更凸显了他超重的形象。黑人男性的角色有台词，他对白人男性说道："谁说你身材走形了？"——说完之后他做了一个伪传球动作。白人男性跳上一台停在路边的帕萨特汽车，紧接着接住了球。黑人男性说道："持球触地。"一位女性的画外音对车进行了相关评论。在这则广告中，黑人演员确实有了台词，但他被刻画为一位身材走形的老运动员，这是基于刻板印象的人物角色表征。白人男性进行了相关的跑动，还很活跃，但黑人男性基本上没有移动位置。

#4：慧俪轻体（Weight Watchers）的广告拍摄了12组不同的短镜头，分别描述了不同的女性为了减肥参与不同的活动，目的旨在表达有大量女性追求更好看的体形。有一半的镜

头拍摄了纯白人女性，其中有两个镜头展示的是人物剪影，使人分辨不出其种族类别。剩余的四组镜头包含了黑人角色。其中一个镜头展示了一个小型派对的场景。以一名白人女性作为中心，其他参与派对的背景人物看起来像是一对黑人夫妻。另外一个镜头展示了三名女性站在一起，其中一名白人女性明显位于前景中，第二名白人女性的位置比她稍稍靠后，在她右侧。而一名黑人女性则被安排在离镜头很远的位置，在镜头中心女性的左侧。这位女性是其中最不显眼的，位于离镜头最远的背景中。第三组有黑人角色的镜头展现了四名女性围在桌边的情景，她们彼此举杯饮酒。其中两名女性是黑人，但这四人组之中最瞩目的是一名白人女性。最后一组镜头是一位有着"自然"发型的黑人女性，她和两个儿童在卧室中。儿童欢呼雀跃地在床上跳过来跳过去。这组镜头是唯一一组重点突出黑人女性的镜头，并且是唯一一组只有黑人的镜头。

#5：西南航空飞往麦尔兹堡/那不勒斯（意大利西南部港市）（Ft Myers/Naples）的广告拍摄了一名白人男性乘坐飞机的过程。他乘坐商务舱，当飞机抵达佛罗里达时，该角色看起来十分高兴。观众可以看到他出现在机场，随后等待并坐上了一辆往返大巴，他闻着貌似很诱人的空气，男性画外音将这称为"目的地的味道"。一名黑人男性，穿着休闲，看起来也很心满意足，在广告中出现了三次，他在广告中被安排在白人男性后方的位置。广告中还出现了一名亚洲男性（看起来像日本人）的表征，他正准备上车，但他比其他两位角色出现的时间都短。在黑人男性和白人男性坐上大巴的镜头中，黑人男性的座位被安排在一对白人男女的后面，这两人是突然冒出

87

来的，坐在白人男性的座位后面。在拍摄飞机场的镜头结束之后，画面出现了一幕关于西南航空的信息，伴有男性画外音。在此广告中，"少数族群"的表征概念十分突出，因为黑人男性总是出现在白人演员身后，而亚洲/日本人面孔看起来像一位游客。

#6：设计师鞋坊（DSW）的广告拍摄了许多各种各样的女人在一家典型的、规模超大的设计师鞋坊商店里购物的场景，其间穿插着五花八门的鞋子的特写镜头。在镜头中心出现的唯一一个顾客角色是白人。另有一名女性单独出现在镜头中，但她的动作是从镜头中心走出画面，从她的举止可以判断该女性是中东人。其中的一个镜头十分清晰地展示了一名黑人女性和一名亚洲女性的角色，但二者只是作为背景人物。有趣的是，该广告以及同系列的几个后续广告中，画外音均采用正宗的英式口音。

#7：苹果音乐播放器（iPod Nano）的广告十分巧妙，用许多双手触摸产品的方式展现。在一些镜头中，我们仅仅可以看到一双手拿着并操控着产品，在其他的一些镜头中，我们不仅可以看到有人拿着iPod，还能看到其他手想要抢夺产品的情景，但是操控产品的那双手是不会放开的。在貌似是12双手的展示当中，有两双是黑人的手——一双拿着iPod，另一双想要把产品抢过来。

#8：德国电信公司家庭套餐（T-mobile family plan）的广告对种族多元性的展现十分有限。但笔者仍然对其进行了讨论，因为在广告末尾出现了一名黑人和一名亚洲人（可能是）的表征。观众首先可以看到一名白人父亲和他的白人孩子

之间的几个疯狂、滑稽的场景。在每一个场景中，父亲手中都紧紧攥着话费单，严厉地训斥他的儿子和女儿的通话时间，与此同时，父亲忽略了一些当下发生的却十分值得关注的事情：他的女儿大声宣布她的高阶物理课得了A+；父亲闯入儿子的房间与儿子争论话费一事，但他的儿子正在打扮成一个女人的样子；儿子恰好意外地开着车撞上了车库，但是车还挂着前进挡而非倒车挡。这些情景结束之后，画面给观众呈现一家手机店，其周围人群涌动；这些人之中有一名黑人，还有一名可能是亚洲女性。画外音为男性，口音是正宗的伦敦口音。

#9：威瑞森V-Cast服务的广告所展现的场景是各色各样的人都在听夏奇拉（Shakira）演唱的《为爱伤神》（*La Tortura*）。在一张移动手机照片和一些产品的细节展示之前，观众可以看到四个场景，每个场景出现的人物各不相同。其中一个场景出现了一名黑人男性，他被安排在一名白人女性的旁边靠后的位置。在手机和产品细节展示的图片之后，广告切到了最后一个镜头，一名秃顶的亚洲中年男性，穿着白色围裙，看起来像是刚从室内场所中出来。笔者的理解是他扮演一位餐饮工作者，他是从餐厅出来歇一口气，并且在享受着V-Cast服务。在此广告中，黑人角色被安排在白人角色身后出现，亚洲男性的表征仅限某种刻板的工作类型，我们可以从中再一次看到边缘化和偏见化的表征形式。

#10：盖璞牛仔裤（Gap Jeans）的广告背景音乐丰富，字幕主题为"最喜欢的歌曲，最喜欢的牛仔裤"。广告呈现了四个不同的角色，其中两名是黑人。其由一系列镜头组成，拍摄不同的人有自己最喜欢的歌曲和最喜欢的牛仔裤（我们可以总

结出就是盖璞牛仔裤，即便广告对此未做声明）。其中的一个角色是一名黑人女性，她留着波浪长发，十分飘逸，但明显不是天然的卷发。我们可以看到一名黑人男性坐在钢琴边欢快地弹唱着他最喜欢的歌。他很帅，身穿黑色衬衣和西服套装，头发梳成短小辫儿。这名黑人男性在广告结尾时再次出现在镜头中，看向镜头说道："你的最爱是什么？"根据该广告中黑人呈现的画面，可以得出三点分析：第一，三分之一的镜头集中在黑人角色身上，这点与其他广告极为不同；第二，广告中的黑人女性角色没有留天然的或者毛躁的发型，这是该广告原创的、属于该广告特有的表征类型；第三，黑人男性角色的举止表现出一种专业性，他不仅拥有台词，而且是广告中唯一一个说台词的演员，而且他的台词被放在广告末尾，以点出该广告的中心思想。

根据上述《橘子郡男孩》的10则广告，少数族群的主要表征多为边缘化和少言寡语型，带有刻板印象且无威胁性。慧俪轻体广告中的女性表征是被禁锢于家庭内部的母亲角色；在街道上玩橄榄球的黑人男性超重肥胖；出现的亚洲角色中，一个扮演的是日本游客，另一个扮演的是餐饮工作者。当黑人与白人同时出现时，黑人总是被安排在比白人靠后的位置，或者被放置在背景当中。盖璞的广告脱离了这一模式，打破了关于黑人男性的刻板描绘，不仅如此，广告还赋予黑人男性说结束语的机会。当中一些广告的画外音使用了英式英语，这似乎是出于人们讲究派头的需求。对于美国观众而言，这是对语言和某些特定口音置于其他口音之上的意识形态要求。

　　《橘子郡男孩》在吸引年轻青少年观众的同时，也吸引了一批较年长的观众群体。该节目中，白人占据主导地位，使得插播于电视节目中的商业广告类型与该肥皂剧类型完全契合。少数种群处于边缘位置。有时候他们也很抢眼，却只出现在背景中。如果他们能够像盖璞广告中的表征那样跳出常规设定的话，他们也能够融入这个讲求外貌美丽的世界。以这样的方式挑战常规设定无可厚非，但是这类广告的伴随话语可能透露了某种信息，即一个背景人物从少数种群的贫民窟里走出来意味着什么。

3.4.1.4　《迪格拉丝中学的下一代》

　　《迪格拉丝中学的下一代》于2002年在美国首播，是青少年的初高中和大学生活的逼真写照。该节目在The N电视台上播出。"The N"是一个日间儿童频道。该频道官网（the-N.com）和其播放的节目都主打"真实"这个概念：

　　　　the-N.com是为您量身定制的网站。一个您可以发表言论、玩游戏、进行创造、休闲娱乐的地方。在这里，您可以发现关于The N播出的节目的更多精彩内容，还可以了解到节目的周边资讯。the-N.com是您的社区，它是电视上The N节目的延伸补充。换句话说，The N通常让您感受到自由自在和"真实"。真实不仅意味着"真实的"节目、记录或者新闻，更意味着The N上播出的节目是关于观众的真实生活和日常事务的。

　　上述文字旨在宣传纪实性表征而非虚构性表征。

　　《迪格拉丝中学的下一代》是一部定级为PG（家长指导

观看）的电视剧。网络上对该剧的简介如下：

> 《迪格拉丝中学的下一代》讲述了迪格拉丝社区
> 学校的一群7~12年级的孩子所发生的故事。迪格拉丝社
> 区学校的孩子出现了各种各样的问题（关于性行为、毒
> 品、约会、强奸、堕胎、性取向、口交、宗教以及进食
> 困难症）。［迪格拉丝社区学校是从此前播出的其他初
> 高中里衍生而来的，被并入了另一所高中］……一些在
> 两个［之前的］节目中出现的角色，也出现在《迪格拉
> 丝中学的下一代》里……在真实世界中，当中一些角色
> 扮演者已经上了大学，过着各自的生活。（2007）

该节目的演员来自多个不同种族，因此在许多方面都
存在差异性。The N官网对19名角色进行了描述，其中包
括一对黑人兄妹、一个名为马可·德尔·罗西德（Marco
Del Rosside）的男同性恋、一个名叫曼尼·桑托斯（Manny
Santos）的女孩，以及一名因为运动创伤而坐轮椅的男性角色
（黑人，且很可能是拉丁裔）。该节目给观众的总体印象是白
人角色处于中心地位。这是因为白人角色不仅数量更多，而
且对剧情的发展十分重要。然而，该节目与其他电视节目不
同，它给人一种都市的多元文化的感觉。

该节目每集时长一小时，在每集中插播约12则广告，当
中部分广告宣传该频道播出的其他节目。2007年1月11日播出
的一集中，共播放了15则广告，其中4则为其他节目的推广广
告。在余下的11则广告中，只有2则出现了非白人角色。第一
则是美国的课外补习学校希尔文学习中心（Sylvan Learning）

的广告，剧情是关于3个年轻人（学生）正在接受3个不同的老师辅导。一名学生的角色为亚洲人，名字是蒂芙尼·莫（Tiffany Moy）。一位辅导老师的表征是亚洲女性面孔。广告选择一名亚洲学生而不是黑人学生或者拉丁裔学生，与社会对亚裔美国人的刻板印象有关，认为亚裔美国人在学术上坚持不懈、精进不休。第二则是关于反毒品网站abovetheinfluence.com的广告。下文将对该公共服务类型相关的广告进行详细分析，但是广告主要的场景设计是一名较年长的非裔美国男孩和另外一名较年轻的非裔美国男孩之间的互动，年长的男孩想要说服较年轻的男孩从他那里买毒品。在广告结尾的时候，两位演员都跳出角色，旨在告诉观众他们以演员的身份诠释该商业广告的真实性。该广告的赞助商是国家青年禁毒活动（National Youth Anti-drug Control Campaign，国家禁毒政策办公室的项目）组织，其网站宣言是："我们的目标是帮助你战胜支配。你越了解身边的支配力，你就越能够做好准备，就越能够顶住使你沉沦的压力。"（abovetheinfluence.com）

3.4.1.5 《天才魔女》

该节目于2003年1月在迪士尼频道上首播，取得了相当成功的收视率。该情景喜剧每集时长半小时，故事情节围绕女主角拉文·巴克斯特（Raven Baxter）展开。她是一名非裔美国少女，常常能预见未来，而主角为了追求实现这些预言，给自身和她的朋友、家庭带来了很多问题，同时也展现出其喜剧效果。许多迪士尼节目会穿插无数该频道其他节目以及其他迪士尼产品、体验和旅游景区的推销广告。这种植入式的广告是推广迪士尼品牌的方法之一（Preston and White,

2004）。许多迪士尼广告都展示有色人种与其他人种之间和谐互动的场景，这是该公司广告的特征之一（然而，迪士尼广告对多元文化的推广也存在消极的一面，这不仅体现在顾客购买文化产品时须获得版权，还体现在许多迪士尼电影只从特定角度对文化多样性进行挖掘和展现［Bollier，2005；Lippi-Green，1997］）。迪士尼频道上播出的节目中也插播了一些非迪士尼产品的广告。在2006年8月29日播出的两集节目中，每集只插播了两个非迪士尼产品的广告：一则是美国通用磨坊公司（General Mills）的广告，出现在第一集中（于2004年首次播出）；另一则是佳得乐运动饮料的广告，出现在第二集中（于2005年首次播出）。通用磨坊公司广告的画外音说道："通用磨坊公司很荣幸能够成为迪士尼的赞助商，在迪士尼，良好的营养是日常生活的一部分。"一名白人男孩和一名白人男性出演了该广告，在他们跑出一个隧道之后，每人有几句简短台词。广告中的男孩跑步速度可以赶上那位成年人的原因在于他吃了通用磨坊的麦片。佳得乐运动饮料的广告找了美国女子足球明星米娅·汉姆（Mia Hamm）作为代言人。在广告中，我们可以看到黑人和白人，男性运动员和女性运动员。这些广告最惹人注意的一点是核心角色人物缺少黑人表征。

3.4.1.6 《一对一》

该节目于2001年在The N电视台上首播，每集时长半小时。它是一部观看定级为TV-PG的喜剧，主要描述一个黑人中产阶级家庭中的一名少女和她的鳏居父亲之间的故事。这位父亲拥有传媒方面的大学学位，是一名体育比赛实况解说员。他最好的朋友是一名二手车销售员，也是中心人物之一。女孩的祖父母也属于主演，她的祖母在公立学校教学。

在2007年1月11日播出的一集中，共插播了15则商业广告，其中6则为该电视台其他节目或电影的推广宣传广告。在剩下的9则广告中，2则出现了黑人角色的表征，并且这2则都是与推广网站相关的广告。其中一则是关于网站Zwinky.com的，宣传其儿童专属工具栏。广告中，黑人和白人的卡通形象都伴随着说唱音乐舞动，以此来宣传该网站。广告语的意思是男孩们在等女孩们准备好去约会，但是女孩们一直在跳舞和试穿衣服。浏览其网站时，笔者发现网站上展示的形象都是白人青少年（同样为卡通形象和一直在试穿不同的衣服），也许是因为网站的设计师以为只有白人孩子才能接触到网络。另外一则广告是The N电视台的网站宣传广告。广告介绍了该电视台的网站会提供节目简介、粉丝链接、游戏、音乐，以及其他一系列菜单选项。广告中还有一些从The N电视台不同的节目中截取的图片，有些被放在屏幕左边较大的图框中，有些被放在屏幕右侧较小的图框中。画外音为男性，呼吁观众访问网站，并"将自己置身于节目中，登录网站发布观影评论"。所有在大图框中的图片都以白人为中心，只有一张图片出现了一个黑人角色。在右侧的小图框中，有一张图片展示的是一对黑人男女，但其在网页的排版位置使得该图像并不凸显。对于一个由黑人出演的节目来讲，即便其黑人观众人数很可能比许多青少年喜剧节目的要多，其黑人的表征数量也并不多。不仅如此，网站所展示的图片也没有将黑人的表征放在中心位置。然而，有意思的是，我们看到的这两则包含黑人角色的广告都是为了推广网站——吸引中产阶级在科技主题方面的兴趣。

3.4.1.7 《106与说唱公园》说唱节目

由黑人娱乐电视（BET）放送的《106与说唱公园》说唱节目是一档关注度排名前10的流行/说唱音乐的节目。它单集时长90分钟，于每个工作日下午6点和周日播出（其他时间还会进行重播）。该节目由一名黑人男性和一名黑人女性共同主持，同时邀请音乐艺术家作为特别嘉宾主持参与节目录制。此外，节目录制现场有一批现场观众。下文描述的广告来自2006年6月14日播出的一期节目，均出现在该期节目的前60分钟，节目的嘉宾主持为宝娃（Bow Wow）。在这一小时的节目中，共有55则商业广告播出，其中22则（40%）广告出现有色人种的表征，这些广告并非黑人娱乐电视的节目推销广告，而是产品推销类广告（该电视台的节目推销广告共有4则，全部由黑人演员主演）。在22则广告中，有4则广告在节目播出期间重复播放，所以确切地来说，共有18则不同产品的广告。在这18则广告中，9则广告只有黑人演员。另有一则广告由黑人主演，但期间简短出现了几双属于白人的手（见对邦迪纸巾［Bounty］广告的描述）；在一些广告中，黑人角色拥有台词，在另外一些广告中，他们以视觉表征的形式出现，言语仅仅限于画外音。很明显，黑人娱乐电视节目为那些有黑人角色（以及一些其他有色人种）出现的商业广告提供了一个民族平台。这18则不同的广告列举如下，其中只有黑人角色出现的广告标了星号（＊）：

#1：好时巧克力的广告出现了少数体现社会文化多样性的表征。在广告中，我们可以看到六幅不同的场景：首先是

一名亚洲女性，随后是一名白人男性，接着出现两名黑人男性，之后是一名白人男性，再出现另外一名黑人男性，最后是一名黑人男性和另一名非黑人男性。每个人都以各种方式来夸赞好时巧克力的优点。表征为亚洲女性的角色在广告一开始就说了台词，她说道："我是吃着好时牛奶巧克力长大的。"在第三个画面中，黑人男性说道："我不会错过任何一块好时巧克力。"还有一位黑人男性（这位留着辫子）又在第五个画面中出现，说道："我舍不得和任何人分享我的巧克力。"该广告在节目中多次播放。

#2：*环球娱乐数字媒体影像FYE（For Your Entertainment）的商店和网站的一则商业广告，以黑人表演艺术家被当作背景，男性画外音假装成销售商进行推销。

#3：胡椒博士汽水（Dr Pepper）的广告描述了一位白人拳击选手与黑人裁判员之间发生的故事。在其中一名白人拳击选手被狠狠击倒之后，裁判员问道："看我的手，这是几？"胡椒博士汽水能够帮助选手清醒头脑。

#4：*黑人娱乐电视提供了一个特别的移动客户端产品，在广告中被称为说唱城市热歌精选，在名称中使用"Rap City"（说唱城市），是"rhapsody"（狂想曲）的谐音。广告中的男性画外音是音韵独特的非裔美国人英语。该广告在节目中出现两次。

#5：*另外一则环球娱乐数字媒体影像FYE的广告，宣传的是草莽大盗乐队（Field Mob）的专辑唱片，广告形式与上一则FYE一致。

#6：*海军陆战队（Marine Corps）的一则商业广告专门

拍摄了一群黑人男性。该广告以超级英雄的风格进行创造，把照片和真人放置于战略图上，这些战略图和典型的探险游戏中的战略图很相像。这些场景伴随着一个男性画外音，他用听起来非常权威的语调说道："在全世界中，那些被选择的少数，他们具备一种本质，能够在极其激烈的形势下实现惊人的转变。他们被塑造，变得更坚定、更无坚不摧，准备好了与所有的精英战士并肩作战。骄傲的海军陆战队。"这是对非裔美国男性的赤裸裸的号召，不仅涉及了关于种族和性别的分离主义，还呼吁黑人男性去追求霸权主义下的白人男性气质。

#7：星期五美食餐厅（Friday's restaurant）的广告展现了四人正在等待上菜饱餐一顿的场景。其中一个人是黑人，另外三个人是白人。四人均把他们的食物名称说了出来（牛肉、猪肉、豆类、香肠），外加一个男性画外音对食物的质量和数量进行了称赞宣传。

#8：*佳洁士的高效全面保护牙膏（Scope Extreme Toothpaste）的广告描绘了一个在城市发生的故事。两名黑人男性沿着一条拥挤的街道开着车。他们因为方向的问题而争吵不休，这时坐在副驾驶位置上的男性摇下车窗，向隔壁车辆里的女性问路，这辆车正在等候交通信号灯，车里共有两名黑人女性。当女驾驶员闻到问路的这位男性口中的甜蜜气息时，二话不说就报上了自己的电话号码，用的是小心翼翼而又十分清晰的标准美音。而那位迷失方向的男性驾驶员则对他的同伴说道："她告诉我们方向了吗？"（Ahh we evah gun git directions？）男女驾驶员所使用的不同的语言模式形成了鲜明对比，女性讲话小心翼翼，而男性则讲话随意，且

受到方言的影响。

#9：Andi是一款能够在Xbox（美国微软公司旗下的一款家用电视游戏机）和PlayStation（日本索尼旗下的一款家用电视游戏机）上进行的游戏，它的广告展示了一场模拟篮球游戏。观众可以近距离地看到两个球员——一个是黑人，一个是白人。白人球员说话简短，而黑人玩家则没有发言。画外音是女性。该广告在该节目后期重复播放。

#10：温迪餐厅的广告拍摄的是一名白人消费者和一名白人服务员，两人都有台词。饭店的其他位子坐着几位黑人消费者。

#11：西尔斯·卡温顿（Sears Covington）的保罗衫广告体现了文化多样性，广告由一位身穿该品牌保罗衫的男性模特主演，他很明显是一名拉丁美洲人。演员的面部特征像墨西哥人，身材矮壮，留着（十分刻板典型的）大胡子。这名拉丁美洲男性没有台词，但他通过满面笑容来表示他的满意。简而言之，他展现的是一个视觉刻板形象，并配有男性画外音。

#12：*威瑞森V-Cast服务的广告描绘了一个文化多样性的视觉场景，广告展示了黑人、白人和亚洲人都在使用他们的手机观看音乐视频。所有的演员都没有台词，画外音为女性。

#13：*保诚雅虎房地产（Prudential Yahoo Real Estate）的广告较为特别，因为广告中的黑人男性身处的职位具有专业权威性且享有权力。在该广告中，观众可以看到一名身着西装且受人尊敬、头发灰白的黑人男性，他有一款十分有价值的产品要呈现给消费者——一名年轻的白人女性。这名黑人男性说得一口标准英语，而且是典型的商业男士，但广告背景音乐是詹

姆斯·邦德007风格的音乐，这暗示其广告的滑稽趣味。

#14：*当妮织物柔顺剂（Downy Fabric Softener）的广告呈现了三代黑人女性：一个年轻的小女孩，她的漂亮裙子因为用了当妮而十分柔顺，这引导观众想到另外两名黑人女性是她的母亲和祖母。这些黑人女性都没有台词，而观众能够听到的只有标准清晰的女性画外音。

#15：*一则玉兰油面部日常护理产品（Olay Daily Facials）卸妆棉的广告通过拍摄一位黑人女模特来展示其功效。这位女模特没有台词，并且同样的，观众能够听到的只有标准清晰的女性画外音。

#16：*玉兰油滋润保湿露（Quench Lotion）的广告与其面部护理系列的广告形式相同。观众可以看到一位黑人女性模特，而话语来自标准清晰的女性画外音。

#17：*潘婷的"全属你旅途"（Panteen Totally You Tour）的广告是为了宣传其赞助的城市联合妇女赋权会议。广告主要拍摄了各种黑人女性名人和在专业领域富有成就的黑人女性。广告呈现的是一系列这些参会女性的画面，并配有女性画外音。在广告的最后，一位看起来很明显是参会者而不是发言者的女性说道："这完全是我们妇女团体的典范。"

#18：邦迪纸巾的一则广告描述了一个黑人家庭，家庭成员包括一位妈妈和爸爸，他们的儿子（看起来像六或七年级），他正在为学校的科学展制作恐龙模型，还有一个学龄前女儿，她正在吃棒冰。广告设计的场景是厨房，小男孩正在厨房里制作模型，身边摆满了胶水和颜料。父亲正在帮儿子做手工，而妈妈则在旁边看着。当有颜料溢出时，母亲就会用邦迪

纸巾把它擦干净。接下来观众看到的一幕是关于邦迪纸巾吸水性的展示；而在该展示中，拿着纸巾的双手变成了白人的双手（可能这部分是截取自该品牌另外一则由白人演员主演的广告）。在广告的最末尾，母亲说道："真好"——她没有说明这是指儿子的科学作业还是指邦迪纸巾的吸水性。我们在这里看到的是一个典型的核心家庭，家庭中的角色与我们常在其他广告中看到的刻板角色一样。该广告中的家庭是一个黑人家庭，但是任何一个美国家庭都可以代入该场景和情节。

黑人娱乐电视节目所插播的广告中，黑人的话语和视觉形象都更加显著。出现拉丁裔人的那则广告亦是别树一帜，然而其本质上仍存在种族刻板意识，其仅仅是种族本质主义不太糟糕的一次实践。跟许多其他广告一样，《106与说唱公园》说唱节目中广告的言语音源主要由画外音来实现，但是当具有文化多样性标记的角色说台词时，观众听到的总是男性角色而非女性角色的声音。

3.4.2　两个种族化的广告案例和其伴随话语

上文提及的七个概括描述从总体上大致呈现了文化多样性如何参与构建广告形象，同时这些形象如何在节目的语境下被放置在伴随话语中。从营销的角度来说，当观众中既有有色人种又有混血种族时，广告出现民族多样性形象的数量更多，表演也更加细致入微。当广告被投放在以白人观众为主，刻画白人社会的节目中时，广告对民族多样性的形象构建问题显得没那么重要。然而，恰恰就是在后者的这些节目

96

中，广告所构建的与民族多样性有关的形象具有较大的文化意义，也能够反映出在更广泛的社会范围内传播的意识形态符码。对此，笔者就两则广告和它们的插播节目进行了研究，旨在让大家关注那些针对白人消费者的青少年广告中所传播的潜在的种族和民族主义形象。第一则广告是美国移动运营商Boost Mobile的广告（宣传T-Mobile的一个产品）。第二则广告是反毒品网站abovetheinfluence.com的广告。

3.4.2.1　从种族商品化的角度来看待 Boost Mobile

Boost Mobile（斯普林特/纳克泰尔斯［Sprint/Nextel］旗下的产品）通过一场广告推广活动向大众呈现他们的对讲机式移动电话产品。宣传主打潮流时尚的嘻哈式故事，由一些著名的"酷炫"艺人和体育明星来担任主演，如胖人乔（Fat Joe）、伊芙（Eve）、坎耶·韦斯特（Kanye West）、卢达克里斯（Ludacris）、"Rip"理查德·汉密尔顿和尼克·坎农（Nick Cannon）。因为营销对象主要是青少年和青年群体，所以其广告风格包含说唱节奏、方言和轻松戏仿。在手机售卖点发放的宣传册将Boost服务称为"白天啁啾夜晚畅聊计划"（Chirp Days Chat Nights Plan）。宣传册中的引文向青少年和年轻人确保了这款产品的时尚性："Boost™对讲机式的服务能够让你一直保持在线，而我们的新版预付记账方法（relaxed）的信元速率能够让你安心舒畅地一吐为快——用你自己的说话方式、按你自己的节奏来。"此处使用"relaxed"（放松的），蕴含了关于黑人从容不迫的形象的隐喻，同时也借用了该词基本含义所表示的"解开"或者"弄直"紧密的卷发（Smitherman，1994）。

Boost Mobile这一系列的每一则电视广告都由五段式故事组成：（1）在场景一中，一个演员扮演某位明星青年时期的样子，她或他通过"啁啾"被喊去参加一个事件或去到一个地方；（2）青年主角到达第二个场景之后，不是见证了某些重要时刻就是做了一些举措来实现转变，以一位正式的、结束性的男性画外音结尾："剩下的众所周知"；（3）一个看起来有点儿愚蠢的场景（展现的是一场滑稽模仿秀）描绘主人公如果当时没有在恰当的时机被"啁啾"的话，她或他可能会成为什么；（4）在这个场景中，被刻画的明星以一种放大他或她的知名度的形式展现；（5）广告最后的画外音和视觉言语标题展示："你在哪里？"（使用加重语气来展示其强调。）

下文研究的重点是那些被投放在由白人演员主演并迎合白人观众的节目中的Boost Mobile广告。其中的一则广告案例描述歌手/歌词作者/说唱艺术家伊芙·杰弗斯（Eve Jeffers，曾是脱衣舞女）的故事，这一广告片段所在的伴随话语是《马尔柯姆的一家》（*Malcolm in the Middle*），具体是插播在2005年9月5日放送的剧集中。该广告与描述NBA底特律活塞队球员"Rip"理查德·汉密尔顿的广告属于同一系列，我们在《篮球兄弟》的广告概述描写（#广告8）中曾提到后者。与有色人种不同，白人青少年在美国社会不需要面对众多条条框框和麻烦事，若广告定位是白人青少年观众，这些广告很好地示范了种族的概念如何被商品化，成为白人青少年花钱购买的一种风格时尚。

Boost Mobile广告出现的其中一个节目语境是《马尔柯姆的一家》，该剧是福克斯电视台播出的情景喜剧之一，于2000

97

年首播，一直持续更新至2006年。故事主线围绕主角马尔柯姆展开，他是一名白人青少年，生活在一个感情亲密的家庭中，家中有他的父母和四个兄弟。因为马尔柯姆是个天才，所以他总是和一群怪诞的人待在一起。该节目从整体来讲并不只有白人演员，包括本文从中抽出广告进行案例分析的那集。在马尔柯姆的学校亦出现部分学生是有色人种，还有一个角色是残疾人。然而，该情景喜剧聚焦在马尔柯姆的生活——他的生活完全是和他有些反复无常的白人家人一起度过的。

在2005年9月5日播出的这一剧集中，共有17则商业广告，包括在节目开始之前和整个中间时段所播出的广告。在这17则广告中，唯一一则以有色人种主演的广告就是Boost Mobile广告。还有三则广告表现了文化多样性：两则广告背景中，出现了黑人的短暂镜头。还有一则广告先后展示了一名亚洲女性和一名黑人男性。

#1：卡尼尔果实系列的染发专用洗发水（Fructis Shampoo for Color Treated Hair）广告拍摄了一系列白人女性头发飘动的经典影片。有些影片镜头出现了男士的社会场景，其中有一名皮肤较浅的黑人男性，他留着长长的卷发。

#2：一所名为"ITT技术学院"（ITT-Tech）的培训学校广告拍摄了一位看起来年约三十的男性正在给培训项目颁发证书的场景。画面简短掠过一些静止的、年轻学生的特写镜头，随后是各种各样的学生在背景失焦的教室场景中出现——这其中有一名学生似乎是黑人女性，但她出现的时间很短。

98 　　#3：佳得乐运动饮料的一则广告展示了一系列黑白图像，看起来像是有六名不同的运动员，他们正在努力训练，大汗淋漓，但画面只有一个黑色的背景，没有确切细节展示。在这些训练展示之后，我们可以看到一系列展示运动员的画面快速闪过，他们大汗淋漓，大口大口地喝着佳得乐饮料。在前半部分展示训练的系列画面中，我们可以看到一名亚洲女性跳绳，一名黑人男性打篮球；这两人在后半部分"大口喝佳得乐饮料"的系列画面中也有再次出现，在后半部分的系列画面中还出现一名留着细发辫的黑人男性。

　　Boost Mobile广告在节目的中间时段插播。此处的转录稿（参见转录稿3.1）包括广告中的言语摘录和关于屏幕画面的描述文本。没有引号的是画外音，有引号的则是广告中的角色所说的台词。

　　该广告的故事叙述简明扼要，风格充满了城市黑人嘻哈音乐文化。在第一个场景中，年轻的伊芙·杰弗斯站在一座砖房前（暗示广告场景是她的城市公寓）。她被"啁啾"的位置是一条城市街道。全部的言语意象展示的都是黑人城市文化：嘻哈语调，不论从语音还是句法上都是典型的非裔美国人的英语方言（African American Vernacular English，简称AAVE，参见文献［Rickford and Rickfor，2000］的绝妙综述）。值得关注的是，广告中出现的台词具有明显的言语标记，强有力地传达着黑人青年文化。"Where you at？"（转录稿3.1，第14—18行）（你在哪？标准说法应是：Where are you at？）"Where you goin？"（转录稿3.1，第16行）（你要去哪？标准说法：Where are you going？）这些都是典型的AAVE句法特点，被称为"零连系动词"（也被称为去除系动词），即相对于美国主流英语而言，将"to be"这个结构去掉——此处是"are"的丢失，句子本应为"Where are you going？"或者"Where are you［at］？"零连系动词的重复使用仅仅是AAVE的特点之一，贝利（Bailey，2001）特别指出，嘻哈和黑人方言进入主流和AAVE的句法仍然较少进入主流的大趋势是一致的。

从文化的视角来说，将Boost Mobile广告投放在节目《马尔柯姆的一家》中，促进了黑人话语变成了商品并被白人中产阶级孩童所消费。在《马尔柯姆的一家》中插播该广告使它变得十分抢眼，因为《马尔柯姆的一家》并不关注城市文化或者嘻哈儿童。白人中产阶级儿童可以将Boost Mobile手机和与之相关的生活方式打包看成是被销售的商品，因此，如果购买了该商品，就意味着他们参与了"嘻哈生活方式"（参见Jones，2007；Daniels，2007）。广告话语通过零连系动词和语音"听起来像黑人"便代表地方黑人文化的提喻，将语言商品化。买了这台手机就可以获得该语言，"预付记账方法"非常适合那些承受不起定期缴费和那些家长购买了不包含孩子的手机家庭套餐的青少年。

转录稿3.1 刻画伊芙·杰弗斯的 Boost Mobile 广告（2005 年 9 月 5 日）

行	屏幕画面描述	画外音和台词
1	男性画外音	回到过去 ［屏幕上展示的是伊芙，回到了过去，她大概6岁的时候］
2		伊芙的朋友阿历克西斯（Alexis）"啁啾"她去参加街区派对

续表

行	屏幕画面描述	画外音和台词
3	展示黑人小女孩伊芙在城市街道的场景中跳舞	伊芙亲眼见证了一些男孩被一位女说唱歌手所折服
4	展示一位黑人女说唱歌手，	剩下的众所周知
5	一些男孩（全部是黑人）	如果没有 Boost 手机的话，她就
6	和夏娃都在看着她	不可能追求舞蹈事业
7	展示青少年伊芙参加舞蹈	最终成为乌克兰东部的一位芭蕾舞老
8	节目	师
		［屏幕上将其翻译为"垃圾"］
9	展示成年伊芙	但对于我们和伊芙而言，幸运的是
10	大声喊出"俄罗斯人"的命令语	她有 Boost 手机
11	我们看到伊芙成了一个录	
12	音节目中的嘻哈明星	
	手机响了	
13	伊芙	"请稍等一下"［她对监制人说道］
14	伊芙接电话	"你在哪儿?"［对着手机话筒说道］
15	导演	"停"
16	伊芙	"克里斯（Chris）［向监制人说道］,
17		你要去哪，我基本上打完电话了"［向导演说道］
18	画外音	你在哪儿

该广告还包含了一个滑稽表演情节，即如果伊芙没有被"啊啾"，她可能会成为什么。这部分的笑点却是以一个刻板化表征为代价的，其展示了对年轻跳舞学生进行俄罗斯式训练的场景。因为我们极少在主流电视广告中听到英语以外的其他语言，所以广告中使用听起来像俄语的语言并把它称为"垃圾"是把美国英语视为文化精英主义的持续。在某种程度上，前文提到的刻画"Rip"理查德·汉密尔顿的那则Boost Mobile广告出现的滑稽模仿秀更糟，因为黑人的葬礼是一种在美国主流社会传广度较窄的文化形式，另将篮球黑人明星汉密

100

尔顿版本的广告插播在《篮球兄弟》中，使节目为广告提供了一个几乎比白色更白的伴随性话语。对于白人观众而言，这一滑稽的模仿使他们免费获得了一张通行证，得以嘲笑非裔美国人文化中具有历史显著性的仪式。对于黑人观众而言，则存在着自相矛盾之处，他们与白人观众一样被逗乐发笑，从这一角度来讲，他们处于该广告的客体位置。然而，他们同时是在嘲笑着自身和自身文化，因此他们同时也处于该广告的主体位置。

3.4.2.2　反毒品网站 Abovetheinfluence.com 和"以黑人治黑人"的必要性

2007年初，全国青少年禁毒宣传活动（国家禁毒政策办公室的项目之一）在一些节目中插播了一则由两个非裔美国男孩主演的广告。这则广告不仅在《迪格拉丝中学的下一代》中出现（详见前文的概括描写），还在《冲浪青春》（The N电视台）和《小女巫萨布琳娜》（The N电视台）的重播中，以及《美眉校探》（CW电视台）中看到了这则广告。尽管《迪格拉丝中学的下一代》中含有人种和种族的多样表征，但该电视台播放的其他节目主要由白人角色构成。

我们正在讨论的这则广告运用了广告叙述中"迷你戏剧"风格的转折手法（Geis，1982）。本例子在广告的故事叙述中另外开辟一个迷你叙事（见转录稿3.2）。当场景展开时，画面出现两个黑人少年靠着篮球场前面的铁围栏站着，附近像是一所城市学校。然后一个表征为小学年龄的男孩从俩人身边路过。两个少年中年龄较大的一人拦住了小男孩，场景进一步展开。广告叙述十分简单——这些少年在做一场生意。以两个大男孩想要卖"大麻烟"给小男孩为开端（第1—7行）；之后两个大男孩因为小男孩说的话而跳出了角色；他们认同他们之间应该进行更好的对话，但是年龄较大的男孩告诉同行年龄较小的男孩说："做得很好"（转录稿3.2，第8—10行）；一个画外音说道："生活在影响之下的大哥哥有一个受他影响的小弟弟"（转录稿3.2，第11行）。

画面风格呈现为城市贫民区的怀旧风格。两个男孩都穿着白色短袖，其中年龄较大的青少年穿着宽松的裤子，而年龄较小的男孩穿的是短裤。尽管画面不是黑白色，但整个广告色调是黑白灰的，这凸显了人行道的线条和城市风景的质朴。广告中，通过三个角色之间的对话风格，黑人聚居区文化的概念被放大。两个男孩使用的语言从发音来看（尤其是年龄较大的那个）均带有非裔美国人的方言特征。对广告词的言语意象分析发现，男孩说话的语音体系和广告结束部分小心翼翼且吐字清晰的男性画外音之间形成了鲜明对比。然而，这样的语言具有过于强烈的风格，只有黑人话语的一小部分特点，因此不能代表整个黑人话语体系。

101

转录稿3.2 Abovetheinfluence.com 网站的宣传广告（2007 年 1 月）

行	屏幕画面描述	画外音和台词
广告场景是两个黑人少年靠着铁围栏站着，		
在铁围栏后面是一个篮球场和一个貌似是城市学校的背景		
一个更小年龄的小男孩路过但被其中一名黑人青少年男孩拦住		
1	少年	嘿，小伙子，想吸烟吗
2	小男孩	不用，我不需要
3	少年	嘿，嘿，我不是要伤害你，我只是想帮你

续表

行	屏幕画面描述	画外音和台词
4		我只是试图帮你变得兴奋些
5		怎么样
6	小男孩	不，我不吸烟
7		我吸你们这些在篮球场外的小丑
	两个少年都笑了	
	随之跳出了原来的角色定位	
8	少年	我们得找点别的东西，好让你的吐槽能提升一下，小家伙
9	小男孩	我知道，但是我第一时间想到的就只有这个
10	少年	但是你已经做得很好了，小兄弟
	这两个少年和小男孩一起走开了	
	两个少年的胳膊搭在小男孩肩膀上	
11	男性画外音	生活在影响之下的大哥哥有一个受他影响的小弟弟
	网站地址在屏幕右下方出现	

102 　　尽管禁毒宣传广告本身并不存在人种或种族性质，但是两个非裔美国男孩的表征使广告关于种族的言外之意十分明显。从多方面来讲，这是一种低风险的人种表征运用，因为它为观众对于黑人男性青年和毒品的城市印象推波助澜。假设相同的广告采用混合人种的表征方法：一个年龄较大的白人男孩和一个年龄较小的非裔美国男孩，这一组合看起来似乎没什么可能性，而且也不具"真实性"；一个年龄较大的非裔美国男孩和一个年龄较小的白人男孩可能会给人非常明确的种族主义印象。另外一个选项是，仍然运用相同的广告故事，但主角换成两个白人男孩，这对白人观众而言可能会很陌生。实

际上，该网站还有多个不同的电视宣传广告，其中的16则收录在该网站供浏览者观看。有一则在前文提到的电视剧《一对一》（由一位黑人单身父亲和他的女儿主演的情景喜剧）中插播。这则广告仅由白人角色出演，他们总是干一些奇怪的事情，包括往身上放水蛭（被戏称为"slomming"）；该广告故事的寓意是说明毒品导致人们行为失常。该禁毒网站没有把非裔美国男孩主演的那则广告放到网站平台上的原因在于该广告本身具有种族和民族主义方面的暗示。

Abovetheinfluence.com宣传推广活动的目的是通过一系列具有参与感且诙谐的广告，反复传递同一个信息，即告诫青少年关于毒品对个人生活的扭曲和影响。然而，任何一则广告作为在其伴随话语中的广告时刻，承载的意识形态符码都能够在更广义的话语里进行解读。两个非裔美国男孩在都市背景下进行与毒品有关的活动，这样的广告插播在由白人角色主演的节目中，并很有可能被许多白人青少年看到，这容易导致他们更加认定都市毒品贩卖情景与人种之间的关联。

3.5 小结与思考

本章开端提到了几个问题：广告中的人物角色是如何被打上种族和民族印记的？在商业广告中，观众所看到和听到的有色人种与欧洲/白色人种之间的关系是怎样的？在针对青少年的广告中，多元文化社会有哪些表征形式？在青少年节目中插播的广告所呈现的具有种族和民族特征的人物导致了哪些多样性文化范式的流行？广告中文化多样性的表征如何助长多元文化社会形成一些特定的观念？而这些文化多样性的表征又如何促进意识形态符码的传播？这些问题均具有深远的意义并值得深入探讨。而本章的分析只是抛砖引玉，针对学龄前儿童和青少年的电视广告中多元文化表征的研究领域有待不断拓宽。

103 通过概括描写的定性分析，我们可以推断，多元文化社会的概念在针对青少年的广告中常常只是一个普遍的想法，却难以实现。尽管多元文化/多样种族社会的概念在美国愈发重要，但是广告画面对多元义化/多样种族社会的呈现仍然十分有限，尤其是在以白人演员和情节为中心的电视节目中插播的广告。从更广的伴随性语境来看，每个广告时刻都与伴随语境的意识形态符码有一定关系。概括描写的分析显示，有色人种的形象（不论是从话语上还是视觉上）极少被塑造成社会本质的存在部分，其外表和角色综合构成了有色人种的形象。黑人角色总是出现在镜头的背景和边缘，只是不声不响的身影，或者以运动员或其他刻板角色的表征出现；他们除了黑色的身影之外什么也不是，有时出现在象征主义的广告中，有时出现在表现民族融合的广告时刻中。当黑人成为广告的中心人物时，他们往往出现在种族隔离意象的广告中，这些广告的特点在于描述贫民区的故事或呈现黑人的嘻哈风格。在以黑人为主角的广告中，只有在《106与说唱公园》音乐说唱节目中播出的广告没有赋予该种族类似的社会定位，节目所播出的广告对有色人种的突出展示与节目本身的人口构成情况十分对称。在该节目中，也有一些插播的广告仅由黑人演员出演并描述了截然不同的故事（海军陆战队招募、佳洁士、当妮、潘婷和邦迪）。其中至少有一则广告（海军陆战队招募）专门面向黑人男性群体，而其他采用黑人角色来完成叙事的广告，既可以将黑人当作目标受众，亦可以把故事套用在范围更广的受众群体。在该节目中，也有几则广告（好时巧克力和威瑞森）运用一些复杂的、表现种族相融的表征。然而，笔者只在该节目看到插播了唯一一则出现清晰的拉丁裔人表征的广告，并且展现了对西班牙裔男人的刻板印象，他们身材矮壮，留着黑色的大胡子。

当涉及有色人种的广告出现在以白人为中心的节目语境中时，这些青少年广告呈现种族和民族形象的情况如何？这点尤其值得探讨。前文提到的广告概括描写所出现的节目语境是《超人前传》《篮球兄弟》和《橘子郡男孩》。在这些广告里，有色人种的表征首要的展示方式总是通过视觉形象完成的，而展示黑人形象的镜头亦总是一闪而过，或将他们当作背景，或扮演刻板角色。而当他们作为中心人物出现时，他们也经常是刻板印象中的人物角色。广告极少出现亚洲面孔的表征、拉丁裔人的表征，以及那些讲英语带有口音的非"美国出身"人群的表征。总的来讲，在象征主义的广告时刻中，有色人种常常被边缘化。而在将有色人种置于中心位置的广告中，有色人种的刻板印象常常被放大。

对Boost Mobile手机和abovetheinfluence.com网站的广告分析表明，对于白人观众来讲，种族的形象通过广告被商品化，亦成了白人消费者的商品。白人青年欣然接受黑人文化时尚和与之相关的产品，这一度是学术界和社会评论的讨论热点。比尔·尤思曼（Bill Yousman）对此进行了深刻

104

分析，提出"黑人癖"（Blackophilia）或者说"对黑人主流文化的热爱和消费"的概念，而与之相反的是"黑人恐惧症"（Blackophobia），即"对非裔美国人的恐惧和害怕"（2003:366）。尤思曼认为，通过随心所欲地选择性拥有，白人对黑人文化的消费实则为行使权力的一种方式，他们不需要面对其文化根源上存在的一些问题："在美国，黑人既不渴望也无法选择性地拥有'黑人民族特性'。而白人青年却能够仅仅选择由黑人音乐和其他文化产物带来的愉悦。"（2003:387）尤思曼提到，白人对黑人文化产品和时尚的消费构成了新形式的种族主义。通过对黑人民族特性的消费，白人把白人控制权和主导权进行了"战壕拓张"（retrench，在军事中，其含义为挖掘新的战壕进行防御）。

一项相关的研究提出一个论点，白人可以通过将黑人文化理解为一种大众文化而非黑人独有的文化特性。然而，这实际上也是权力行使的方式，即将其当作一种适用于自身（也适用于每个人）的商业化文化产品，而这些备受欣赏的文化产品的根源正是黑人文化。关于百威啤酒的广告采用 "Whassup"（怎么样？）这句俚语广告词，埃里克·沃茨和马克·奥比（Watts and Orbe，2002）做出了类似论述。在百威啤酒的每一则广告中，都有一个朋友间互相聊天（几乎总是一群黑人年轻人）的场景，他们使用的语言和交流风格都带有鲜明的黑人方言标记；每一则广告都有 "Whassup" 这句问候语，因此每一则广告都将黑人男性友谊作为广告的风趣笑点。曾有学者研究发现，黑人大学生把这些广告解读为专门叙述黑人生活经历，因此是为黑人量身定做的产品。然而，白人大学生把这些广告理解为关于男性身份的通用叙述。研究者认为，这些广告的风趣幽默"意味着白人的焦虑因看到黑人的团结友善而得到缓解"（2002:10）。沃茨和奥比关于白人观众的论述与杰森·罗德里奎兹（Jason Rodriquez）的种族志研究中关于白人青年热衷于嘻哈音乐活动的观点一致。后者的研究认为，参加音乐会的白人青年都坚持忽视种族（color-blind）的思想意识形态，这有助于他们"将自身在该场合的出现合理化"，并使用他们的"种族特权，在不知不觉中，入侵了嘻哈文化，将音乐其中含有种族意义的符码剔除，并将其替换为忽视种族的符码"（2006:663）。

与百威啤酒的广告相同，Boost Mobile手机和abovetheinfluence.com网站的广告都将幽默带入话语中，这为白人观众提供了一种嘲笑黑人的方式，同时他们也欣然接纳了广告所呈现的"真实的"表象。Boost Mobile的广告语把黑人文化与明星相关联，暗示了黑人文化是"可出售的"，而夸张的喜剧手法同时也提醒观众，虽然明星在现实中存在，但是在文本中的文化产品却能像商品一样被剔除和处置。为公众服务的禁毒广告开篇的陈述定位为严肃的风格，但是广告的中段给观众呈现了一段滑稽短剧，其幽默元素随之浮于表面。广告中的城市气息和方言语言的运用体现广告的纪实风格，尤其是当两位演员"作为真人"从广告场景中走出来时。该广告案例没有明确销售的商品，但是广告将黑人青年与毒品进行了关联，同时其场景亦与黑人城市风格相关联，这实际上向观众传播了与种族相关的意识形态信息。由于观众会通过去语境化来维持自身的舒适圈，因此白人观众很容易把这些黑人

105

青年看作"他者"，并将广告中展现的"城市冷漠感"剥离开来。以上两个广告案例均符合"惊人的消费"（spectacular consumption）的描述范畴（Watts，1997；Watts and Orbe，2002），在"惊人消费"中，能够确定为"真实的"黑人文化形式被单独抽离出来并重新塑造，成为商品文化的组成部分，以供白人消费。至此，文化真实性有了市场价值。

　　本章探讨的广告时刻反映了青少年广告在表现文化多样性方面存在复杂的意识形态维度。正如本章导言中关于不断变化的人口的研究综述所言，文化多样性蓬勃高涨。近年来，广告话语中关于种族的表征出现了变化，从整体来讲，青少年电视节目出现多元文化表征的频率相对更高。本章所提出的几点重要问题涉及在节目语境中广告的寓意和意识形态的含义符码传播的具体方式。种族和更大范围的文化多样性因广告的意识形态符码得到传播，其中，许多刻板形象仍然存在，"黑人=多样性"的概念亦常常蕴藏在广告里。广告出现黑人以外的其他有色人种表征的数量极少，这实际上曲解了文化多样性。此外，青少年广告将黑人文化形式商品化，黑人在广告屏幕形象常常是刻板化的、安静的、被边缘化的。科特斯（Cortese）强调，这些问题至关重要，因为"……广告和其他媒体构建的表征形象将影响和塑造人们对不同种族和民族的态度……[并且]广告如同一张晴雨表，记载及反映了少数种族群体在白人主导的社会里的融入程度"（2004:15）。

不同群体不同修辞方式：广告与
脸部护理

106　　　　化妆品产业已经成长为一个价值达数万亿美元的品牌竞
争产业，各品牌产品的宣传广告遍布全国各地的杂志、电视
台、网络、室外和其他公共展板、商场、便利店及药店等。在
关于外貌的文化理念中，化妆品的核心概念是承诺改善、修
复和改变。广告通过语言及视觉话语来展现这些化妆品承诺
语。大多数女性都知道，几乎所有的时尚或生活风尚杂志中都
有化妆品广告——各种口红、面部妆容、眼影和眼线，以及
营养丰富的乳液。2003年，全球美容行业价值高达1 600亿美
元，其中护肤品价值达240亿美元，美妆占180亿美元，头发护
理占380亿美元（Pots of Promise，2003）。尽管男性较少被视
为目标消费者，但化妆品产业正在不断推出具有鲜明男性特色
的产品广告，以逐渐打开这一消费市场。

　　美容产业传播的主题向来简单明了：每个人都想要美
丽和年轻，而美丽和年轻可以通过正确恰当的产品组合来实
现。在全媒体时代，这些主题接二连三地重复出现，完善了
关于美丽理想和幻想的话语，渗透到人们日常生活的方方面
面。广告长期从话语上和视觉上对理想型美丽的概念进行传
播，诱导消费者使用这些化妆产品以获得广告中所展现的美丽
形象，并将这些形象与青春和性别联系起来。各种标榜脸部修
护以提升颜值和隐藏年龄的产品广告把女性当作首要的目标受

众。然而，近些年来，该产业也利用驻颜面霜等产品广告开拓了男性消费市场。

　　本章将探索广告关于面容的具体指向领域，以及广告话语如何对化妆品产业所定义的待修整的面容（笔者将其定义为"脸部护理"［face-fixing］）进行编码再现。具体来讲，本章重点关注护肤产品广告而非化妆品广告，前者承诺持续的改变或者实现改头换面的效果无法一蹴而就，后者是仅仅能够维持一天美貌的普通产品，如口红、与肤色相配的化妆品等。与众多其他商品一样，脸部护理产品针对不同人群做了不同的设计和市场开发。这些不同的人群都需要被"叫住"，即广告话语及其传播的文化意识形态需要"吸引"这些群体与之产生共鸣。从定性上来分析，不同的广告话语主题吸引不同的观众层——青少年、年轻人、成年人、男性和女性，而本章将探讨它们的话语意向，同时重点关注这类广告话语使用的修辞方式，其中主要为隐喻和明喻，在一些情况中也包括转喻和提喻。这些修辞贯串由广告商所创造的言语意象，旨在吸引潜在消费者认同脸部护理产品的广告。广告商经常使用修辞的手法来构思广告（Leigh，1994；McQuaarie and Mick，1996）。本章将分析与脸部相关的广告针对不同类别和层次的人群所采用的不同修辞格，所引用的案例摘自传播最广的流行杂志。

　　本章共分为四个部分。首先，笔者将探讨广告在定义美丽的标准和行为等方面的大致趋势，包括引用学术文献中关键的辩证分析。第二部分将着重分析化妆品产业以及脸部重构作为化妆品焕颜的背景。第三部分为本章的主体部分，将重点分析护肤品广告所使用的修辞方式和其他言语策略，这些修辞方

107

式和策略主要来源于刊登在杂志中的脸部护理广告，这些杂志主要针对以下五个群体：少女，年龄在40岁以下的成年女性，年龄在40岁及以上的女性，非裔美国女性，成年男性。第四部分为本章的总结，将讨论脸部护理及修复产品的广告话语在意象构建方面的重要意义。

4.1 广告宣传和永无止境地追求美丽

在美国以及许多其他的国家和地区，社会对于女性的体型和外貌都存在苛刻的要求，这已经是老生常谈了。在笔者成长的时代，36英寸—24英寸—36英寸（91厘米—61厘米—91厘米）的三围被认为是理想三围，像伊丽莎白·泰勒、索菲娅·罗兰（Sophia Loren）以及玛丽莲·梦露等体态丰满的女星被认为是性感、美丽的代名词。理想的美丽体型寓指又大又尖又挺的胸部、细腰，以及曲线优美的小屁股。为了帮助那些想要达到理想美丽体型的女性，倍儿乐（Playtex）主打"挺拔胸部和前凸后翘"（lift and separate）的魔术内衣（Wonder Bra）上市，该内衣腰上有紧紧的腰带，还搭配紧身裙以收紧臀部肥胖部位，或者说控制臀部在行走时的摆动。没有达到理想体型的女性可以通过锻炼的形式来达到这一效果。比如笔者的胞姐当年和其他同龄少女一样常常伴随"我们必须，我们必须，增大我们的胸围！"（We must, we must, develop our bust!）的音乐做运动。可丽莹（Clearasil）向长青春痘的青少年承诺更干净的皮肤，诺克斯玛（Noxzema）洁面乳也以其

108

深度清洁肌肤的功效为青少年做了类似保证。杂志中出现的模特要比曲线优美的电影明星显得纤瘦不少，但如今的模特比当年的更瘦。

当今时代，所有知悉身边事的人都知道当下社会以瘦为美，且脸部美容的选择范围也在迅速增长。在过去的几十年里，尽管美丽的形象代表或多或少发生了变化，但理想体型对女性的束缚仍然一成不变。强调以瘦为美导致饮食功能失调症患者数量惊人，而服装店供应的衣服尺寸也越来越小。为对抗这一趋势，时装领域的一些时装秀禁止体重不达标的模特走秀（Hay，2006），但另一个极端是日常新闻经常对美国人过度饮食和肥胖进行重点报道。在笔者青少年时期，不曾见过0码的衣服，2码的体型既不常见也不是理想型。例如，据报道，玛丽莲·梦露的体重在118~140磅（约53.3~63.5公斤）之间波动，身高5英尺5.5英寸（约166厘米），三围是36英寸—23英寸—36英寸（91厘米—58厘米—91厘米），在她的职业生涯中，大多数时候都穿12码的裙装（Urban Legends，2000）。不论从哪种测量方法来讲，她都比如今的女明星如妮可·基德曼、安吉丽娜·朱莉、琳赛·洛翰（Lindsay Lohan）以及其他大多数女星要胖些。尽管当时理想女性要比如今更胖些，但当时社会也普遍没有适合体型较大女性的独立衣码和XXXL的男性衣码。

当今社会，围绕在人们日常生活中的理想型的美丽概念和关于美丽的文化与过去一脉相承，但又与过去不尽相同。今天人们追求的理想体型要瘦到骨子里去，导致很多女性把正常的三餐饮食都减免了。最近，一名青少年男孩向笔者讲述了他堂姐到家里做客的故事。这位堂姐的到访引起了一些尴尬，因为身为大学生的她只吃午饭，而且她也不吃男孩家人用餐的那些食物。尽管也有"胖才是美"/脂肪解放运动，但我们仍然生活在一个崇尚苗条、年轻和完美的文化中。

4.1.1　脸部

那么有关相貌的情况如何？相貌在对女性美丽（与性感不同的美丽）的评判中占据中心位置。回想一下，我们在美国听到的对女性相貌以及与身体其他部位有关的大部分评论。有时，超重的女性得到的评价是"面容姣好"，意思是她其实本来挺漂亮的，可惜超重了。还存在这样的玩笑：男人在与一位相貌丑陋的女士发生性行为前，用一个书包先把她的脸挡住。还有一些漫画会画一位曲线优美的女性配以一张不好看的脸作为笑点（通常是龅牙）。当然，一张帅气的男性脸庞也有影响力，但是对一名男性来讲，相貌并不至关重要，只要他长得与大众文化理念中的男性外貌不是相差甚远便可。如果男性拥有太"漂亮"的脸，则很可能被认为过于女性化。如果他帅得太精致，他很可能被认为是同性恋，而大多数男性都不喜欢得到这样的评判。同时，胡子长得单薄或稀稀拉拉也可能被认为雄性气质不足。

相貌具有影响力，尤其是女性的相貌。内奥米·沃尔夫（Wolf，1991）认为，相貌的"唯一的力量就是它被指定为'脸面'（外界了解你的门户）——因此无数的女性都盯着它、了解它"（1991:76）。但是女性关注女性相貌的想法与男性关注男性相貌的想法并不相同。尽管在某些情况下，如果一位男士脸部出油、没刮胡子、脸上有疤痕或痘印等，他的脸可能会被认为存在不足。但是，在文化的影响下，许多男士并没被教导采用极高精确度的标准去关注自己的脸。女性从很小就被教导要培养自我的"美貌神话"，而男性并没有被教导要培养自身的"帅气神话"。

一般来讲，脸部应该保持干净，但情况并非一贯如此。清洁肌肤起源于19世纪的风尚，但是即便到了20世纪初，清洁脸部肌肤还不是一项日常习惯（Twitchell，2003）。关于如何处置脸部的观念也随着时代的不同而有所变化。如今，脸不再限于化妆，它变成了一个随时可以翻新和改造的结构综合体。脸由不同的结构部件组成，而广告旨在突出脸部的部分结构与特定产品的联系，从而放大了这些部分结构。这些产品能够针对广告和文案中所提到的问题和威胁对症下药。

对于女性而言，追求青春美丽由来已久，各种各样的面霜和护理治疗广告承诺能够使肌肤清洁、光滑、年轻、红润，以此吸引女性。凯茜·佩斯（Peiss，1998）的《瓶中愿：美国美容文化的形成》（*Hope in a Jar: The Making of America's Beauty Culture*）描绘了女性早期在化妆品成为追求自由和宣扬性别的工具的过程中所扮演的角色。其后，化妆品在20世纪20年代被大规模生产，且美容产业的标准是依据男性来定义的。面霜一直是美国女性追求美丽肌肤的支柱武器。例如，20世纪早期，旁氏（Ponds）推出了一条新的产品线，为女性专门研发的两款面霜。广告词宣称"每种正常肌肤都需要这两款面霜"：冷霜清洁肌肤，油底霜保护肌肤（Sutton，2004）。20世纪，化妆品公司生产了许多脸部护理产品，并为它们打广告。直到抗衰老成分的出现，使之瞬间成为主要的产品新增成分，也使得美容行业及其广告商有机会宣传新的相貌形象，并特别突出脸部的某一部分。在1978年3月发行的《Vogue服饰与美容》上，刊登了几则宣传保湿功效的面霜产品的广告；在这些过时的产品广告中，有一则针对30岁及以上的女性：该广告主打由查尔斯·雷夫森（Charles Revson）研制的面霜"Ultima II"（露华浓［Revlon］品牌旗下的百货公司产品线），广告宣称该产品含有据说是"年轻肌肤成分"的可溶性胶原蛋白。还有一些被引入市场的其他产品也含有这些抗衰老的成分——胶原蛋白、维生素A以及α-羟基。这些产品的广告提供了全新的视觉形象和言语意象，以满足人们对年轻外貌的渴望。

1980年，宾夕法尼亚大学的一位皮肤病学家阿尔伯特·克里格曼（Albert Kligman）博士将这些新型抗衰老产品称为"药妆"（Schillinger，2005），这个标签很容易让人将化妆品和药物联系在一起。药妆不受美国食品药品监督管理局的审核，尽管"化妆品和药妆都须经过安全性检测，但并不强制要求检测产品配方中的有效成分是否真正与产家的描述相符"（Schwartz，2006）。因此，"药妆"这个名字不仅潜在地创造了一个言语意向，即药妆拥有药物制作的精准配方，而且满足了营销者在广告中使用该意象的需求。

4.1.2　男性的脸部

直到近期，美国市场针对男性脸部护理的产品仅限于剃须膏和须后水，几乎没有例外。如今已进入了21世纪，市场越来越全面关注男性的脸部护理、除皱治疗，以及大量打着类似主题的产品。倩碧是较早推出一系列男士面部产品的化妆品品牌。倩碧拥有大量的百货公司铺位，该销售渠道能吸引众多女性为她们的另一半购买这些产品。其他品牌亦紧随其后推出了类似产品，包括法国娇韵诗（Clarins）、碧欧泉（Biotherm）、欧莱雅，以及个别纯男士系列化妆品品牌（如加拿大的男性护肤及彩妆品牌4VOO和瑟雅［ZIRH］）。2004年，男士化妆品和美容产品的市场总值预计为77亿美元，2010年预计将达到100亿美元（Ignelzi，2004）。

4.1.3　从痤疮治疗到整容

关于脸部护理产品的广告体现了完整的生命周期表，从治疗青少年早期青春痘的广告开始，贯串以强调清洁和保湿的广告，再到专门针对抚平中年早期微笑细纹的广告。根据能够实现美貌神话的年轻处方，中年时期从"逻辑上"来讲应该是实施面部除皱以及其他整容方案的起点，因为该时期肌肤变化最明显——如果要保持美貌神话，就必须抓住该时期，采取激烈手段以保持和修复美貌。过去，只有有钱人和名人才能享受面部除皱及其他美容手术，但如今这些项目已经变得平民化了。正如重建或翻新房屋是局部改造项目开展的理由一样（翻新浴室、厨房或地下室），面部除皱和手术改造也是化妆品产业进军新领域的理由，其理念是通过非手术的方法实现文化上的美和文化上的人造美。于是，美容手术为宣传化妆品（尤其是药妆）的广告话语提供了重要的语境。许多人负担不起整容手术的费用，很多人不愿意承担其风险和痛苦，还有很

111

多人对其不屑一顾，认为这超出了适当的仪表装扮或美容的行为范畴。面部除皱手术和美容手术整体上越来越受青睐，同时人们为了实现美貌神话而强烈追求青春，这又使得针对中年早期及以上人群面部产品的广告话语主打宣传药妆及相关产品。最近，药妆和整形手术都向更年轻的广告群体进军，本章结论将对其再做论述。

4.1.4　广告、外貌和脸部

在一个注重外貌的时代，再没有什么销售产品比面部化妆品更能操纵外貌形象的能指。广告主要宣传的是形象而非外貌的"真实性"。无论其形象是什么，给予特定的能指在该形象中指代的力量，便可以使该能指在"真实"中存在，这是化妆品广告的缺点所在。脸部作为整个外貌的提喻，如今已经被用来作为美丽的表征。在广告中，脸部的完美形象能够代替脸本身，这创造了一个双重提喻，使得个别可以代表整体，同时个别形象也可以代替整体。该过程包含以下几个环节：

首先，在较大范围的文化里，有一个任意定义美丽的过程，该过程不断地重复人与人之间的口耳相传、机构之间的传播和大众传播，其中大众传播扮演的角色愈发重要。每个个体并不是在与他人的信息交流中发现清洁的肌肤更受青睐或者皱纹是会被嫌弃的。这些连续的人际交往的信息片段来源于同一项文化信息的反复传递，面这些已经构建了的语码反复出现，也丰富了该文化信息。文化上产生的性别概念正是通过这种进程发生的，根据朱迪斯·巴特勒（Butler，1999/1990）的理论，性别在文化上被定义为"本质自然的"。更确切地来讲，"不断重复身体的类型化导致了性别的概念，在极为严苛的规范框架下，一系列重复出现的行为历时产生了具有具体内容、自然的外貌"（1999/1990:33）。例如，在具体的人际交往的语境以外，皱纹被重复定义为年龄的消极能指（不像智慧，是年龄的积极能指）。文化准入者在这一进程中扮演了重要角色，因为不是每个人都能够设定美丽标准的。

第二，消费者必须从客体的角度看待自己，设想其文化所构建的关于美丽的集合体提供了一个具体的模板，用于评判整体的体型及具体的面容："我的臀型是否符合标准？""我的小腹够平坦吗？""我的屁股是否过大？""我的眼睛够大吗？""我的眉毛形状对吗？""我的肌肤够光滑、够滋润吗？一点儿皱纹都没有吗？"或者更抽象一些的："我的肌肤焕发光彩了吗？"所有这些问题及它们的答案所提供的评价都要求个体把自身既看作客体又看作主体。

第三，在经历主体—客体评价的第二阶段后，个人必须再经历另外一个主体—客体评价阶段（这个阶段涉及面部产品）。在该阶段中，个人对某些具体的产品做出评价。关于很多产品的有效性，我们无法提供任何证据去验证，也无法对其有效性进行实质性展示。例如，我们不知道一件衣服在洗过之后是否看起来"和新的一样好"；或者一支圆珠笔是否不会产生斑驳的油墨点，把手和纸张都弄脏；又或者我们是否会喜欢朋友强烈推荐的那部电影。有些产品的宣传口号声称接受消费者的试用测试："包您满意，不满意30天内退款。"这可能适用于某些产品的效果测试。在一些其他类型的商品广告宣传中，产品展示是可以实现的，如真空吸尘器、笔记本电脑、电

112

视、音响系统。服装也可以被归入这一类，因为如果从实体店购买的话，顾客可以亲眼看见它，感受衣服质地，试试衣服的大小和上身效果。甚至连一些化妆产品都在杂志广告上粘贴免费小样来打广告，该方式与香水和古龙水在广告中附赠香瓣的做法如出一辙。在广告中宣称能够改善脸部的脸部产品与针对身体其他部位的产品和柜台药品不同，在于：（1）它们所提供的承诺没有时间期限；（2）或者"时间期限"在将来，例如"六周后见效"。关于脸部产品，我们必须想象其功效，而且即使之后产品功效不如我们的预期，我们也可以调整预期，将其校准为其他设想预期。凯茜·佩斯的《瓶中愿》一书的标题所描述的正是这个过程。

尽管许多消费者抱着怀疑的态度看待广告，并且"自认为不受广告影响"（Kilbourne，1999:27）。但是当涉及外貌时，部分消费者对产品所承诺的效果原本就存在着深深的渴望和未获得满足感，因此他们愿意承认产品展示的形象的合理性，笔者将他们称为"绝望主义"。广告商根据文化设定精心挑选与愿望相关的措辞，因为他们想要迎合某些具体的愿望，从而使宣传的产品成为实现设想效果的有效途径。

吉恩·基尔伯恩（Jean Kilbourne）著名的纪录片《温柔的杀害》（*Killing Us Softly*）展示了女性在广告中的各种形象，无数人观看过这部影片的各类版本，并且不只限于女性观众。目前，《温柔的杀害》审视了过去20年期间流行的广告形象，它们不断地塑造和改变妇女，成为理想型的女性气质象征（Kilbourne，2000）。

此外，许多人也阅读过内奥米·沃尔夫1991年对她称为

"美貌神话"（beauty myth）的抨击。她敏锐地指出，女性杂志是传播有关零瑕疵美貌价值观的文化源泉。其评论具有标志性，在多年后的今天仍然适用。杂志（通过它们的广告）固化了女人无法实现的美丽标准，这是因为这些标准都只是神话。沃尔夫认为，"广告中提供的关于美貌神话的配方把观众疯狂的、焦渴的、难耐的产品享受欲引诱出来，并不断地幻想：渴望一位天神教母出现在家门口，催眠观众。当她醒来时，她的浴室将会摆满对症的护肤产品，还有详细的使用步骤，并且化妆品的色调也选得恰到好处"（1991:70）。

　　"美貌神话"及其在女性心中的地位盖过了第二次女权主义运动所赢得的胜利战果，并且，沃尔夫坚信"杂志中关于'美貌神话'的信息是由相关广告商决定的"（1991:73–74）。基于杂志需要依赖广告来维持收入，故该论述似乎是符合逻辑的。沃尔夫将女人与男人的文化环境做了有效对比，并得出两点发现：第一，在男性阅读的杂志中，与美丽、美貌相关的内容不是唯一的，杂志内容根据不同兴趣分类，如汽车、滑雪、垂钓、滑板运动等；第二，对于男人而言，最具有权威性的人物出现在接受教育的过程中和他们的工作中。但是对于女性而言，唯有女性杂志的类型"给了女性一个看不见摸不着的女性权威，让她们去仰慕和遵从"（1991:74）。尽管沃尔夫的论述广为人知，但是并没有阻止该文化主流所供养的美容行业和相关的杂志文化。为此，本章的分析将进一步对二者进行剖析和展现。沃尔夫的著作至今依然意义深远，因为广告也为婴儿潮一代的群体创造了青春永驻的"美貌神话"，这点再次验证了沃尔夫的论点高瞻远瞩。

沃尔夫等学者认为，在后女权主义时代，《时尚》杂志需要重新构思当今的美貌神话，这点对该杂志来讲至关重要。在针对《时尚》的一篇关于品牌和话语的分析中，梅钦和索恩博罗（Machin and Thornborrow, 2003）认为，该杂志在不同国家的不同版本之间的相似性共同构成了《时尚》杂志这一品牌。作为美国最畅销的年轻女性杂志，《时尚》品牌参与定义理想女性的概念，是其思想意识形态体系的一部分。该案例中的品牌强调性别和外貌是个人发挥影响力的关键："……从根本上来讲，女性是孤单的，她们必须使自己立于不败之地，或者通过取悦和/或操纵他人获得晋升，但这些都是通过她们的身体和性别而获得的……这一点……决定了女性服务机构的核心理念。"（2003:468）

4.2 脸部护理广告中的主题式修辞

4.2.1 青少年广告

青少年普遍缺乏安全感，这一特征是相关产品及其宣传广告生生不息的沃土。在面向青少年打广告时，广告商采用心理学研究武装自己，"利用青少年成长过程中的弱点，例如他们在认知、社会、情绪和身体等方面的发展会左右他们的决策、喜好、厌恶、兴趣和活动"（Linn，24）。大多数青少年杂志中的脸部护理广告是关于治疗斑点和痤疮的，只有少部分广告是宣传祛除"多余的毛发"和"使嘴唇丰盈"的产品。

青少年正处于青春期的尴尬阶段，他们已经有足够的自我意识，不得不去应付粉刺、黑头等脸部问题。曾经光滑、无须打理的脸部突然变得油腻并出现一些无法预测的变化，这常常困扰着青少年。于是毫无意外，针对青少年脸部护理的广告恰恰是宣传能够处理这些面部问题的产品。由于12~25岁年龄阶段长痤疮的人口比例增长至85%（Acne，2006），痤疮治疗产品的市场相当可观。雄性激素是导致痤疮的主要因素，而男孩体内雄性激素比女孩高，所以男孩长痤疮的人数更多（American Academy of Dermatology，2005）。女孩最早出现痤疮的年龄大约是11岁，而男孩则是13岁左右（Acne, zits and pimples，2006）。痤疮无法用药物治愈，但可以通过治疗来控制和减轻症状（American Academy of Dermatology，未注明出版日期）。尽管男孩和女孩在身体上都遭受痤疮的折磨，这点也得到社会的广泛认同，但是青少年广告中的痤疮治疗广告大多针对女孩消费者，因此她们有众多自主选择的机会。然而，男孩的情况并不如此。男孩接受治疗建议的渠道大多来自父母（通常是母亲）和医生，并且他们现在越来越偏好从网络上获取信息。这种现象存在矛盾之处，一方面，比起男孩，女孩更不容易长痤疮。另一方面，针对女孩的痤疮治疗广告却要多于男孩。这一性别差异的意义在于，脸部护理产品根据性别针对性地推出不同宣传方式以吸引男性和女性成为持续的消费者。治疗脸部斑点（从轻微的到严重）的广告宣传，引入像养生一样的脸部保养理念，即需要一系列的产品来共同应付。

目前，最受欢迎的女孩杂志的月均发行量如下（数据来

115

源于美国报刊发行量审计局［Audit Bureau of Circulations］，为2006年下半年期刊每月的平均发行量）：《十七岁》（Seventeen，2 034 856册），《都市女孩》（CosmoGirl!，1 443 482册）和《青少年时尚》（Teen Vogue，1 005 437册）。通过浏览这些杂志近期发行的期刊，笔者研究了脸部护理产品广告如何阐述拯救脸部的概念。这些杂志的目标受众是年轻少女、高中女孩和一些年龄段为大学生的女性，流通的渠道包括杂志柜台的展示、读者的随意翻阅、牙医和医生办公室供公众阅读的共享杂志等，这使得杂志的受众更广，而不只限于杂志的订阅者。这些女孩杂志每一期都包含6~12则除普通化妆品和口红之外的面部产品广告。代表性产品有可丽莹强效祛痘系列（Clearasil Ultra）、露得清快速清亮去痘洁肤棉（Neutrogena Rapid Clear Treatment Pads）、诺克斯玛黑头清洁和积极防护产品（Noxzema Blackhead Cleanser and Proactiv Solution for acen）。

多年来，关于痤疮治疗的医学建议日新月异。20世纪80年代以前，青少年被告诫饮食不要过度摄入脂肪，但是近几年的治疗集中采用局部用药疗法（柜台药和处方药皆如此），并不要在脸上使用任何油性乳液及引发脸部出油的产品。与以往长期存在的看法相反，痤疮与不干净的肌肤之间的关联毫无依据。实际上，用力擦洗脸部和使用含酒精成分的洁肤液反而会刺激痤疮（American Academy of Dermatology，2005）。宾斯（Binns，2006）在一个活跃的"神话粉碎机"（myth-buster）网上论坛里留言道："看上去脏兮兮的黑头导致人们误以为痤疮产生的原因是脸部尘垢堆积。实际上，皮脂暴露于空气中之后会自然地变成泥土的颜色。"

针对青少年（主要是女孩，因为广告主要投放在女孩杂志中）的痤疮治疗和脸部护理所推出的广告强调了几个适用于肌肤和肌肤护理的隐喻：清透的肌肤、干净的肌肤、可快速修复的肌肤。同时，通过运用提喻法，一个粉刺便可以代表青少年的脸部甚至整个身份。

4.2.1.1 清透的（clear）

年轻女孩杂志中肌肤护理广告宣扬的目标向来是让使用者拥有清透的肌肤。清透与肤色和气色有关，它是一个形容词，符合大众所理解的一般含义，即"肌肤质感和颜色都很好，没有斑点或变色"（clear，出版日期不详）。其概念来自"清晰"（clarity）的含义，指代人们能够看穿看透。该形容词的含义本身就是隐喻性词语，因为我们将"清晰"（clear）一词理解为"透明"（transparent）并推及肌肤的"无瑕"，肌肤因为"无斑点所以透明无瑕"，于是拥有清透肌肤的这个目标为抗痤疮和斑点的产品广告构建言语意象提供了隐喻基础。一些产品广告利用"无瑕"的隐喻为产品起名字：例如，几代青少年所熟知的标杆产品可丽莹（Clearasil）的名字就给人一种将会拥有"无瑕的肌肤"的意象。强生公司推出一款名为"可伶可俐"（Clean & Clear）的产品，露得清清滢无油化妆品（SkinClearing® Oil-free Makeup）和快速清亮去痘洁肤棉（Rapid Clear Treatment Pads）产品的名字也有相同的隐喻意象。广告所使用的模特通过人为方式获得了无瑕的肌肤，她们在广告中展示的视觉形象与标题中"无瑕肌肤"的隐喻相得益彰。

116

此外，广告语料中出现"清透"的字眼旨在从言语意象上创造一个通道，让观众设想获得零瑕疵的肌肤。可丽莹强效祛痘系列的一则广告向读者承诺，"'保证'让你拥有'清透的'肌肤"（《青少年时尚》，2006年8月）。露得清清滢无油化妆品能够"在清除斑点的同时创造优质肌肤"（《十七岁》，2006年8月），而欧莱雅抗痘调理（Acne Response）则告诉潜在消费者，该产品能够"快速地使肌肤清透……每个细胞都能清透，每个毛孔都能清透，每天肌肤都能清透"（《都市女孩》，2006年6/7月）。

4.2.1.2 干净的（clean）

干净的肌肤意象也相应地被应用到抗痤疮产品的宣传中，这与无瑕肌肤的隐喻手法异曲同工。上文提到的"可伶可俐"的产品名称暗示了，干净和无瑕是相辅相成的。露得清在同一本杂志中刊登了几款不同产品的广告（《都市女孩》，2006年6/7月）。其中一则产品广告专门针对青少年面部清洁：深层净化洁面乳（Deep Clean Foaming），使用该产品，你会感觉"特别干净，特别清爽，特别焕发活力"。露得清液体洁面凝露（Liquid Neutrogena Facial Cleansing Formula）则告诉青少年使用该产品能够"得到干净的、清透的、健康的肌肤"。强生产品可伶可俐补氧洁面泡沫（Oxygenating Fizzing Cleanser）的广告语料含有一个运动性视觉隐喻，告诉青少年该产品"泡沫涌动，深入清洁"（《都市女孩》，2006年6/7月）。同样，诺克斯玛的系列产品包括微珠洁面乳（Microbead Cleanser）和祛黑头洁面乳（Blackhead Cleanser）。微珠洁面乳的广告戏谑地展现了一幅女性简笔

画，并配上了具有双关效果的文字"微珠"，即"微珠能创
造脸部奇迹，正如微珠能够制造出可爱的手链"（《都市女
孩》，2006年6/7月）。该产品包装上写有"持续清洁"的说
明，这使用了关于从现在到将来的运动性隐喻：使用该产品的
时候，它能够清洁你的脸部。不仅如此，使用该产品之后，它
还能够持续保持脸部的清洁。祛黑头洁面乳将人们脸部的问题
明确称为"污垢"："任何人口中的污垢，都不是指你的脸
部。"消费者被告知，该产品是"纯净祛黑头洁面乳"。

　　对普通大众而言，尽管痤疮患者渴望得到干净的脸部肌
肤是一件"傻瓜都知道的事"，但根据当下痤疮相关的医学信
息，这一特定的言语意向具有误导性。从积极的角度分析，
这是一个幻想，背后隐藏了对坚硬的尘垢表皮进行清洁的隐
喻。从消极的角度分析，这是一个谎言，只是为了面部清洁产
品市场能够吸引青少年女孩。

4.2.1.3　显效速度

　　清洁和痤疮产品的广告往往强调时间隐喻，这一时间隐
喻的含义是指产品迅速找到问题并提供解决方案的能力。一
则处方药BenzaClin外用凝胶剂（克林霉素—过氧苯甲酰凝胶
剂）的广告使用了"速效"这一言语意向，但没有更多确切的
解释说明（《都市女孩》，2006年6/7月）。其他产品广告更
是过分吹捧其治疗速度。据说，露得清快速清亮去痘洁肤棉不
仅"速效！"，而且能够"在几小时内，而不是几天内，让使
用者拥有洁白无瑕的肌肤"（《十七岁》，2006年8月）。可
丽莹强效祛痘系列的广告强调："保证在三天内让肌肤更洁白
无瑕"（《青少年时尚》，2006年8月）。这些广告也以时间

117

线作为视觉隐喻，例如，第一天还满是斑点的斑点狗，在第三天就变成了一只几乎没有斑点的斑点狗（参见图4.1）。

在该案例中，斑点狗的视觉形象带有粉刺和黑头的隐喻，但这两样问题都没有出现在广告语料中。笔者还发现一则广告将双向开关作为显效速度的隐喻：美国芝诺祛痘仪（Zeno）的广告信息是"现在有粉刺的关闭按钮了"；你只需将涂抹器置于粉刺之上，就会"有精准控制的热量施于粉刺之上"（《十七岁》，2006年8月）。

诸如此类的广告都会向那些可能购买产品的女孩许下承诺。然而，这些承诺与医学资料背道而驰，医学资料表明，痤疮不仅不可能被治愈，而且其消退过程较为缓慢。网上相关医学博士网页的资料警告："一般痤疮在开始治疗后的6~8个星期才会有所改善。并且有些治疗方式可能会先使痤疮情况更严重，而后才会有所好转。"（Acne Vulgaris，2005）从这点来讲，显效速度的隐喻与医学警告信息并不对等。

4.2.1.4　用作提喻的粉刺

青少年十分清楚一个信息：粉刺代表个人。青少年面部产品广告常常使用粉刺作为脸部象征，这是潜在的提喻法，因为脸部又是个人身份的象征。大多数长粉刺的青少年，即便脸上的粉刺并不多，都会夸大他们粉刺的存在，认为别人看到的只有他们脸上的粉刺。面部产品的广告话语正是基于青少年的这种不自信，同时这些话语也是导致他们不自信的原因。大部分广告通过言语意象和视觉形象间的相互作用传达此类信息。BenzaClin外用凝胶剂（处方药）在言语里使用了与"自信"相关的意象，其广告中的视觉表征是两对青年情侣在沙

滩上玩耍（《青少年时尚》，2006年8月）。可伶可俐清痘调
理凝露（Acne Spot Treatment）的广告包含了这样一条表述：
"根据一项临床研究，使用本产品能够在一天内，使粉刺变
小，红肿消退或者数量减少。"（《青少年时尚》，2006年8
月）。在该表述正下方，是两位拥有瓷器般无瑕肌肤的微笑女

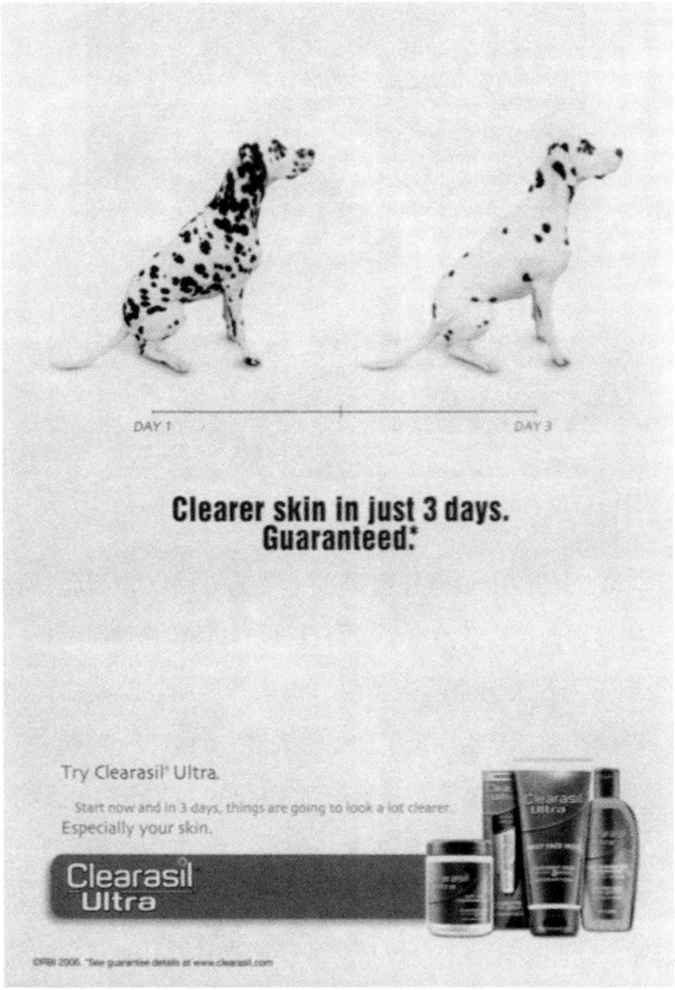

118

图 4.1　**可丽莹强效祛痘系列**（《青少年时尚》，2006 年 8 月）

119

图 4.2　**可伶可俐**清痘调理凝露（《青少年时尚》，2006 年 8 月）

120　孩——她们的脸上没有任何斑点（参见图4.2），因此，我们
可以假设她们被完全治愈了。该广告与其他广告情况一样，只
要粉刺不再代表整张脸，美丽、快乐和与朋友玩耍都可能实
现。有的产品甚至给贴上了"祛痘乳液"的标签（听起来像是
20世纪初的旁氏产品）。自然治愈（Nature's Cure）的两步治
疗痤疮产品（Two-Part Acne Treatment），其中，第一步口服
药，第二步使用"药物祛痘乳液（Acne Medication Vanishing
Cream）"：该乳液不仅仅是乳液，而是具有祛痘功能的乳液
（《十七岁》，2006年8月）。如果粉刺可以被去除的话，它

将不再代表整张脸，那么脸部（以及整个个人）就能够恢复其原有的身份代表性。

4.2.1.5　培养面部护理法

广告不仅在短时间内将女孩带入强调用清透、干净来隐喻脸部肌肤的语境中，还给她们灌输了一整套面部护理法，这套护理秘籍将贯串她们的一生。一个女孩成为一位女士之后，她不只是护理脸部，而是用构成面部护理法的一系列产品来护理脸部。

有些广告会提供两到三个步骤来应付斑点。上文提到的自然治愈的两步治疗痤疮产品便是其中的一个例子。瑞士圣艾芙（St Ives Swiss Formula）推出了三个产品：杏子磨砂膏（Apricot Scrub）、杏子洁面乳（Apricot Cleaner）和杏子洗面奶（Apricot Face Wash）。每一个产品的广告都配了一句第二人称命令式的说明，紧随其后再说明用户的收获，"你去角质。你清洁。你战胜了斑点。你肌肤焕发光彩"（《都市女孩》，2006年7/8月）。在一则跨页广告中，强生可伶可俐为读者提供了一组产品组合，其包括洗面奶、清痘调理凝露和"隐形"消痘贴（《青少年时尚》，2006年）。左边页面描述了要获得"学生好肌肤"所需的"护肤方法"（《青少年时尚》，2006年）。可丽莹强效祛痘系列的杂志广告主打四个系列产品：洗面奶、毛孔收缩液、洁肤棉和洁面棒。如果你浏览其官网（www.clearasil.com），首先映入眼帘的是一个女孩在男孩臂弯中欢快地跳舞，网站不止提供了四个系列产品的链接，而是八个系列产品的网页介绍，其中一个为暗疮除疤系列，该系列包含三款产品。这些瓶瓶罐罐加起来一共满满的十款产品。该网站在2006年9月份在页面上增加了一栏男士区，但只有三款产品：强力痤疮洁面乳（Energizing Acne Scrub）、清爽剃须啫喱（Skin Clearing Shave Gel）和清爽须后乳液（Skin Clearing After Shave Balm），它们的包装是暗蓝色和银色的，以区别于其他产品浅绿色、白色和浅紫色的包装。网站还提供了一些其他产品的介绍，其中三款产品被标为"男士专用"。通过语言上单独将这三款产品归为"男士专用"，那就意味着剩下的二十四种其他产品是女孩和女士专用的。跟其他针对青少年和年轻人士的典型产品网站一样，该网站也有一个游戏叫作"滑雪锦标赛"（Clearahill Sweepstakes），其奖品包括音乐下载和iPod播放器。

4.2.1.6　自然的肌肤

121　　　许多青少年广告强调的言语意象要么是使用产品时的化妆效果很"自然"，要么是它能够修复和产生外观"自然"的肌肤。"自然"一词有时与"健康"的肌肤结合在一起。广告中出现的青少年女孩（以及出现的男孩）几乎全是白人模特。当广告出现非白人模特时，他们的肤色也十分浅，参见图4.3 BenzaClin外用凝胶剂的广告（《青少年时尚》，2006年8月）。笔者见过唯一使用黑人模特的广告是诺克斯玛的系列产品祛黑头洁面乳的广告，其采用简笔画的形式来表现；而自然治愈的广告展示了使用产品前后的女孩照片，其中有时会出现一个肤色较浅的黑人女孩的照片。许多产品的网站广告也多数提供白人青年的图片。关于青少年肌肤护理产品广告缺失黑色肌肤形象的背后动因令人疑惑，一个可能的原因是女性杂志的市场定位大部分是白人女性，而白人女性确实在更大范围的社会中发挥作用。此外，基于杂志的重要性，我们不能假定黑人女性不会看这些杂志，这点尤为重要。这些广告话语将清透、干净、自然的肌肤描绘为白人脸庞的标准，这进一步强化了清透与透明之间的隐喻关系。

4.2.2 "时尚一代"的广告

《时尚》杂志号称是"有趣且无畏的生活设计师，为无数女性在生活方方面面（时尚、美貌、爱情、性生活和娱乐）提供最好的追求和风向标，为她们的生活加油喝彩"（《时尚》）。"时尚一代"用于描述一群时尚的或者追赶时尚的年轻女士，她们二十多岁或者三十出头，造就了因电视剧《欲望都市》（Sex and the City）而闻名遐迩的城市生活方式。《时尚》在这一代人中的发行量最高，但是这一代人的整体风尚也在其他杂志中有所反映，这些杂志的读者超出青少年年龄，因此当中关于脸部护理的广告话语较为独特。

在青少年杂志中，刊登了一则针对"成年人"的抗痤疮产品广告，这让人倍感意外：《青少年时尚》（2006年8月）刊登了一则欧莱雅抗痘洁肤产品的双页广告，广告称这是该公司"首个成年人抗痘项目"产品。广告印有五位女性的推荐词，其中两位明确提出她们已经过了青春期。该广告貌似不应该出现在《青少年时尚》里，但其实该广告有效地展示了从青少年女孩到年轻成年女性的连续体，并且通过一个共同的问题（痤疮）和一个共同的解决方法（皮肤护理方法）将两个年龄的群体联系在一起。因为连续体可以进行双向解读，因此一些针对二十多岁女性的面部护理产品广告出现在青少年杂志中也

122

就不足为奇，特别是那些主打清透、干净、健康的肌肤的广告
话语。尽管"时尚一代"中的年轻成年女性已经过了青少年时

图 4.3　BenzaClin 外用凝胶剂（《青少年时尚》，2006 年 8 月）

123　期的脸部年龄，但是她们仍然会长痤疮并且偶尔出现皮疹，于
是大量脸部护理产品的生产商都盯上该年龄群体，培养其脸
部护理习惯，使之将脸部护理法作为实现完美肌肤的关键法
则。诸如《时尚》和《造型》（InStyle）等时尚美容杂志向女
性所传递的关于脸部的信息十分清晰：女人要与自己的脸展开
斗争，她们需要战术武器，需要在生命的这个阶段开始建立自
己的化妆品兵工厂。

时尚一代可以对应"被遗忘的一代"（这一代人年龄大概是二十五六岁至四十岁），但同时也可以对应20世纪80年代初出生的"自我的一代"（这代人年龄阶段为青少年末尾到二十岁出头）（Johnson and Learned，2004）。该群体市场流行的主要杂志及其2006年销售的月均发行量为：《时尚》（2 947 220册），《造型》（1 760 542册），《嘉人》（Marie Claire，962 025册）以及《Vogue服饰与美容》（1 282 589册）（Audit Bureau of Circulations，2006）。笔者查阅了这些杂志当前发行的期刊，进而对其中所刊登的脸部产品广告进行分析。除了普通化妆品和口红广告之外，这些杂志基本上刊登了5~10则脸部护理产品的广告。主要产品包括玉兰油多效修护系列（Total Effects）、露得清防晒日霜（Healthy Dfense Daily Moisturizer）、艾惟诺清爽调理保湿乳（Aveeno Clear Complexion Correcting Treatment）和露华浓修复再颜粉底（Age Defying Makeup with Botafirm）。

在针对时尚一代的广告中，有两个修辞延续了青少年受众的广告策略，另外还出现了三种新的修辞内容。将面部护理当作养生法和健康肌肤秘籍的修辞策略仍然出现在该年龄群体的广告中，另外一些保湿乳和清洁产品的广告亦常用该修辞。新的修辞强调（1）调控和修复的隐喻。在这些隐喻中，脸部在隐喻意义上是与个人分开的，此时，个人可以自行控制自身特点，（2）与（脸部）战争相关的隐喻，以及（3）与修复相关对的隐喻。

4.2.2.1 调控你的脸部！

许多脸部护理产品的广告都偏向采用关于调控肌肤的话

语，这类广告充斥在各大流行期刊，如《Vogue服饰与美容》
和《时尚》。青少年通常会使用各种各样的产品来直接应对脸
部问题，但年轻女性已经过了这个年龄：她们如今所处的年
龄阶段应该是调控肌肤。欧莱雅抗痘洁肤产品的广告（《造
型》，2006年7月，参见图4.4），要求女性"为您肌肤的洁净
程度负责"。该广告所创造的画面是一位执行官那坚定的脸
部——一位不会让她的脸控制自己的女性。罗丹&菲尔兹肌肤
防护乳（Rodan & Fields Proactiv Solution）的广告也传达了相
同的信息，但是以问句的形式展现："你准备好调控自己的肌
肤——以及你的人生了吗？"（《时尚》，2006年7月）时尚
一代的女性需要用决心和行动来应付她的脸部问题。该控制的
隐喻与将脸部比作一个战场的隐喻十分契合，只是后者使问题
更为严峻。

124

图 4.4　欧莱雅抗痘洁肤产品（《造型》，2006 年 7 月）

4.2.2.2 脸部战场

在一些杂志中，广告针对时尚一代悄无声息地打开了一个新的话语形式。该话语形式通过隐喻的修辞方式把脸部比作一个需要武器的战场。于是时尚一代需要调兵遣将并且尽可能用最好的武器武装自己。运用该隐喻修辞的广告常常使用与战争相关的语言，详细地呈现脸部作为战场的意象，以此来传达信息。以下的一则例子便在广告中使用了战争用语——艾惟诺清爽调理保湿乳广告。该广告告诉读者："向你脸上的斑点宣战。让它们永劫不复。"（《造型》，2006年7月）广告中宣传的产品被称为"斑点战士"——一件在脸上发起战争时所使用的武器。图4.4所展示的欧莱雅抗痘洁肤产品广告也出现在青少年杂志里，但它在《造型》中出现时，针对时尚一代中的较年轻群体而更改了广告口号。该口号告诉读者："你正在向一切宣战，从痤疮到细纹。"（《造型》，2006年7月）该广告词采用第二人称，属于伪描述性陈述。"宣战"的隐喻旨在告诉女性观众她正在作战——不是她可能在或者将要作战，而是她目前正在作战，同时她最好承认这一事实，将人生中长痤疮的阶段和开始出现细纹（注意，他们的用词不是"皱纹"）的阶段连接起来。广告词使用现在进行时（"你正在作战……"）而不是将来时（"你正在与痤疮作战，很快将要和皱纹/细纹作战"）或者条件句（"你可能要和痤疮和细纹作战"），目的在于直接告诉年轻女性其脸部情况，同时，将她直接看作客体，审视她的缺点。该广告的有趣之处在于，在一位年轻女士的脸部肖像图之上叠加了一张月历的图片，这似乎寓意着每个月的月经才是暗藏在"脸部表皮底下"的始作俑

125

者。这位女士脸上没有任何皱纹，但是广告词告诉读者，不仅经期引起的粉刺是她的作战对象，细纹也是她的敌人之一。

尽管此类与战争相关的广告数量不多，但是对于研究脸部护理产品广告话语十分重要，因为它们有助于开辟另一种隐喻话语，而此类话语在针对年纪较大的女性的脸部护理广告中占据核心地位。同时，采用战争隐喻的广告与采用控制隐喻的广告桴鼓相应，后者常参见针对较年轻女性的广告。脸部护理产品广告依据年龄时间轴来构建话语意象，因此不难看出，隐喻措辞从脸部养生法一步步走向脸部战场。在青年杂志中，有时会涵盖大龄群体，因此为大龄女性设计的脸部产品也会以实现年轻肌肤作为广告方案。具体例子可参见Dermacia呼吸粉底的广告，该产品宣称拥有特别配方，鼓吹"只需17天，肌肤更年轻、更光滑"来吸引潜在消费者（《时尚》，2006年9月）。该广告邀请的模特是女演员瑞秋·汉特（Rachel Hunter），她出生于1969年，属于时尚一代的边缘人群。产品方案如下：

氧气更多 =

胶原蛋白更多 =

年轻的肌肤更多

126　　　　广告话语引入了"胶原蛋白"这一元素，这使面部护理产品进入了另一个阶段。在这个阶段，工具和武器的定义将更为详细精准。

4.2.2.3　修复时间

在针对时尚一代的广告中，关于脸部的话语开始使用围绕修复和改造为主题的修辞——这种修辞营造了一种理念，即必须让脸部恢复最原始的状态。修复寓示着真实性，广告中使用此类修辞来恳求女性成为修复专家，进而再在她们目前的脸上———一张饱经风霜的脸，一张不是其自然或原有状态的脸——使用产品。当然，该假设中的"原本的"，曾经也"崭新的"脸，现在看起来很糟糕。

部分广告使用笔者称为"轻"修复的力度较轻的修辞来达到宣传目的。在Physicians Formula的CoverToxTen50抗皱遮瑕粉饼的广告中，一位表现得甚是震惊的女性讲述她惊恐地发现脸上长了"一条皱纹"（《Vogue服饰与美容》，2006年9月）。"这是一条皱纹吗？"她问道。"这确实是皱纹，"紧接着她又说，"行啊，我有皱纹了，"最后她又说，"还有个约会。"后来她又宣布说，"我35岁，单身，而且有皱纹。"解决这一问题的答案就是使用广告中提供的能够遮盖皱纹的产品（据说，该产品还有减轻"黑眼圈"的功能）。

诺克斯玛系列产品中的祛黑头洁面乳广告使用了脸部"排毒"构思（《时尚》，2006年7月，参见图4.5）。该广告中，作为隐喻修辞的"排毒"包含了该词语的两个含义：（1）"排毒"（detox）的最初含义是帮助上瘾者进行毒品和酒精的脱瘾治疗；（2）"排毒"的第二个含义以美容为核心，是基于净化成分和体验疗程的身体排毒过程。

其他广告使用的修辞则力度较重，它们使用直接表达修复寓意的修辞。瑞士圣艾芙的杏子肌肤清洁产品声称其使用者能够"改善、提升、揭开更年轻的肌肤层"（《嘉人》，2006年7月）——其暗示脸部护理如同旧画翻新，就像一幅埋没在陈旧涂料下的宝贵图画可以通过悉心的修复工程进行翻新一样。经过修复，埋没在积满污垢的肌肤之下那张原本宝贵的脸可以重见天日。一则玉兰油新生焕肤系列产品的广告（《Vogue服饰与美容》，2006年10月，参见图4.6）展现的视觉图像是一位女性半边脸颊被揭掉了令人讨厌的肌肤层，露出底下漂亮的肌肤——就像揭掉墙纸露出原本的墙面那样。可以看出，该广告话语假设女性的肌肤和面部毫无瑕疵，在她人生中的某个时刻是光彩异常的。

还有一则新生焕肤系列产品的广告（《Vogue服饰与美容》，2006年5月）将其宣传的乳液定位为较刺激产品的替代品，广告向潜在消费者宣称："如果您认为化妆工序太刺

127

图 4.5　**诺克斯玛祛黑头洁面乳**（《时尚》，2006 年 7 月）

图 4.6　**玉兰油新生焕肤系列产品**（《Vogue 服饰与美容》，2006 年 10 月）

激，我们这里有您需要的替代品。"玉兰油洁面和保湿双效产品（Dual Action Cleanser and Toner）的广告导向是让女士使用产品"恢复肌肤的协调性……"（《嘉人》，2006年7月），玉兰油新生焕肤系列产品的宣传增强了其隐喻功能，因为该产品名便告诉女性消费者使用该产品能让"肌肤看起来如重生般亮丽，这是唤醒肌肤的好方法"（《Vogue服饰与美容》，2006年7月）。此广告语中的隐含意义是，女性的肌肤原本是可以"产生"一些物质（不清楚是什么物质）的，这些物质现在需要被唤醒和重启。这则广告是该期《Vogue服饰与美容》杂志中的最后一则。作为时尚一代的潮流杂志，《Vogue服饰

129

与美容》的读者年龄范围涵盖最广。其也会刊登一些透露明确年龄信息的广告，以"成熟肌肤"的委婉语表达。《Vogue服饰与美容》刊登了一则蕴含Pro-Xylane™卓颜分子的兰蔻金纯卓颜精华乳（Lancôme's Absolue Premium βx）广告，这则广告能够体现该杂志所覆盖的最大年龄层读者。广告鼓吹本产品能让"肉眼看得见的肌肤青春重现，由内而外丰润肌肤"（《Vogue服饰与美容》，2006年9月）。该广告告诉其读者："在50岁的年龄，用我们的护肤新标准来对抗岁月痕迹和荷尔蒙变化，您将会看到肌肤重现年轻。"（此处使用旧画翻新的艺术性隐喻，创造出被当下表皮肌肤所覆盖的原始肌肤重现的画面）对于年龄较小的读者群体而言，该广告是一个承诺，等岁月留痕的时刻到来时，该产品能够拯救读者的肌肤。

4.2.3 面向40岁左右及以上人群的广告

随着时尚一代的到来，那些35岁左右和年近不惑的群体正将迎来她们的40岁生日，这在美国文化中被看作一个重要的门槛，通过这个门槛，女性迈入从年轻到"中年"的社会结构中。美容手术和保妥适微创瘦脸针（Botox）正是针对该群体而存在的，这些产品的广告大多主打消除年龄痕迹。

笔者看到的首批保妥适瘦脸美容针（一种处方治疗）广告出现在2004年的《新闻周刊》中。这些广告明确针对中年妇女群体。在4月28日发行的周刊中，一则广告展示了一封高中同学聚会邀请函，文字说明是："还在等待咨询医生使用保妥适瘦脸美容针的合适时机吗？时机刚刚和邀请函一起到来了。"另一则广告（2004年，5月3日）展示了一个镶有金丝线的精美白色相册和说明文字"我们女儿的婚礼"，并印有广告语"你能想到一个更好的理由吗？"笔者身边第一位使用保妥适瘦脸美容针的女性恰恰也属于该目标受众群体：她们年过45岁，却希望和自己23岁的女儿在外貌上保持同步。笔者近期在《Vogue服饰与美容》看到一则保妥适瘦脸针广告将该产品描述为替自己着想的产品。另有一则广告（《Vogue服饰与美容》，2006年8月）展现了一位美丽女性，她留着长长的棕色头发，肌肤清透，容光焕发。她穿着条纹套装和合身的衬衫，业务架上有一个浅紫色文件夹，上面写着："我这么做就是为了**我自己**。"这句话使用过去时态，暗示这位女士已经打过保妥适瘦脸美容针（因此，她有了亮丽的肌肤），而且唯一的理由就是为了让自己满意。该杂志上刊登的另一则广告（2006年9月）展示了一位模特（年龄在35岁到40岁之间）扮演一名花店的员工。广告提出了一个问题："为什么你要询问保妥适美容相关的信息？"广告中，这位女性举着一张棕色的纸，上面写着她的答案："因为我很好奇。"该广告暗示观众不要因为太年轻而不去询问相关信息，也就是说，要对保妥适的功能心怀好奇。随着"抗衰老修辞"在整容产业中的演变，以及市场受众逐渐低龄化，这两则保妥适的广告显示了近年来整容产业广告的变化情况。

本文抽选了面向该年龄群体读者的部分杂志，这些杂志在2006年下半年的月发行量（Audit Bureau of Circulations，2006）如下：《名利场》（1 239 850册），《时尚芭莎》美国版（Harper's Bazaar，726 012册），时尚杂志《More》（1 188 932册）以及最无年龄界限的《Vogue服饰与美容》

（1 282 589册）（这本杂志的读者群体横跨时尚一代和较年长女性）。

　　基于时尚一代的广告修辞而拓展的隐喻主题，在针对40岁左右的群体时，主要强调修复、修护和矫正，其修辞更清晰易懂，因为这一群体的面部情况更为严峻。进入"中年群体"意味着肌肤护理不再是润色和改造，而是要完全翻新。该广告使人们想到大型工程的施工人员、专业分包商和一批有着不同技术的技工。即我们现在已经从房屋翻新的阶段进入了修复房屋结构性部件的阶段。前者通过重新喷漆和更换房屋配置，如窗户和地板，实现修复。后者则需要加固结构梁、更换蚁蛀木头等内部修整。有些面部修复产品也会提供福利，与昂贵的医疗手术相比，产品顾客把这些福利看作一种优惠。

　　针对该年龄群体的脸部护理广告会直接引用与注射和脸部紧致手术相关的话语，直接或隐喻性地提及这些过程。手术紧致脸部肌肤的过程自身便包含对建筑结构进行翻新的含义，因此，当此类话语用来指称脸部时，便产生了双隐喻的效果。补救衰老的面部护理产品的广告话语直接运用手术方面的隐喻来吸引女性消费者，这暗示了此类产品与手术存在相似性。因此，此类广告话语常常与整容手术和美容注射方面的广告之间产生竞争。例如，产品在广告宣传时被冠以芙秀紧肤汇M氧化微粒脸部紧肤护理（LiftFusion Microinjected M-Tox^{TM} Face Lift）之类的名字。消费者被告知该产品不仅能够改变脸部，还能够"与当下流行的瘦脸针相媲美，如保妥适……而且不用担心面部表情消失……（《时尚芭莎》，2006年5月，参见图4.7）该广告构建了一个较不吉利的视觉形象：一个针头

即将插入一位女士的脸部。这位女士妆容完美，奇怪的是，她
没有任何明显的皱纹。很可能广告中所展示的模特面庞是其使

131

图 4.7　**芙秀紧肤汇 M 氧化微粒脸部紧肤护理**（《时尚芭莎》，2006 年 5 月）

用产品 "之后" 而不是"之前"的形象，因为她的脸上没有　　132
任何皱纹或细纹。

　　在雅诗兰黛（Estēe Lauder）的完美骨胶原蛋白修护
抗皱精华素产品（Perfectionist Correcting Concentrate for
Deeper Facial Lines / Wrinkles-with Poly-Collagen Peptid）广
告中，第一行文字便向"每一位拒绝保妥适的女士"发出邀

请（《More》，2006年7/8月）。另一则雅芳紧肤霜（Avon Anew Clinical Thermafirm Face Lifting Cream）广告，也将产品称为手术紧致肌肤的替代品，宣称其为"面部肌肤收紧的新潮流"，并明确告诉女性消费者"仅需三天时间，将看到更紧致、更完善的肌肤"（《Vogue服饰与美容》，2006年9月）。广告中所展示的女性肖像拥有迷人的脸部，皮肤完美清透，只有一些细纹，嘴边和眼部也只有些许细纹——其目的很可能是暗示这位女士已经使用过该产品。欧莱雅复颜抗皱产品（Revitalift）系列，产品名称意在表达脸部肌肤紧致的言外之意，其宣传邀请的代言模特是女演员安迪·麦克道尔（Andie MacDowell，广告刊登时她年龄为48岁），在系列广告中展现了一批日夜护理产品的治疗方案。在《Vogue服饰与美容》2006年所刊登的广告中，有一则产品名称冗余的广告——活力紧致双效精华（Revitalift® Double Lifting）。其为了确保潜在消费者能够理解其广告内容，在模特的脸部添加了环形的箭头，并在其产品展示图上加了两个向上的垂直箭头（参见图4.8）。借助广告语"帮助提升、拉紧、唤醒、柔化肌肤，使您的颈部更年轻、更漂亮"所创造的言语意象，娇韵诗新生紧肤颈霜（Advanced Extra-Firming Neck Cream）也加入了紧肤修辞行列（《名利场》，2006年10月）。露得清清痘焕肤面膜（Advanced Solutions Facial Peel）的一则广告标题是"无需极端手段的极致皮肤美容"，使用该面膜将实现"明显减龄，专业级果酸焕肤达到35%"（《名利场》，2006年6月）。玉兰油新生微晶焕肤霜和去死皮套装（Regenerist Microdermabrasion Peel System）被称为"打磨产品"（refinisher），广告使用第二人称的形式，使潜在消费者将该产品与专业脸部肌肤修护产品相比较，其所使用的修复修辞是："您不仅能获得来自微晶焕肤霜的力量，还有迷你面膜来光滑肌肤。"（《时尚芭莎》，2006年5月》）该产品名称使用"Regenerist"（re-：又，再）一词来强调把某事再做一遍，在具体的广告宣传语境中特指将脸部护理再做一遍，并用再次完成的隐喻代替了家具修复的隐喻。而如同你将会在一个优秀的、不会破坏房梁结构的房屋整修方案中能获得力量一样，你也能从该产品中获得力量。同一产品的另一则广告展示

133

图 4.8 欧莱雅活力紧致双效精华（《Vogue 服饰与美容》，2006 年 2 月）

一位女性正在自己脸上涂抹该产品的图像，并配有命令式语气的广告语"在家试试这款产品"，目的在于暗示该产品不同于在（整容）专家诊室里进行的工序（《时尚芭莎》，2006年5月）。两则广告都采用小号字标注不承诺声明："该产品效果与医疗手术效果不等同。"除不承诺声明以外，这些产品广告依赖于与美容手术和美容注射相关的含义，并且借用了关于提升和重新完成的隐喻。这些广告不仅将"美丽"定义为"无皱纹的"，而且它们还设立了一个早期干预的标准。伊丽莎白·雅顿（Elizabeth Arden）的一款产品宣传则额外增加了明确的性感隐喻。这款产品是培法芝抗衰老保湿眼霜（Prevage

134

图 4.9　**培法芝抗衰老保湿霜**（《Vogue 服饰与美容》，2006 年 12 月）

Anti-aging Moisturizing Treatment），由雅顿和皮肤科医师爱力根（Allergan）设计创造，正是爱力根"将保妥适介绍给了我们"（《Vogue服饰与美容》，2006年12月）。产品广告使用第一人称，再加上广告中极具魅力的模特脸庞，暗示一位较年长的女士和较年轻的男士之间也会碰撞出火花："实际上，他是我的男朋友。我儿子的年龄比他还大些。"使用该产品的"年长"女士不仅可以看起来更年轻，她还能有机会和比自己儿子还年轻的男士谈恋爱！（参见图4.9）。在该产品的网站上，一位英国口音的皮肤科医生竟然建议称"培法芝和保妥适瘦脸针一起组合使用堪称完美"。

　　其他结构性/修复性修辞多出现在针对成熟女性的面部产品广告中。笔者偶然看到一则香奈儿精致眼部紧致精华（Channel Precision Rectifinace Intense Eye）的广告，其设计将一座棱角分明的黑白现代建筑作为背景，因此更强调结构的隐喻而非修复的隐喻（《时尚芭莎》，2006年5月）。图4.10展示的是这则双页广告的左半边；原广告的右半边展示的是一位经典美女的黑白特写镜头。

　　该广告的含义似乎是，就像这座漂亮的建筑设计需要精准一样，追求完美是其意义所在，女性的脸部也应如此。在右半边展示的女模特造型简单却美丽得让人窒息，产品名称"精致眼部紧致精华"（Precision Rectifinace Intense Eye）叠加在左半边展示的建筑上。产品名称本身是单词"rectifying"（矫正）和"defiance"（反抗；挑战）的巧妙结合，意思是，"如今，能透露年龄的痕迹都成为过去时了"。一则欧莱雅紧致臻颜成熟肌肤抗皱滋润霜（Age Perfect Mature Skin

135

Anti-sagging and Ultra-Hydrating Cream）的广告使用了修复肌肤表层的结构性维度隐喻，使用该产品能够"加固成熟肌肤结构"并且"紧致松弛肌肤"（《More》，2006年7/8月；强调为笔者后加）。

在"正在变老"主题的女性市场中，有一款新产品的名称不仅引用了与面部细纹和皱纹进行抗争的战争类修辞，还借用了当下的高清技术概念，开辟了一个新"战场"。玉兰油的焦点皙白系列（Definity）产品声称能令使用者获得高度白皙面容，从而战胜暗沉面部肌肤：潜在消费者被其命令式的广告语吸引"为了高清亮白的肌肤，向暗沉、干燥和皱纹宣战"（《Vogue服饰与美容》，2006年11月）。该产品的其他广告也都将产品功效描述为"抗衰老焦点白皙"。并且为了迎接2007年的到来，广告语采用了新年决心语的陈述形式："决心向最让你显老的原因——暗沉、干燥和皱纹——宣战吧！只和皱纹作战已经过时了。"在该产品系列（包括焦点皙白泡沫乳液［Deep Penetrating Foaming Moisturizer］、焦点皙白补水面霜［Intense Hydrating Cream］和焦点修护水［Correcting Protective Lotion］）的宣传网站上，通过强调"光感"与"高清"之间的联系，延伸了"抗老化焦点白皙"的含义（www.olaydefinity.com）。焦点白皙系列产品通过"解锁光感"让"光感由内而外释放"。"焦点光感皙白"被用于抗衰老的战争，作战对象基于一项伪科学的研究结果："一项近期的研究表明，在抗衰老的战争中可能会出现'新型皱纹'：褐斑、暗沉和不均衡肤色。"该研究采用列点式罗列了几点结果，当中78%的受试者使用了所谓的"肤色分析"作为因变量；但报告并没有注明开展这项研究的主持人，也没有就其因变量做任何解释说明。

图 4.10　香奈儿精致眼部紧致精华（《时尚芭莎》，2006 年 5 月）

在玉兰油焦点皙白系列推出的同时，《Vogue服饰与美容》发表了一篇文章（Reed，2006），文章开篇就提到那些需要在高清电视上出镜的模特、演员和广播员。接着，提及那些"现实中一直被人近距离观看的女士，并且，已经有人为她们准备了好帮手，那就是日渐增多的、运用了新科技（高清术语的）的新产品"（2006:588）。其中提到的几个产品包括焦点白皙系列。尽管焦点白皙系列广告所营造的言语意象极其新颖，但是其他品牌也争先恐后地加入了这片新战场。娇韵诗清透美白防晒乳（UV Plus Protective Day Screen）的广告采用描述性方式来讨论人们保护脸部不受太阳侵害的必要性，但还是借用了与改造相关的修辞，它标榜自己的产品是"高科技配方"并且含有"丰富白茶精华"，能够"加强肌肤对污染的抵抗"（《名利场》，2006年6月，强调为笔者后加）。

有些针对40岁以上女性的广告通过在产品名中加入年龄因素来吸引该年龄群体。上文提到的欧莱雅复颜抗皱紧致滋润乳液是为"40岁女士的肌肤"而设计的，该公司紧致臻颜成熟肌肤抗皱滋润霜产品的广告则将其定位为"50岁以上，熟肌使用"（《More》，2006年7/8月）。广告邀请57岁的黛勒·哈登（Dayle Haddon）代言，她是一位女演员，同时是哥伦比亚广播公司《早间秀》（The Early Show）卫生与健康专家栏目的主持人。哈登在广告中说（笔者在此处直接引用原话）："你感觉自己有多年轻，你看起来就有多年轻。"该产品的另一则广告，也由黛勒·哈登出演，她说："因为50多岁的肌肤需要全面保养。"直接借用关于修复的修辞来表示50多岁的肌肤的稳定性需要维护（《More》，2006年5月）。洛克视黄酮深度抗皱精华液（Roc® Retionol Correxion Deep Wrinkle Serum）的广告展示了一位女性的图片，她头上方标出"我40岁"的字样，而她也张口表现说出这句话的样子。广告词的旁边是该产品的宣传口号："让你年轻10岁。"（《名利场》，2006年6月）

针对女性的日间电视节目（在白天播放的早间综艺和

肥皂剧）所播放的广告产品越来越趋同于杂志广告所宣传的产品。广告标题和广告的模特也都一样，只是电视广告能够呈现动态模特，并使用画外音来传递信息。例如，一则插播在下午剧场的封面女郎牌高级焕颜粉底（Covergirl Advanced Radiance Foundation）产品广告称，该产品是"目前为止，最超前的年龄对抗者"（美剧《当地球旋转时》［As the World Turns］，2007年2月2日）。广告中，女星克里斯蒂·布林克利（Christie Brinkley）被打上了"年龄52岁"的标签。画外音宣称该产品能够"遮盖84%的皱纹"，屏幕上有一行小号字写道，"通常情况下84%"。当然，我们完全无法知晓该数字的来源。

4.2.4 有色种族女性的情况如何？

有色种族女性阅读的大部分时尚和美容杂志和欧洲/白人女性相同，但是也有专门面向该群体的杂志，这些杂志的特色部分和所刊登的广告是专门针对她们的需求而设计的。为了解这类杂志中广告话语策略的不同之处，笔者对黑人女性脸部护理产品的广告进行了研究。笔者重点分析了《本质》杂志上刊登的广告，该杂志在2006年下半年的月订阅发行量为1 075 622册，为黑人女性群体阅读的主要杂志，读者群体主要处于青少年末期至接近40岁的年龄。《本质》的涵盖面被描述为"非常广泛……包含男性/女性关系、卫生与保健、美容、饮食、抚育、金融管理、事业、食谱、装潢和旅行……从非裔美国人的视角出发"（Laguardia，2005:449）。该杂志网站介绍是"当代非裔美国女性最卓越的杂志，专注于时尚、爱情、事业和家庭。每一个发行版本都会涵盖文化、政治和社会问题，以满足受过高等教育的非裔美国读者的需求"。

在《本质》杂志中刊登的美容和个人护理产品广告宣传较多的是头发护理产品，如欧莱雅集团旗下SoftSheen Carson品牌推出的乌黑靓发保湿润发乳产品（Dark and Lovely Moisturizing Relaxer）、Doo Gro品牌推出的光滑顺直润发乳（Smooth & Striaght Relaxer），以及潘婷滋润自然洗发护发乳（Relaxed & Natural Shampoo and Conditioner）。其他常见的宣传产品为各式化妆套装和化妆单品，包括与肤色搭配的产品。例如，封面女郎的女王系列（Queen Collection）和欧莱雅的HIP系列眼影（HIP-high intensity pigment）。该杂志也刊登不少身体乳液的宣传广告，如杰根斯非洲乳木果油（Jergens African Shea Butter）。此类产品集中出现在《本质》的原因是非裔美国人对头发和肌肤护理产品有实际需要，许多非裔美国人都有肌肤和头发干燥的问题。鉴于《本质》读者群体的年龄范围涵盖青少年末期的人群、单身女青年，以及已婚女士群体，该杂志所刊登的广告整体与其他女性杂志如《Vogue服饰与美容》《造型》上刊登的广告略有不同，但其与《时尚》杂志上的广告类似。杂志中针对有色种族女性的广告与针对白人女性的广告在文本与产品展示方面几乎相同，但是前者较少使用模特，这一点几乎没有例外。例如，一则倩碧全效焕肤明采精华液（Turnaround Concetrate Visible Skin Renewer）的广告（《本质》，2006年8月），采用一层薄薄的蓝色表层覆盖该产品，且部分表层已被撕开，以露出底下的产品名称。该广告的含义为，该薄层就像脸部肌肤的表层，因而，需要被去除从而使肌肤重焕光彩。显而易见，该视觉隐喻与撕除墙纸的隐喻如出一辙。

在《本质》这类杂志中刊登广告时，一些主流化妆品牌的产品会将原来广告中的白人模特换为黑人模特，或者在原来的基础上加入黑人模特。一则玉兰油新生焕肤系列温润塑形紧肤产品（Thermal Contour and Lift）的广告使用了黑人模特，并强调"紧致"方面的保湿功能："紧致肌肤成分能够将水分锁在肌肤表层之下。"（《本质》，2006年12月）在一个玫琳凯（Mary Kay）化妆品的跨页广告版面中，右页展示一位黑人女性手中举着一支润唇膏，左页展示玫琳凯的产品简介。在另一则八页广告中，共插入了四张女性的肖像图，其中只有一位是黑人，而且这位黑人与上文的跨页广告中的模特是同一人。有趣的是，该产品系列中的脸部护理产品（洗面奶、抗老化保湿乳，以及日霜和夜霜）是由白人模特展示的，这可能是为了避免确切指代黑人女性的脸部。雅芳恒颜系列（Ageless Results）产品也在广告海报中同时展现了一位白人模特和一位黑人模特（《本质》，2006年8月）。

《本质》杂志中的面部护理广告专为针对那些想要协调肤色和淡化脸上斑点的黑人读者。苏珊·泰勒博士（2004）是美国费城圣卢克罗斯福医院的有色皮肤中心主任，同时也是《棕色皮肤》（Brown Skin，2003）一书的作者。她对有色皮肤人群长黑斑所面临的挑战描述如下："脸部长了某些特殊痤疮的女士会出现黑色印痕，且脸部的痤疮消退后，她们的脸上总会留有黑印。此外，皮肤上的任何一种皮疹（如湿疹）痊愈后都会留有黑色瘢痕。而且，伤口、擦伤、烧伤和磨伤痊愈后

139

都会在皮肤上留下一块暗色斑痕……不幸的是，不管是什么原因造成的，这些暗痕往往需要数月，甚至需要数年时间才能消退。"

商家向消费者销售各种各样的产品配方，即淡斑霜，让他们应对各种不同类型的暗斑。果酸是这些面霜的主要成分之一。在出现黑人女性脸庞的广告中，常见的言语意象和视觉形象包括与健康和丰润相关的修辞。前者通过"均匀肤色"达到面部颜色一致的效果，后者强调深入、综合和强效的肌肤护理。一则安比（Ambi）淡斑霜的广告针对那些"肤色过于丰富却欠均匀、不光滑的女士"，其广告语是"光滑、肤色均匀的肌肤"（《本质》，2006年12月，参见图4.11）。

相似的，帕玛氏（Palmer's）的成功肌肤系列（Skin Success），包括均衡肤色去印乳（Eventone Fade Milk）、淡斑霜（Fade Cream）和面部乳液（Facial Milk），该系列产品承诺"更健康、颜色均衡的肤色"（《本质》，2006年12月）。这两则广告均承诺两周见效或者"最快两周见效"（帕玛氏，未注明日期），但这可能是不现实的（就像很多其他化妆品广告的宣传语一样）。与刊登在杂志上的广告不同，帕玛氏网站上的显效日期相对较长：六至八周显效（帕玛氏，未注明日期）。

《本质》杂志中刊登的另外一则也能够均衡肤色的产品广告，是一款"遮瑕"产品，是化妆品，而不是淡斑霜。与其他受众是黑人女性的淡斑霜不同的是，该广告中包含了对白人的视觉指称。该产品是德美乐嘉全遮盖肤色修正遮瑕膏（Dermablend Total Coverage Corrective System），宣称能够

"完全遮盖从轻微到严重的皮肤瑕疵，遮盖时长达16个小时"

图 4.11　安比淡斑霜（《本质》，2006 年 12 月）

（《本质》，2006年8月）。广告中，出现黑人女性的半边脸部 "使用产品前的照片"，我们可以看到脸上有些斑点和痣；在其并列的另一张 "使用产品后的照片"，我们可以看到她的脸上已经没有斑点了，只留下了痣。而这张照片是整张脸部的肖像照。该广告右下角还出现四组小版的使用前后的对比照，每一组都标明了遮瑕原因：一名年轻的白人女性，她要遮盖的是 "胎记"；一名黑人（性别不详），他/她患有 "白癜风"（一种皮肤病，症状是皮肤出现不正常的白斑）；一名年轻白人男性，他要遮盖 "痤疮"；还有一名看起来像白人的黑人女性，她被放在广告最顶部，她使用该产品是为了遮盖工作擦伤。这组照片呈现的歧义值得思考：她和大照片中的黑人女性是同一个人吗？为什么要使用同一人的照片展现不同用途？如果不是的话，为什么长得如此相似？笔者原以为查询该产品网站能够解答疑惑，但尽管网站上展示了33组使用前后对比照片，杂志广告中的图片并不在其中。实际上，网站上的33组照片中只有3组黑人照片：两名色素沉着过度的女性和一名患有白癜风的男性。

对比以黑人为中心和以白人为中心的杂志广告，最为明显的差别应该是前者几乎不使用"抗衰老"类修辞，而专为黑人而设计的淡斑、消斑霜广告常常引用的修辞是关于肤色一致和丰润。身为白人的笔者曾听到很多白人女性评论（笔者自己也曾评论过）黑人女性看起来总是比实际年龄要小。黑色素是该现象的主要原因。苏珊·泰勒（Taylor，2004）解释道："通常情况下，有色女性比同龄白人女性看起来要年轻10岁。这是因为皮肤中的黑色素能够吸收紫外线，阻挡了不少紫外线导致的肌肤变化，我们把这些变化称为老化。"但是越多的黑色素意味着越多的斑点，这是黑色皮肤的消极面；因此，她们的主要产品是消斑霜。然而，玉兰油正尝试用抗老化药妆来打开黑人女性市场，但其产品宣传广告更多使用了紧致肌肤的隐喻而不是确切的关于皱纹和细纹的修辞。玉兰油和其他效仿这一做法的公司试图将黑人女性带进象征皱纹、细纹和其他皮肤老化的广告话语中，其奏效程度如何还有待进一步观察。消斑领域是脸部护理产品最新开发的前沿阵地，其将暗沉和斑点定义为脸部战场的新敌人，因此需要借助像玉兰油焦点皙白系列产品一样的产品设计理念和营销策略，这样或许能帮助这些公司打开黑人女性面部产品市场。然而，就像焦点皙白系列不叫作"祛斑霜"一样，不同的广告用语吸引不同种族和肤色市场的女性群体，在新市场沿用之前的广告语无法实现市场定位的转型。实际上，《本质》（2007年3月）最近刊登了一则焦点白皙系列产品的广告，其运用了第二人称和关于均衡肤色的隐喻，但没有出现指代皱纹的言语："你一直在优雅地变老。为什么不让肌肤也更加完美无瑕呢？"

4.2.5　"真男人"会在意皱纹吗？

　　数十年来，广大的美容行业一直是关于女性的行业。 142
新生潮中出生的美国男性，在他们的成长过程中，只有须后水、根据当天行程而简单处理的发型，以及出席特殊场合时所使用的除臭剂和各种古龙水。黑人男性与白人男性相比，会更常打理自己的头发，但除了他们的妈妈、姐妹、妻子给他们"规定"的产品，其他美容产品在他们的生活中也是极少见的。我们看到男性个人护理产品在过去的几年里大量增加。市场中出现了许多"为他"而设计的洗发液、除臭剂、须后水、喷雾和古龙水，数量和种类之多前所未有。联合利华艾科产品（Axe）成功吸引了不少男性消费者，使之青睐其标签。这些产品主要针对青少年男孩和年轻男士，其之前将女孩和女士作为核心消费者。吉列（Gilltte）甚至将公司名称与标签分开使用，以使新的年轻产品的广告宣传不带一丝以往的旧风格（Abelson，2005）。那么男士面部护理广告的情况如何呢？抗老化美容产品潮流仅限于女性吗？在新产品及其广告中，男性是否也变成了面部护理话语的目标受众？

与青少年女孩相比，青少年男孩的世界中并不存在杂志文化，市场也没有像女性杂志那样推出一系列相关的男性杂志。《体育画报》和《名车志》（*Car and Driver*）这类杂志在青少年男孩和各年龄层男士之间都相当流行。除剃须膏和须后水之外，这些杂志很少刊登面部产品的广告。例如，2006年的《体育画报》泳装特刊上只刊登了四则个人护理产品广告：两则古龙水广告，一则洗发水广告，以及一则剃须霜广告。市面上有几种生活风尚杂志是针对不同年龄群体的男性读者的，因此刊登美容产品广告的可能性较大。笔者集中研究了此类杂志所刊登的广告，进而了解广告所使用的话语策略。该群体的主流杂志以及它们2006年下半年的月订阅发行量分别为：《马克西姆》（*Maxim*，2 501 175册）、《酷品》（*Stuff*，1 247 825册）、《细节》（455 374册）、《时尚先生》（*Esquire*，709 151册）、《智族GQ》（*GQ/Gentlmen's Quarterly*，1 005 303册），以及《Men's Vogue潮流男刊》（康泰纳仕集团［Condé Nast］首次出版，发行量为30万份）。

按理，杂志出版方对这些男性杂志的概况说明会为它们所刊登的广告类型提供基准。时尚和个人护理产品（如古龙水）的广告都基于出版方在杂志中所创造的男性形象。于是，当更多的面部护理产品广告刊登在特定杂志刊登时，这些面部护理产品也会被假定与杂志营造的男性形象一致。下文中将展示几本男性杂志的杂志声明，这些杂志声明来自出版方的官方网页（2007年2月）。第一类杂志《马克西姆》和《酷品》主要迎合较年轻的男性观众，主要关注点是性和"与男性相关的内容"。第二类杂志（《时尚先生》《智族GQ》

143

《Men's Vogue潮流男刊》）的目标受众是更为成熟的男性，话题涉及更广泛、更成熟的喜好，且性话题不是主流。《时尚先生》介于两类杂志之间，但在内容上更接近后者。

- 《马克西姆》"每月定期刊登男性最渴望看到的内容，性感女士、幽默趣事、潮流服饰！"（丹尼斯出版公司［Dennis Publications］；网站包含软色情作品）

- 《酷品》没有任何介绍，但其网站顶部的主要关键词有："服饰、女性、促销广告！笑话、性、潮流时尚。"（丹尼斯出版公司；网站包含软色情作品）

- 《时尚先生》"比较特别，尽管它是一本男性杂志，却不是一本关于男性时尚，或者健康，或者财富的杂志。它不是属于以上任何一种类型，它是以上类型的综合体。在近70年的时间里，它一直是一本关于男性兴趣、好奇心和激情的杂志"（赫斯特出版集团［Hearst Communications］）。

- 《智族GQ》"是男性话题方面的权威……其文章报道常常决定了男性时尚潮流和文化方向。《智族GQ》涉及男性生活的方方面面，从时尚到政治，再到旅游、娱乐、体育、饮食、科技和两性关系……（读者们）都是非常赶时髦和富裕的，他们渴望从《智族GQ》中了解如何穿着才入时，如何过明智的生活"（康泰纳仕集团）。

- 《Men's Vogue潮流男刊》"呈现男性的多彩世界，其中汇聚了男性才智、成就和外貌，从而让生活过得舒适平衡。它将对男士影响深远的好奇心与窥探散发成功与物质气息的时尚联系在一起。通过报道艺术与建筑、旅行与美食、政治与金融、文化与体育、专门定制且质量上乘的手表等，跟着全球先锋作家和摄影师的脚步，重新定义男性的情感——精明、世故、成熟，并且时刻准备好发现更多资讯"（康泰纳仕集团）。

4.2.5.1 针对《马克西姆》杂志读者群体的广告

脸部护理产品的广告很少出现在以男子气概、"性与女孩"为核心内容的杂志中。这些广告最显著的话语与两性关系相关。例如，吉列牌融合水润舒缓须后乳（Fusion Hydra Soothe）是一款"须后保湿乳"，其在《马克西姆》（2006年7月）和《酷品》（2006年8月）都刊登了广告。这些广告均借用了与两性关系相关的隐喻，其中的暗示性语言有："保湿润肤剂和润滑剂……"以及"好印象自始至终（强调为笔者后加）。该广告横跨两页，采用了网站页面的格式（见第5章），在右边页面的底部写着这样的字样："男人可以获得的最佳体验"——再次使用了与两性关系有关的暗示性表达。锋利牌活性保护剃须膏（Edge Active Care Shave Cream）的广告将该产品与两性关系明确地联系在一起。在该广告中，一位女士将手放在一位剃干净胡子、眼睛大睁的年轻男士的脸上，该男士说："让她的双手属于你。"（《酷品》，2006年8月）雅芳男性系列产品的广告也放入了女性元素："给她留下深刻印象的应该是你的魅力，而不是你的皱纹。"（《体育画报》，2005年10月31日）由于强调男性看重两性关系和女性，这些广告话语与身体喷雾广告和除臭剂广告的话语大同小异，都强调使用产品与魅力女性之间的关系。此类话语也印证了克里斯蒂娜·贝克（Christina Baker）的结论，其对男性杂志和女性杂志中性感女性的不同呈现意图进行了分析，认为：在女性杂志中，呈现性感女性的理念是使女性试图通过某种特别产品来获得美貌，而在男性杂志中，其理念是"使男性通过一种产品来获得一位魅力女士"（2005:25）。

4.2.5.2 针对更"成熟"的男士的广告

在第二类杂志中，针对面部护理的广告同样不算多，这点与上述第一类杂志相似。但是"抗老化"产品的广告首次亮相于第二类杂志。欧莱雅于2005年5月推出了一个新的产品系列，名为"男士专业护肤系列"，而许多看过该产品系列广告的观众都将其形容为针对男同性恋和都会潮男的产品（Wilkie，2005）。该系列产品在杂志上刊登了广告，但欧莱雅官网对产品做了更全面的介绍。根据网站的描述分析，该产品毫无疑问地将男同性恋群体作为受众目标。其广告由基安·道格拉斯（Kyan Douglas）主演，他是《粉雄救兵》（Queer Eye for the Straight Guy）节目的美容专家，该节目将男同性恋时尚引入不爱打理自己的直男群体中。然而，给那些邋遢的直男带来希望的不仅是《粉雄救兵》，相关的广告话语亦如此。笔者在2005年6月4日发行的《体育画报》上看到了第一则男士专业护肤系列产品的广告，此杂志并不算同性恋杂志。该广告展示了一个帅气男人的两张照片，其中一张是面部特写，照片下方的文字为："你认为你看起来精神抖擞"，另外一张是放大的该男性脸部截图，下方文字写道："她认为你需要被唤醒。"广告宣传的产品名为活力补水乳霜（Hydra-Power Invigorating Moisturizer）。该广告值得关注的点在于，通过使用说明性文字，它直接告诉男性读者肌肤外观影响个人的异性吸引力。该系列产品的另外一则广告同时刊登在了2005年9月19日的《体育画报》和首期《Men's Vogue潮流男刊》（2005年秋）上（参见图4.12）。

145

图 4.12　**欧莱雅男性专家抗皱日霜**（《Men's Vogue 潮流男刊》，2005 年秋）

146　　该产品是抗皱日霜（Stop Lines Anti-Lines Moisturizer），防晒指数15。广告宣传语使用了具有男性气质的文字，如"活性防护系统"和"强效的舒缓配方能够加强您肌肤对日常侵害的自然抵抗力"（强调为笔者后加），该广告将抗老化产品和战争、格斗相关的隐喻联系在一起。同样，该广告话语也将面部护理（本案例指面部细纹护理）与异性吸引力联系在一起："你认为细纹显个性，她认为细纹显老。"该广告既不单独针对同性恋人士也不单独针对异性恋人士。另一则类似产品的广告也同样在标题中使用了与男子气概有关的隐喻：带有防紫外线功效的欧莱雅男士复颜抗皱保湿霜（Vita Lift SPF15 Anti-Wrinkle & Firming Moisturizer）（《时尚先生》，2006年6月），该隐喻也体现在广告语中："你能压平多少皱纹？"因为重量训练可能是直男和男同性恋的主要活动，因此，具有男子气概的修辞能够同时吸引这两类观众。

欧莱雅网站上列出了完整的男士专用系列产品，并由基安·道格拉斯演示使用方法。其展示的广告充满了男子气概相关的修辞，包含攻击性意义的言语和与汽车相关的隐喻无处不在。在10款产品的介绍中，"power"（强有力的）一词出现在3款产品名称中：强力水能保湿乳（Hydra Power Moisturizer），劲能抗干燥洗面奶（Power Clean Anti-Dullness Face Wash），以及强效洁净磨砂（Power Buff Anti-Roughness Exfoliator）。实际上，只需改变每种产品名称的最后一个词便能使该名称适用于汽车和美容服务，如……洗面奶……洗车液……打蜡剂。该网站还提供了体坛动态（Sports Updates）的链接，还有基安·道格拉斯的产品使用教程。通过观看视频，顾客只需认同并点击鼠标，便可在"客户化"产品选区里选购"适合自己的"产品。网站宣传也用到了科技用语，它将该系列产品称为欧莱雅送给"男士的美容科技圣品和美容专家"。

男性杂志中也刊登了一些零星几款其他男性面部护理产品。《Men's Vogue潮流男刊》中刊登了蓓丽雅（Pevonia Botanica）产品的广告，该产品是一款乳液，宣传称："含有鱼子萃取物（抗老化）和Escutox™（蓓丽雅独创，能够抗皱），能够在肌肤内部进行动态水疗。"该广告的宣传语带有性隐喻："延长你的成果"（prolong your results），还利用了一项体育运动的隐喻来告诉潜在消费者该产品"能将横杆提至年轻肌肤的水平"[1]。在《体育画报》中刊登广告通常使用女性吸引力的隐喻来达到宣传目的，然而，该广告与其他广告不同，其图片展示了一位高大、线条分明、肌肉粗壮、袒露胸膛的白人男性模特，他穿着亚麻运动裤。因此该广告既可以被理解为以同性恋为主导，也可以是以异性恋为主导。或者还可以将该人物形象理解为上层阶级、男性精英。《Men's Vogue潮流男刊》首刊中，也含有一个叫作"脸部时间"的广告版块。刊登在该版块的广告有着简单而明确的男子气概形象。瑟雅（Zirh）的抗老化系列产品被称为"kit"，广告词中有关力量训练的隐喻十分清晰："保持年轻，保持强壮，强化肌肤。"该言语意象表达了自行车运动员兰斯·阿姆斯特朗（Lance Armstrong）的隐喻形象。资生堂（Shiseido）男士系列被宣传为一款"高效皮肤护理体系"产品，能够"强化你的肌肤"。抗皱产品Bionova的宣传借用了科技光环，将产品称为"纳米肌肤科技"。

尽管市场目前仍然没有太多男性面部护理产品和广告，

147

---

1 原文为"raising the bar to youthful skin"，其中"bar"既可指跳高项目的横杆，也可寓指脸部横纹。——译者注

但那些已经存在的产品和广告，话语皆偏向使用具有十足男子气概（不论是同性恋还是异性恋）的修辞，这与针对女性的话语截然不同。异性关系、体育、战斗以及进攻性等概念都是此类广告话语用以创造面部产品形象常用的核心元素。此外，尽管此类广告话语大多针对男性，亦有部分男性脸部产品广告面向女性消费者，因为女性会为另一半购买这类产品。2006年9月24日，笔者第一次看到梅西百货公司在《波士顿环球报》（*Boston Globe*）的整版广告中（可能很多其他报纸也有刊登），介绍了一系列男性面部产品，但广告内容却是明确针对女性的："全国现在有一个新潮流。到了秋天，悉心照顾你的他。用这款新肌肤护理产品来帮助他焕然一新吧。"（2006:A15）此处使用的话语迎合人们心中传统的性别意识形态，男性往往不关注自己的仪容仪表，而女性将会负责他们的日常保养并理顺他们难以打理的仪容仪表问题。总的来讲，男性面部产品的市场竞争已经展开。同时，如果消费文化继续大行其道，下一代的年轻男性将对市面上的各类产品进行疯狂的比较和甄选。市场研究员伊涅尔齐（Ignelzi，2004）预测，到2010年，男性美容产品的销售额将达100亿美元。该趋势不容小视，即便在产品的使用方面不会发生太大变化。

4.3 小结与思考

纵观人的一生（并且当提到面部护理时，人们首先想到的仍然是女性的一生），那些标榜实现美丽神话的面部护理产品广告越来越多，铺天盖地。女性从青少年时期开始学习脸部

护理并且在广告的影响下培养个人脸部的护理方案。随着女性
成年后，各式各样的脸部产品摆在她们面前，数量惊人。这些
产品通常都宣称拥有修复肌肤和使肌肤焕然一新的功效。广告
传递给消费者的言语意象为：脸部护理就是一场持续不断的
个人与脸部、年龄这两号敌人之间的斗争。在该话语的影响
下，女性不懈地追求青春永驻。然而，变化最为明显的是产品
本身。那些号称能够修理"这个或那个问题"的产品选择范围
越来越广，产品种类越来越多。当下市场，消费者比过去更容
易获得保妥适美容针和其他整容手术。正是凭借这一背景，药
妆产业的广告话语出现暴增，其目的不仅是劝说潜在消费者
购买脸部护理的产品，也是说服他们转为购买药妆类产品，
因其比注射或手术更便宜/更不刺激皮肤/更不吓人。然而根据
美国美容整形外科协会（American Society for Aesthetic Plastic
Surgery）的报告，仅保妥适美容针2005年的销售额便高达13
亿美元。同时，在过去10年里，美容针的生产数量由约6.5万
支增长至330万支（Botox Product，2006）。由此可以看出，
对于美容针的宣传和使用仍然络绎不绝。保妥适产品愈发流
行，其采用"我为自己而做"和"我对此很好奇"的广告语旨
在将更年轻的女性开发为目标受众。该行为不断促使药妆产业
在产品和广告宣传方面都进行创新，反之也促使不断增长的整
形外科行业进行产品和广告创新。

　　如今，药妆产品的广告同时运用关于美丽的传统理念和
人们追求年轻的视觉形象和言语意象策略来吸引顾客。本章的
案例分析清晰地反映了这点，同时此类广告话语未来可能还会
持续存在。通过含义的文化变迁，针对面部老化问题的产品广

告的目标受众将愈发年轻（笔者将进一步讨论该趋势）。

尽管大多数脸部护理产品的广告话语针对白人女性，但是也包括其他种族的消费群体。面向有色种族女性的广告话语及其指代方式与白人女性略有不同，比如黑人女性最常接触的产品是应付斑点和均衡肤色的产品。然而，这些适合黑色肌肤女性的产品所采用的广告话语策略正契合主流女性的脸部护理产品最新的流行理念。据广告分析结果，此类产品能够"修正"颜色不均衡的脸部肌肤——在主流女性中，该产品被用来遮盖皮肤老化的痕迹，即用最新型的武器来打最新的仗。最近，抗老化修护产品的广告亦将男性作为目标消费者（部分广告非常直接明地吸引男性消费者），但更多广告直接透过话语与女性消费者对话。对她们而言，尤其是对脸部护理有迫切需求的女性，让自己看起来更年轻是她们一贯的渴望。

本章所呈现的案例表明，脸部护理产品的简介和广告话语构建形象表征的方式向女性消费者传达特定的美丽标准，女性不得不屈服于这些标准，并且在大多数情况下难以达到这些标准，这也导致女性需要面对与之相关的各方面压力及问题。同时，本章的分析亦发现了以下五个方面的问题：（1）脸部护理产品对有色人群（尤其是女性）市场开发与宣传；（2）谈论年龄问题的广告话语向更年轻的目标受众迁移；（3）广告开发并利用针对大众的、具有文化含义的修辞；（4）广告话语通过各路媒体传播的脸部护理形象无处不在；（5）外貌和装扮文化成为广告修辞的语境，并普遍发展迅速。

在脸部产品广告与有色种族群体的关系问题上，本章根据广告吸引非白人消费者的方式推测了化妆美容产品未来发展

的几种可能。其中，广告向有色种族群体传达高度一致的主流
理想脸部的理念，但该理念基于白人面部特征描写，而黑人和
亚洲女性的美丽标准实则与白人女性不同（广告呈现黑人女性
表征和白人女性表征的不同之处可参见贝克的著作［Baker，
2005］）。黑人、亚洲人和非白人拉丁裔人群在市面上所接触
的大量脸部护理产品使有色种族群体沉浸在由白人支配的美丽
和魅力的意识形态中。麦琪（Milkie，1999）的研究发现，尽
管美国非裔高中女孩熟知由白人支配的美丽标准，但她们不太
可能根据这些标准来评价自己，也不会认为她们的异性同伴会
以这些标准来评价自己的长相。然而近期的现象分析表明，美
国的有色种族群体的女性已经开始屈从于白人的美貌神话及它
对面部长相的深远影响。例如，达斯（Das，2007）的一项报
告分析了非白人群体进行美容整形的增长情况，其中亚洲女性
进行眼睑整形的人次有所增长。而不少亚裔和非裔的美国女性
通过鼻子塑形来塑造小巧挺拔的鼻子，实施此类整形手术的人
数也在不断增长。对于亚裔美国女性而言，身处的广告世界充
斥着西方美貌神话和西方媒体营造的各种表征。同时，一些亚
洲国家流行以西方的美貌标准进行面部整容手术，其整容形象
尽可能少地保留亚洲人面容特点且尽可能多地符合欧洲和美国
的审美标准，这一趋势依然不断增长（Cullen，2002）。

本章亦分析了与年龄和市场分层有关的脸部护理的形象
构建问题。随着女性从青少年到中年，面部护理市场也在不
断地发展变化，脸部护理产品的广告话语和女孩、女性对自
身脸部外貌的观念之间存在何种关系？丹姆斯基（Damsky，
1999）的一篇文章论述了青少年时代"自然"外貌的缺失过

程。作者以自身经历为例，介绍了她12岁时因为痤疮与脸部
展开的斗争："在一段时间内，我觉得镜子中的自己十分陌
生。每天早上，我都会盯着镜子中的自己，用一种冰冷和批
评的眼光试图评价我脸部的状况。我在我的脸上所采取的
一切措施都是徒劳的，因为我的痤疮并没有什么改善。"
（1999:135）该作者还进一步陈述了其16岁时"与自己的脸的
敌对关系"（1999:135）。的确，痤疮一直存在，但是在个人
脸部这种私人领域所产生的特殊隐喻却与广告的言语话语营造
的隐喻有着惊人的相似之处。并非只有这位少女认为她与自己
的脸部处于战争状态，无数脸部护理广告在女性的一生中都在
营造相同的话语形象，这些广告话语都含有相同的隐喻：脸部
是一个战场，敌人等待被征服，之后，就是大量的重建工程等
着"成熟的"女性来承担。然而，在本章所探讨的广告中，还
出现了另外一种情况，即广告形象向低龄群体迁移。我们回想
一下在讨论"时尚一代"的章节中，《造型》杂志中刊登的欧
莱雅抗痘洁肤产品广告使用战争隐喻的情况，其将青少年一代
普遍的脸部"小问题"（痤疮）和较年长女性一代普遍的敌人
意象（皱纹）连接在一起，采用第二人称的现在进行时语言写
道："你正在和一切作战，从痤疮到细纹。"这则与超前年龄
相关的话语将女性面部作为一个可以操控的对象，其进一步加
深了将身体作为商品的观念。在年龄阶段的另一头，脸部产品
广告针对五十多岁的女性群体，而未来数年内面部护理产品
及它们的形象话语还将继续移向上游，面向更年长的"中老
年"妇女。随着在婴儿潮中出生的人逐渐长大，他们所处的社
会也出现越来越多迎合脸部护理需求的产品，尤其适用于一个

150

讲究卫生、健康和相貌出众（指与母亲或外祖母长得不像）的文化群体。

脸部护理产品吸引男性消费者的成功度有待考量。针对女性各年龄阶段的产品推销广告是不太可能在男性市场中完全复制的，而在许多关于男子气概的理论里，其主要概念取决于对女性气质的否认，并延伸至对同性恋者特点的否认（详见Collins，2004；Connell and Messerschmidt，2005；Kimmel，1994）。使用美容系列产品并且进行手部护理的人多见于上层阶级和中上层阶级男性，而大部分主流美国男性仍然遵循霸权式的男子气概观念，排除与女性气质相关的活动。因此，能够有效地直接吸引广大男性观众的广告话语十分有限。如果广告语言使用过度，则有可能令产品与同性恋形象联系在一起，而这是非同性恋的男性所避之若浼的。康奈尔和梅塞施密特（Connell and Messerschmidt，2005）探讨了"具体表现"（embodiment）在霸权性阳刚气质中的意义，前者作为后者的一部分，意味着"社会实践的过程，包括了身体方面的过程和社会方面的过程"（2005:851）。男性气质的具体表现随着时间改变，美国男性的气质表现很可能已开始体现在具体的脸部护理行为上，而我们正透过相关的广告话语见证这一转变。然而，脸部护理产品通过广告吸引不同种族和文化群体会产生不同的效果，任何推测都必须通盘考虑这些可能性。

第三点思考关乎话语范畴和文化方面。广告商常常采用省略惯用信息的话语形式。我们可能不常把比喻看作一种省略形式，但是比喻的修辞格与省略的作用原理类似。当广告使用相似的修辞来展现产品时，如使用战争的隐喻及修复重建的隐

喻，广告需要依靠消费者来填补缺失的成分，而且通过消费者
对修辞中所含意象的理解来拓展广告话语的含义。现实社会每
天发生大量关于抗争、对抗甚至战争的现实经验和经历，这些
经验和经历是相关隐喻的素材来源和意义理解的基础。在此背
景下，广告商靠着战争的言语隐喻来传递他们想让消费者接受
的严重问题。脸部护理产品的商业广告把目标女性（此处双
关[1]）与战争的隐喻进行关联。我们常常在战争伤亡者报道中
听到"无辜的妇女和儿童"成为战争受害者，关于战争报道的
这个特点无形中让妇女和儿童处于特殊的地位，在公众的认知
里，妇女和儿童在战争面前被认为是无助的群体。美容行业亦
存在类似的强调，宣传女性在面临脸部衰老这一敌人时也是无
助的，只有最新的美容产品才能让她们获救。简而言之，女性
需要求助于最有效的武器和策略才能全力以赴赢得战争。脸部
护理美容广告常常使用（主要）针对白人女性的修辞，该现
象变得非常普遍，几乎全球通行，以至于这些修辞已经位列
"真实性"描述的首位。在一些针对青少年的广告中，战争隐
喻的使用也十分突出。这类广告针对无辜的青年观众，常为女
性青年，痤疮这一面部敌人的出现并不是他们造成的，但广告
中推销的产品却能够与敌人战斗并保护他们。

　　房屋维修和翻新产业的快速发展为美容产品及时提供了
一个热门隐喻——修复。家得宝公司（Home Depot）和劳氏
建材公司（Lowes）只有几步之遥，它们满载家庭装新所需
的产品，等待消费者前来购买。与之相似，药店或当地商店

151

1　原文采用"targeting"一语双关，既指针对目标女性消费者推出相关隐喻，又指广
　告商有意只将女性与战争的隐喻进行关联。——译者注

里的脸部护理产品与化妆品柜台也只有几步之遥。对于男性而言，战争隐喻在他们心中可能与魅力女郎的关联更大。因此，我们可以推测，为了进一步开拓男性脸部护理市场，未来广告商将试图利用与性感相关的战争隐喻，或者利用完全不同的修辞内容（可能与游戏或汽车美容相关的隐喻）。

第四点值得我们思考的问题是各种媒体作为广告传播平台的商机有多大。脸部产品广告利用不同媒体令消费者迷失在广告话语构建的形象和意象世界里。脸部护理领域的新产品和广告（尤其是针对即将迈入中年或已经步入中年多年的女性观众）正在快速增长。从日间电视节目到黄金时段节目，插播了许多商业广告，这些广告呼吁女性采取一些重要的调解措施来修复和重塑她们的脸部。这些广告如今甚至也作为谈话节目的主题，出现在电视上。例如，2007年1月25日播出的《今日秀》（Today Show）将抗皱面霜作为其中的一个专题，邀请一名专家对各种不同的产品进行比较，最终得出的结论是，产品价格并不是产品效果好坏的衡量因素。该专家发言的核心意思是：通过她报告所采用的方法检测（具体检测方法未做说明），所有的产品皆具有保湿功效，同时使用其中的某些产品能够使肌肤获得"10%的改善"。充斥市场的不少广告话语会提供使用产品前后的形象变化，以说明产品对肌肤的改善度。上述报告的测试结果在这些广告中效果实属一般。许多产品选择刊登广告的媒体主要有电视、能够随时购买或者在等待约会时拿来阅读的杂志。大部分产品没有选择在互联网上登广告，这种投放渠道无疑更昂贵。一般情况下，网站所提供的仅仅是广告产品的更多介绍或者是同一商家其他产品的介绍信

152

息。亦有网站向消费者提供延伸话语，例如描述使用产品的成功故事。无论广告的传播媒体是什么，面部产品市场的商机都将使广告商抓住一切传播机会将产品信息传播给消费者。

最终，根据已发掘的产品发展潜力和广告渠道，以及大众文化对身体可以被灵活改变这一概念的接受度逐渐增强，广告话语将与文化变化保持步调一致，脸部仅仅是所有的产品生产步骤中的一个。不断涌现的新修辞对已经建立的隐喻进行补充：例如，玉兰油最近推出的新生焕肤抗老三重作用眼霜匣（Regenerist Eye Derma-Pod Anti-Aging Triple Response System），使用方法是每周三次；我们不禁想要知道产品名称中的"Derma-Pod"言语意象是否有意与iPod播放器的含义有关。2007年年中，保妥适生产商推出了乔雅登（Juvéderm）玻尿酸填充剂。其产品在杂志和电视上的广告都呼唤消费者去咨询这一治疗方法，据说该产品能够"使你鼻子和嘴巴旁边的那些'括号'细纹快速消失"。该案例中，标点符号的隐喻被用来缓冲保妥适具有伤害性的形象。"身体紧致"药妆产品和眼霜产品如今随处可见，针对脸部和身体其他部位（唇部、腿部和手部）的产品也越来越多。从文化上来讲，"自然本质"的内涵和外延都正在发生改变。广告商长期利用人们对"自然的面容"的追求心理来宣传面部护理产品，以至于人们很容易从隐喻中理解和接受修复脸部及整个身体的概念。自然一词如今似乎用来特指外貌，对于那些年长的成人群体来说，广告话语将自然的外貌阐释为可以被修复和复原的外貌。观众未来也许会看到和听到广告商将身体定位为一个需要"导航"的表面，或者把外貌定性为能够以"洗牌"的方式进行处理的因素。又或者广告商将会通过"身体博客"传播关于转变的无休止的承诺，从而吸引消费者注意。无论广告使用何种修辞，面部和身体改造、修复和治疗过程对于消费者而言都是昂贵和耗时的。这些话语将对外貌和对身体改变的追求放在首位，将社会的其他关键问题置后，我们是时候从批评性话语分析的角度对其进行反驳和抨击了。全球面临医疗服务成本不断上涨、环境威胁、民族和种族冲突的挑战，在此情况下，个人的脸部修复能有多重要呢？

5

麦迪逊大街与硅谷交汇：科技对

广告的影响

　　将"技术"与"广告业"这两者联系在一起，人们脑海中浮现的第一印象兴许就是各种各样的科技产品。杂志、电视节目、广告牌、巴士、地铁、互联网弹窗，这些产品的广告无处不在。电脑、打印机、复印机、照相机、手机、车辆全球定位系统，以及推介某类产品和服务的网站，都不约而同登起了广告，这折射出科技广告业发展势头迅猛、方法先进创新、风格井然有序和许多其他特质。然而，一大批没有产品具体形象的科技广告则不那么引人注目。这些广告的推广对象包括科技产品，也包括如护发用品、零食和香烟等被认为没有技术含量的产品。后者的第二层形象由科技托起，其广告话语充满了科技的印迹。本章讨论的产品广告超出科技产品的范畴，打破了消费者关于"科技"的惯常联想。

　　本章将探寻广告中的科技印迹，具体讨论当今的广告如何利用不同方式融入和体现科技的概念。通过分析表明，透露科技印迹的广告话语或将在整体上影响人们的想法、与他人的亲疏感，以及人们的文化氛围。笔者将通过不同方式在广告中看出科技、读懂科技、听到科技，并进一步以案例来说明科技的概念不仅仅存在于具体的广告话语里，它通过塑造或模仿科技的方式出现在互文话语中，以实现科技的无处不在。当我们在意料之外的语域以意料之外的方式与科技"文本"不期而遇时，我们便进入了话语框架构建的领域。莱考夫和约翰逊（Lakoff and Johnson，1980；2003）阐释了战争如何潜移默化地塑造人们对非战争经历的表达方式，例如"向贫穷宣战"（war on poverty）、"攻坚"（*attacking* a problem）、"从恶劣的关系中撤退"（*retreating* from a bad relationship）、"与官僚主义做斗争"（*battling* the bureaucracy）。根据二者的基本观点，隐喻在语言中普遍存在，并塑造着人们的想法和影响人们的行为。那么，科技如今也许充当着我们思维和行动的干扰者，不只是因为DVD播放器、数码相机、移动电话及具备上网、发送邮件、即时通信功能的电脑等科技产品无处不在，还因为我们讲着含有技术隐喻的语言，并能够理解这些科技用语。

155

电子技术应用不久便在日常生活中变得非常重要。人们生活的方方面面都涉及科技。20年前，笔者只能使用一个操作十分复杂的电子邮件系统，所幸当时就能够获取本校图书馆图书目录在线信息。当时，笔者的电话机插头还连着墙上的插座；拍的照片不能立即显像，而是需要把相机里的胶卷送到照相馆冲印；采购日常用品需要拨打800服务电话订购，或者填写订单表格然后投进邮筒里。过去，笔者电脑的内存很有限，笔者甚至还以为电脑"病毒"会袭击人类。如今，踩着青春期尾巴的年轻一代是在互联网的陪伴下长大的。通过互联网获取信息、进行娱乐、线上购物，通过电子邮件和即时通信与人交流，这些人们早已习以为常，尤其是青少年们。此外，移动电话的联系功能和信息功能创造了通信新体验，过去遥不可及的人也变得近在眼前。事实上，"24/7"（一种由技术革新而催生的隐喻，意为全天候提供服务）的文化亦是技术进步以及随之衍生的产物。人们即使不在朋友和家人身边，也能与他们保持紧密联系；人们可以对外界常常保持"在线"状态，甚至有商业人士会调个闹钟在半夜叫醒自己，打开黑莓手机（Blackberry）查看信息，跨时区谈生意。

　　和所有创新一样，科技变革能孕育出新的语言，其中，词汇的辨识度最高。对于技术专家而言，他们的行话（一个特定群体使用的专业术语）和其他专业领域的一样不断发展。新的术语和缩略词不断诞生，一些老旧的术语被赋予专门的含义，例如：中央处理器、随机存取存贮器、只读存储器、主机、存储空间、位和字节、硬盘驱动器、网络数据交换协议、加密。随着互联网科技走进寻常百姓家，并超越了曾经所谓的专家，逐渐诞生了诸如"文件分享"（不同于将文件夹借给他人）、"下载"（不同于将问题推卸给他人）、"用户"（不是药物服用者，而是电脑使用者）这样的术语。上述种种表明，科技术语开创了表达方式的新纪元。我们不仅与他人分享我们的工作，还分享这些工作所在的文件夹；我们不仅从他人处获得某些东西，还从其他地方将其下载到自己的电脑里（那么上传呢？资料上传到哪里？）。我们不仅使用电脑工作，还通常是有着用户账号和密码的"用户"。我们写在邮件里的东西被称为"消息"（messages），而不是"便签"（notes）或"通信"（communications）；通过互联网传输的一切内容统称为"资讯"（information），而不是分化零散的"观点"和"事实"。20世纪60年代，一些传播学者接受了控制理论模型，将通信定义为传输者和接收者

156

5 麦迪逊大街与硅谷交汇：科技对广告的影响

之间传送信息的过程。与"表达"（expressing）或"传播"（communicating）相对，该模型主要指互联网术语中的"发送"（sending）消息。如今，专业词汇赋予单词"screen"和"page"新的内涵，"screen"不再只是"大"屏幕和电视屏，"page"也不再只是书本里的第几"页"。即使我们在冲浪方面算不上熟练、主动，所处的位置也不利于冲浪，我们也能够用遥控器"电视冲浪"（channel surf），用鼠标"网上冲浪"（surf the web）。我们甚至可能在互联网上"偶遇"（bump into）些什么，正如我们赶在红灯前匆匆穿过马路时无意中遇到另一个人。总而言之，在这种文化下，"资讯专家"和电脑极客们的专业行话逐渐广为流传，人们不需要成为电脑专家或资讯专家，便能知道大量这类术语的确切意思。同时，科技术语的专业词汇不断推陈出新："垃圾邮件"（spam，原意为午餐肉，该术语的创造者想必非常痛恨罐装肉）、"网站管理员"（web master，与非性别歧视用语"webster"同义）、"弹出式窗口"（pop-up，这可不像弹出玩偶的玩具匣那么可爱），以及许多以字母e开头的单词，比如"e-mail"，这里的"e"意为电子邮件通过电脑在互联网上传送，以此类推，我们便能明白系列与之相关的新词的意思。对字母e观念的转变催生了诸如"电子商务""电子贸易""电子商务零售商"和拍卖网"e-bay"这样的术语。词组"hot spot"的意思不只是指小狗通过不停地咬或舔尾巴来缓解尾巴皮肤的不适，也不只是指城里最火爆的夜店，其还指与互联网进行连接的一个区域，称为"上网热点"。而"Wi-Fi"则表示在我们常去的咖啡厅等场所使用的无线保真

227

技术。就这样，最开始的行话变成通用语，继而演变成更大众化的俗语。

　　随着字典版本不断更新，越来越多的科技词汇慢慢被纳入其中。美国出版公司兰登书屋（Randomhouse.com）在其出版的字典中加了一页内容，标题为"新词：近60年诞生的新词"，从20世纪60年代开始算起。该出版社亦提及了每个年代广为人知的新型科技词汇：60年代的"兆字节"；70年代的"磁盘"和"个人电脑"（尽管当时能拥有个人电脑的仅是少数有钱有势的人）；80年代的"表情符号"和"虚拟现实"；90年代的"内网"和"网站"。牛津大学出版社的在线字典（Askoxford.com）历年延续评选"年度词语"的传统，1998年公布的"年度词语"为"短信"，2004年的则是"播客"。2006年，《美国传统词典（大学版）》（*American Heritage College Dictionary*）出版，当时的宣传标题摘取了两个最新的科技术语："博客"与"维基百科"。这些词语被收录进规范的字典，这意味着它们不只是昙花一现，而是有可能得到更为广泛的使用。

　　与科技产品相关的术语日益增加，人们对科技产品的实际应用也日益频繁，随之，科技术语有一定的参考价值和文化价值。基于个人身处的环境和经验经历不同，人们会对语言做出相应的调整以满足不同需求。例如，网站上个人日记的形式先是被称为"网络日志"，后来被称为"博客"，而开通"博客"的用户则被称为"博主"。博客的用法及人们谈论它的方式有其短暂的历史背景，而如今也成了大众文化常用语的一部分。"博客"一词最早出现可追溯至1999年（*Webster's*

New Millennium Dictionary，2003—2005）；不久之后，《纽约客》（*New Yorker*）杂志第一次刊登了有关"博客"的文章（Mead，2000）。时至今日，尽管不是每个人都读过博客里的文章，但大多数人肯定都知道博客的存在。

无论是在物质层面，还是在语言层面，创新都改变着人类世界的实践活动。然而，科技是一直闭门自守，还是已经悄然潜入人类生活的其他领域？这些问题既关乎文化，也关乎人们的思想。运用科技手法来推广非科技产品，这表明科技已不囿于定义自身的某些特定用途，反而走进了更广阔的人文领域。为什么我们应该关心这点呢？我批判性地认为，广告提供了语言演变的重要根源，该根源也同样为科技走入大众提供了途径，科技通过科技术语重塑我们的思维方式和表达方式。其语言通过各式各样的媒介从一种文化向另一种文化传播，使得某些具体话语能更有效地传达至目标群体，并将专业词汇、标点符号和视觉导向转换成语言。因广告在人们日常生活中的地位显著，科技用语通过广告得到了广泛传播，进而成为美国习语的新源泉。

对于广告中科技概念的言语含义和视觉含义，笔者选用术语"科技构图话语"（technographic discourse）来形容这两种含义的融合。科技构图话语通过操纵文本和文本呈现的样式创造了科技的表象。与术语"电报"相似，"technographic"一词同样意味着缩减和传播。过去，电报作为人们沟通的一种方式，会从电报稿的句子和词汇中提取基础要素，然后通过电信号的方式将这些要素发送至远方，等待收信人破译。最后，到收信人手上的电报仅有最基本的字眼，但凡收信人能自

行联想到的内容都被省去了。电报是由发报人拍发给相距甚远
的收报人的，例如，某人将到火车站接应发报人，那么发报人
可以这样向该人拍发电报：

周日晚七点到，车站见，奈德同行，莫娜。

语言熟练的人很容易便能完整解读这份电报的意思：
"（我乘坐的火车将在）周日晚七点到（达），（请你或某人
在车站等我，我们）车站见。奈德（将和我）同行。（发报
人：）莫娜。"发报人需要依靠收报人补全所省略信息的能
力，即收报人需要积极还原完整的语言意义。

正是这种省略的形式和对缺失信息的重现塑造了科技构
图话语。总的来说，广告依靠省略的手法来营造距离感和亲切
感。正如库克（Cook，2001）所言，广告"依靠'对话'的
体裁实现价值：对话是双向互动沟通的原型，在对话的过程
中，形式与顺序的不同愈发显得不重要，甚至在一定程度上不
再产生影响"（2001:173）。就利用技术用语的广告而言，省
略的手法不仅体现在语言应用上，也体现在对广告预设的解读
上。当有关先进科技产品和互动的大量假设对解读广告十分重
要时，省略便派上用场了。被省略的部分往往不言而喻：有些
假设认为科技促进了产品升级换代，科技简化了消费者购物
的方式，科技实质上和"真材实料"一样有用或更有用。此
外，科技将互联网传播大潮中的个人使用权及隐私与参与公
众活动时个人身份的迷失摆在一起，在公众和个人之间取得了
平衡。当展示科技构图话语要素时，广告商通常采用模式化的
话语，大众都能理解此类话语，但往往会引导消费者自我认

为：科技是全世界的，但这样产品是专门为我而生的，有了科技，我能在可供选择的（有限）产品里择一而足。

本章将涉及科技构图话语的以下四个不同领域：

· 科技术语：直接表现在词汇上的行话；
· 科技符号：例如符号@，由于电子邮件的广泛使用，该符号已十分常见，而符号>则用于指向某个链接或表示视频设备里的"前进"功能；
· 终端符号和短期编程命令：用于电脑上的应用，可参见万维网的网址；
· 技术模板形式下的话语：例如短信和网页设计。

以上为科技应用概览，其中，笔者着重谈了互联网的应用。

5.1 科技的使用者及具体应用

在第1章所提出的批评性话语分析的观点中，核心思想是日常社交生活中充斥着约定俗成的行为。乔利亚拉基和费尔克拉夫（Chouliaraki and Fairclough，1999）对其的定义如下：

……是人们在特定时间和空间里运用物质资源和象征资源共同作用于客观世界的习惯化行事方式……强调实践行为的好处在于，实践行为组成抽象结构及其机制和具体事件的连接枢纽，将"社会"和在其中生活的人们连接起来了。（1999:21）

159

因此，实践行为并不是某一个人特立独行的自发举动，而是社会所形成的做事方式与经历和想法的表征方式。乔利亚拉基和费尔克拉夫进而提出实践行为的三大特性：（1）实践行为是"生产形式"（就科技而言，我们能够运用局域网分享资源并安排会面时间，分享文件，下载杀毒软件，安装使用即时通信工具，用手机或脸谱网（Facebook）联系朋友、家人和同事；（2）某一实践行为"与其他实践行为构成一张关系网"（例如，使用个人电脑或手提电脑，买数码相机，驾驶或乘坐安装有导航系统的汽车，使用袖珍科学计算器）；（3）实践行为有其"自省维度"，如此一来，人们能"在叙述自己所做过的事情过程中能自省相关的实践行为并生成语言表征"，可见如下陈述："我要查看我的消息"，"上网看看能不能找到有用的东西"（针对特定话题），"我认为聚友网（myspace.com）会对孩子产生危害，所以女儿使用电脑时我得监督着"，"你可以自行设计电脑，然后在网上下订单"，"我想买一个可视电话"，"他在自己的博客里谈论政治竞选活动"，"这是Wi-Fi的定位"（1999:22）。

通过应用电脑（或者比喻的说法"信息系统"），人们对科技及科技产品的了解应有尽有，而在这些过程中用到的硬件和软件也成为科技应用的主要能指。我们通常认为精通技术的人明白科技如何"运作"，并知道如何才能够实现技术的应用，还认为他们使用的都是引领科技潮流的创新产品。然而，大多数人都只是"终端用户"，也就是说他们可以单纯使用科技产品，而不需要了解手上的科技设备是如何成形的。他们也许频繁使用科技产品，但未必知悉其中的原理。正因如此，他们在遇到问题时，亦会向精通电脑的专家寻求建议或帮助。终端用户有可能知道一些专业术语，但往往不能真正理解他们眼前这些术语的深层含义，比如"随机存取存储器""加密"等词语。由于用户仅了解科技知识的表象，因此广告商或其他大众传播者得以在社会中大范围地传播新奇的技术话语。

5.1.1　消费者掌握的科技

当下人类对各种技术的应用呈现爆炸式的增长趋势，科技已成为引领新千年的标志，并持续大幅重塑着各种社会关系、商业惯例和沟通方式。视频录制、无线电话、文字处理、精密的袖珍计算器等是科技实现大众化应用的第一代技术产品，新型文化行为随之产生。手机的诞生让每个人都能够自由地通过语音与遍布全国各地的人联系。截至2004年，美国大约三分之二的成年人都拥有自己的手机（Rainie and Keeter，2006）。随着手机产品技术的日益成熟，人们如今需要依赖手机来提醒自己到电影院看电影，到音乐厅听演奏会，到教室上课，到讲演厅听讲座，以及到各种宗教场所，并被明确提醒"请把手机调至关机状态"。为此，"失联"一词在许多人心中的含义相应发生了重大变化。随后，一款经典的科技应用产品应运而生：互联网。美国网景通信公司（Netscape）于1994年推出马赛克浏览器（Mosaic），市场调研机构皮尤互联网与美国人生活项目（Pew Internet & American Life Project）以此作为万维网的起点展开调研，结果如下："10年过去了，互联网已经走进现代生活的每一个重要领域，并在某些情况下打开

160

了这些领域的新局面。互联网改变了人们获取信息的方式、自娱自乐的方式、关爱自己和接受教育方式，也改变了人们工作、购物、存款、祈祷和保持联络的方式。"（Rainie and Horrigan，2005:56）简而言之，互联网给众多文化行为带来了一场革命，并注入了全新的血液。2005年，78.6%的美国人每星期的平均上网时间为13.3小时（Center for the Digital Future，2005）。直至2004年，美国有8 300万人曾在网上购物，9 700万人浏览过网站（Rainie and Horrigan，2005）。

从多方面分析，互联网都是科技的标杆。今天，谁不使用互联网，谁就是"守旧派"，守旧极了，绝不是"新常态"（new normal）的人（Rainie and Horrigan，2005:61）。有了互联网，人们就能够以高速享受沟通的乐趣、信息的丰富多彩、娱乐活动的新奇惊喜，以及贸易的便利。离开了互联网，人们便会脱离已是常态化的文化实践活动（比如登录YouTube视频网站，收看下载孙子孙女的照片，或者进行线上金融交易），甚至面临巨大挑战，因守旧所引发的问题接踵而至。随着互联网不断扩张，如今老年人越来越跟不上科技的步伐，并常常感到困惑，例如面对政府网站公布的处方药福利资助，他们也不知道如何勾选递交应选项，而年轻人们普遍认为这是理所当然的。皮尤互联网与美国人生活项目（Fox，2004）报告指出，2004年不同年龄段人口使用互联网情况的数据清晰地显示了年代差异：在18~29岁年龄段中，77%的人能上网，而30~49岁年龄段的上网人数比例为75%，50~64岁年龄段的为58%，而65岁及以上年龄段用网人数仅为22%。同年，另一份报告（Lenhart et al.，2005）显示，美国的青少年为访

161

问互联网的最大群体，上网人数比例高达87%。如图5.1所示，
各年龄段上网情况差异如下：

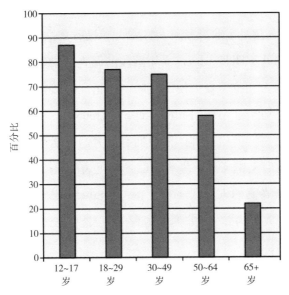

资料来源：Fox，2004。

图 5.1　2004 年不同年龄段的互联网用户人数比例

5.1.2　互联网用户多样性及其使用情况

在所有年龄组中，白人互联网用户的数量比非裔美国人
多。而除了老年人外，几乎每个年龄段的拉美裔人都更有可
能是互联网用户。2003—2004年，皮尤互联网进行了一项研究
（Fox，2004），报告指出，在非裔美国人的老龄组中，仅有
11%的互联网用户。相比而言，接受调查的白人老龄组中则有
22%的人为互联网用户。拉美裔人老龄组的互联网使用情况与
白人老龄组十分接近，上网人数为21%。然而，此次研究仅调
查了讲英语的拉美裔老年人，假设该调查样本还包括非英语语

言的人口在内，则拉美裔人的上网比例有可能会降低。图表显示，在65岁以下人口中，非裔美国人和拉美裔人的互联网用户人数远不及白人。50~64岁年龄段，拉美裔人使用互联网的人数为32%，超过了非裔美国人的22%，但是，该差异在18~24岁年龄段中并不明显。8~18岁年龄段的调查结果显示，白人、非裔美国人、拉美裔人使用互联网的情况比较接近，三者的上网人数均超过90%（Rideout et al.，2005）。尽管"差异鸿沟"已消失，但白人群体依然拥有更大的可能性因家庭联网而实现随时与电子数字世界关联（参见表5.1）。白人青年居家访问互联网的人数居于首位：占比80%；相比之下，拉美裔青年的人数为67%，非裔美国青年的人数为61%（Rideout et al., 2005）。

5.1.3　年轻一代与科技使用情况

显然，青少年被定义为与科技最密切相关的一代。2004年秋，皮尤互联网搜集的数据表明青少年在沟通和娱乐时使用科技产品的选择情况如下：

- 84%的青少年表示自己至少拥有一个媒体技术设备，可能是电脑、手机或掌上电脑；
- 87%的青少年使用互联网，其中51%的青少年每天都会上网；
- 81%的青少年在网上玩游戏；
- 76%的青少年在网上看新闻；
- 45%的青少年拥有自己的手机；

· 33%的青少年使用短信；
· 32%的青少年每天使用即时通信软件，77%的青少年使用电子邮件（但认为这是联系"老一辈"时采用的通信方式）。

毫无疑问，自2004年起，上述占比人数早已大幅增长。然而，这些数据体现了相当明显的人口差异。首先，存在着上文曾提及过的基于种族和民族的差异。第二，存在着经济原因造成的差异，不使用互联网的青少年往往来自低收入家庭，

表 5.1　2003—2004 年不同年龄段、
种族、民族的互联网用户人数比例

种族 / 民族	年龄 *			
	65+	55~64	18~24	8~18
白人	22	58	83	96
非裔美国人	11	22	68	92
拉美裔人 **	21	32	70	95

* 55~64 岁年龄段和 18~24 岁年龄段的数据来自福克斯的报告（Fox，2004）；8~18 岁年龄段的数据来自赖德奥特等人的报告（Rideout et al.，2005）。上述报告并未包含亚裔美国人的数据。
** 英语交流者。

而几乎所有家庭年收入超过7.5万美元的青少年都能使用互　163
联网。第三，即将就读七年级的孩子对互联网的使用人数激增，但直至那时，男孩使用互联网的人数相对较少，六年级的男孩中仅有44%的人上网，而六年级的女孩中上网人数则达到79%。第四，与人们普遍认知相反，年纪稍大的女孩（15~17岁）比同龄男孩更热衷于通过互联网进行各种各样的活动，其中包括与他人在线交流，查找自己感兴趣的有关健康，关于大

学及同类话题的信息，以及浏览娱乐网站。

皮尤互联网的报告也归纳了人们使用的媒体类型和使用不同媒体所用的时间（Rainie，2006）。通过观察8~18岁年龄段人群首要的科技产品及使用方式，可知该群体使用科技产品的主要场合是居家，其中，该群体有97%的人使用VCR/DVD播放器，87%玩电子游戏，86%使用电脑，82%访问互联网，而能够使用高速互联网服务的则只有46%。他们花在听音乐上的时间是平均每天1小时40分钟，花在看电视、看录像、看影碟上的时间是平均每天3小时51分钟（一般同时使用），相比之下，该群体平均每天只花62分钟使用电脑。凯撒家庭基金会（Kaiser Family Foundation）在2003—2004年开展了一项研究（Rideout et al.，2005），调查了青少年因娱乐（学校活动需求除外）使用电脑的情况，该研究进一步详细地显示其在种族和民族上的差异。总体而言，该研究表明白人青少年更有可能使用电脑，比例为57%，而非裔美国青少年和拉美裔青少年用电脑人数则稍稍靠后，前者为44%，后者为47%。研究同时发现，在使用电脑上网娱乐的人群中，8~18岁年龄段的非裔美国人玩网络游戏或使用网上即时通信服务的比例在整个调研期间的任何一天均低于白人和拉美裔人。

5.1.4　借助广告话语实现技术流动

关于技术应用（尤其是在青少年中盛行的技术应用）与科技话语在广告中的呈现方式这二者之间的关系，我们需要思考一些特定的领域，其萌芽于科技，又跳脱了科技，并拓展至更广阔的话语空间，这些快速成长的领域愈发重要。对于糅合了科技应用常见的词语、概念和形式的广告，人们在熟悉这些广告中的外来新事物时，肯定会面临相应的门槛。因此，人们必须形成相应的文化惯例，至少在一定程度上能让非专家的人也明白个中含义。与此同时，在许多方面，广告有助于将科技的意义具体化，并强化其重要性。广告能不断调用科技中的话语要素，将其应用于隐喻中，比如：使用×牌漱口水，"重启你我之间的亲密关系"；×牌光滑剃须刀，"让你与孩子之间的连结更紧密"。广告也会调用"技术"一词，融合人们对于一个产品内在属性的一系列理念，比如：运动鞋采用了"缓冲技术"增强舒适感，护发产品采用了"赖氨酸技术"打造强韧秀发。此外，广告还能化用网页或诸如电子邮件、即时通信系统这些通信方式的界面。同时，因广告善于利用省略，它能强化消费者的身份认知，通过运用只有特定消费者群体才认知的科技元素，引导消费者认为自己应该拥有某个产品，认为只有自己懂得这个产品的价值，其他消费者群体因为不熟知其科技元素而被排除在外。广告商似乎深谙科技构图话语之道，针对某一特定产品的目标顾客以及广告的投放渠道，娴熟地选定相应类型的科技构图呈现方式。根据不同的人口要素，广告会做出相应的调整，比如，《旋转》（Spin）杂志的定位是现代流行音乐、摇滚乐及其文化，投放其中的广告便使用较多科技构图元素，而在由美国退休者协会（American Association of Retired Persons）出版发行的杂志《AARP》中，广告采用的科技构图元素则会相对更少。

164

5.2　广告中的科技构图话语类型

　　朱迪斯·威廉姆森1978年出版了《解码广告：广告中的
意识形态及意义》一书，作者在"窜改的本质"这一章节中
论述了广告只借用形式而窜改内容的呈现手法。对应本章的
主题则是"产品空有科学的外壳，而无科学的运作"。威廉
姆森表示，窜改的过程既定义了其本质形象与意向，又超越
了原有的形象与意向。广告以呈现科学形象作为"窜改"的
参照体系，并以此创造出"产品空有科技的外壳，而无科技
的运作"的话语形象，尽管科学形象依然在众多广告中活灵
活现，然而威廉姆森的观点能帮助我们正确认识这些科技形
象。广告诉求（俗称"卖点"）常常会涉及科技，如"科学突
破"（scientific breakthrough）、"科学研究显示"（scientific
studies have shown）、"希尔思牌"（Science Diet）狗粮等。
与此类似，科技卖点是驱动产品往积极方向发展的合理基
础，其往往只参与人类的表层认知：有科技的形式，而无科技
的性能；有科技的外观，而无科技的工作方式。这种业内的惯
例渐趋普遍，使得人人都能够得到具有科技含量的产品，而不
必成为一名科技天才。呈现在消费者眼前的广告话语，几乎没
有深层的科技，这意味着，一个产品的生产过程中所采用的技
术内涵、进度、流程都不必向消费者解释，包括人们明确视为
科技产品（比如数码相机、专业网站、汽车设计特点、导航装
置）的广告。从这一点来说，大多数消费者都未必能够明白其
中错综复杂的原理，但产品与科技的浅层联系足以提供符号学
的基础，帮助人们理解关于科技的一些大致概念，例如新奇程

度、精准度等。

在当代社会文化下，人们越来越多地了解到科技的外观以及由其衍生的消费品，他们所构成的实践社群（CofP）也应运而生，而该社群与人们对科学技术的应用情况息息相关。语言学家佩内洛普·埃克特与萨利·麦康奈尔-吉内（Eckert and McConnell-Ginet，1999）将实践社群定义为"因对某类特殊活动感兴趣并充满激情而聚在一起的群体，社群的成员有着共同的实践经历，即有着共同的行事方式与说话方式、共同的信念与价值观"（1999:186）。过去，电子邮件仅用于某些商业场合的沟通交流。如今，电子邮件已突破该受限模式，成为人们与朋友、家人沟通的主要方式。因而，与电子邮件相关的实践活动（例如通过电子邮件给某人发送旅游行程或发出邀请）以及对于这些实践的社群共识，也都随之生成。比如，笔者的姻亲们都不是电子邮件实践社群的一员，换句话说，他们更倾向于通过电话来分享家庭活动、心情等，而不热衷于每天更新信息。然而，也存在一群使用电子邮件的人，热衷于更高效的沟通，每天照常"发送消息"，熟练运用电子时代的拼写及缩略语规则。正是他们构成了一个又一个的实践社群。在分析科技对广告的影响的过程中，每一个以科技应用为主题的实践社群都有其存在的意义。根据消费者的日常行为与某个特定广告科技表象的关联度，消费者与某一产品的距离会被拉近或推远。

广告所呈现的科技构图话语反映了科技贯穿于文化的形式，尤其是互联网对文化的渗透。广告具有巨大的影响力，透过包括互联网在内的各式媒体出现在公众面前，其多变的话语模式不仅向人们普及了更广泛的文化行为，同时还运用其方式对这些文化行为加以凸显。10年前，科技术语或广告话语结构根本不存在，甚至连一个公司或品牌的网页都常常不在投放广告的范畴内。反而，顾客们看到广告后要想进一步联系商家沟通购买细节，就得按指引拨打热线"800-×××-××××"。但是，这种情况后来有所改善，笔者将在下面的章节中详述。

5.2.1 科技术语

对于广告的科技构图话语形式，其最主要而且最明显的呈现方式就是对科技术语的运用，其中，最基本的术语恰是"科技"一词本身。该词传递着这样一种信息：这个产品是可靠且流行的。例如，伊卡璐（Clairol）在推广其"秀发焕新5x系列洗发露"时，声称该系列洗发露"**凝聚五项科技，洗出强韧新秀发**"（《人物》，2001年8月20日）。除此之外，其他科技专业词汇的使用也让顾客们一度进入科技"业内人士"的角色。有时，这些术语出现的瞬间就像广告熟练地对你使了个眼色，玩味地暗示，"我们"（广告商）知道"你"（广告商瞄准的潜在客户）明白我们正在用科技语言玩文字游戏。在部分广告中，科技术语的使用更为严格，以此体现其产品的条件优于其他产品，或呈现出已有产品进行优良改造后的全新面貌。

在推广有利于改善互联网使用状况的产品或服务时，科技术语在广告中的运用较为直接。例如：美国邮政总局（US Postal Service）的一则在线服务广告使用的广告标语为"**随**

点，随到"（IF YOU CLICK IT, WE WELL COME）（《新闻周刊》，2004年10月4日）；《魅力》杂志将其在线购物网站命名为包含科技术语的"魅力连线"（allure *connect*）（《纽约客》，强调部分为笔者所加）；易贝拍卖网使用了"信息技术"（information technology）的英文缩写，在其网页的正中央加粗突出显示：

it

并略带玩味地在网页右下方打出了广告词"来易贝，就能得到它（*it*）"。此类广告中，一语双关的情况甚为明显，但科技指称往往能引导观众轻而易举地理解其对应的指示对象。然而，在一些产品的广告中，我们经常能看到许多科技用语，但产品本身和广告中提及的科技毫无关联，即便这些产品的生产过程中涉及各种各样的科技技术。广告使用科技术语的情况可分为五种类型：（1）在"科技/技术"一词前加上形容词，用以命名所用科技并凸显其特点；（2）使用"科技/技术"一词时，配合使用其他表现新颖性和先进性的术语；（3）用产品的反面特性搭配"科技/技术"一词；（4）使用"科技/技术"以外的其他科技术语；（5）运用科技术语给产品命名。

5.2.1.1　组合标榜"××科技/技术"吸引消费者

在众多广告中，将"科技/技术"一词与相关词语组合使用来传达产品内涵的现象相当明显。其中一种类型是采用"形容词+科技"的语言结构，这里使用的形容词有补充说明产品特性的功能。让人眼花缭乱的化妆品和美容产品均不约而同地选择了此类广告宣传方式。如图5.2所示，阿迪达斯的

女士止汗剂据闻拥有"智能™（Smart™）科技"（《形体》
［*Shape*］，2004年6月）。在这种情况下，与"科技/技术"
连用的形容词已经通过了商标注册，同时以正式简洁的字体呈
现创建的术语。

　　正如其他使用"科技/技术"一词构建组合词的许多广
告，上述广告亦糅合了产品的其他特点，彰显了其先进性。该
广告中，"**动感女士止汗剂**"的字样向前凸显，朝右倾斜，生

167

图 5.2　**阿迪达斯动感女士止汗剂**（《形体》，2004 年 6 月）

动形象地表现了运动与活力。广告右下方是汗液和细菌的图像，通过电脑图形绘制来传递生物学信息，再往下，右下角是"细菌+汗液＝异味"的生物相互作用公式，而在其中发挥功效的正是"智能™科技"。

这种"形容词+科技/技术"的词汇组合格式适用于多种类型产品的广告。在主流女性杂志上刊登的女士美容美发产品广告，大量运用充满创意的生动形容词，向读者们吹捧这些产品含有的科技与技术。对于美发产品的广告，可见如下例子：

- 卡尼尔果实系列定型啫喱："水果凝萃技术。"（《简》，2004年10月）
- 米扎尼（Mizani）超效养护染发霜："注入精油技术，呵护修复秀发。"
- 列德肯（Redken）密集滋养护发素："采用突破性纳米乳液科技，瞬间激活干枯秀发。"（《世界时装之苑》，2003年10月）列德肯的男士系列护发产品并未提及科技术语。
- Soft Sheen Carson品牌的至臻无碱修护顺发剂系列："特别采用赖氨酸养护技术，有效减少四分之三头发损伤。"（《本质》，2004年6月）

同样，化妆品广告也独具创意地暗示在售产品饱含科技与技术含量，以令产品增添显著魅力：

- "最优配对™技术（Opti-Match™）为顾客找到以自身

168

肌肤为基础的理想塑颜阴影"，由此打造多元化的欧莱雅绝配系列粉底霜（《本质》[1]，2004年9月），或者，在那些对科技和技术更一窍不通的消费者看来，有了这项技术，就能够"打造标准亲肤阴影区域"（《形体》，2004年9月）。

· 欧莱雅推出了一款名为"StudioLine热烫直发膏"的直发产品，大肆宣传这款产品进行了"技术革新"，开创"热保护技术"时代（《世界时装之苑·少女版》[Elle Girl]，2006年12/1月刊）。

· 兰蔻研发了"果漾锁水™专利技术"（Juicy Seal™），推出水润果漾亮彩唇膏和指甲油；并研发了"顺滑技术"，推出流光炫色唇膏（《名利场》，2006年3月）。

· 露得清去痘洁肤棉，名为"快速清亮"系列，广告的标题写着"采用独家微米清洁™技术"（《十七岁》，2006年7月）。

· "采用前沿科技，护眼不敷衍"（Cutting-edge technology without the cutting edge）是雅芳靓眼精华的广告标题（《More》[2]，2006年3月）。

169　　　虽然男士用品广告能提供的例子远少于女士用品，但科技的影响也的确蔓延至了男士用品广告体系中：

1　杂志《本质》的目标群体是非裔美国女性。广告商有时会在针对不同种族或民族群体的杂志上投放同样的广告，但当广告刊登在目标种族明确的杂志时，如《本质》，广告商常常会改变广告模式并稍微转变广告措辞。

2　《More》杂志的目标群体是更成熟的女性，主要是40岁或以上的女性群体。

- 吉列锋速系列手动剃须刀和电动剃须刀的广告宣称其产品采用"5层超顺剃须刀片™技术，给你极致舒适新体验"（《马克西姆》，2006年7月）。
- 吉列止汗剂，据说蕴含"动力条™技术"（power stripe™）（《智族GQ》，2005年8月；《体育画报》，2006年1月2日）。
- 百诺大成生物科技公司（Bionova）推出的男士高端皮肤护理产品自称采用"纳米护肤专利科技™"（《Men's Vogue潮流男刊》，2005年秋），其中"护肤技术"一词仿照的是"高新技术"一词。
- 欧莱雅Vive系列的活力丰盈男士洗发露采用了"Regenium-XY技术"，能使男士的头发看起来更浓密（《滚石》，2005年8月11日）。

甚至连一些鞋子的广告都声称运用了某种科技对产品加以改良。也许，在设计鞋子的过程中的确使用了特定科学技术，但广告商所创造的技术术语内涵并非来自计算机辅助设计方面的词汇：

- 美国乐步牌（Rockport）男鞋的特别之处在于"空气动力学循环科技"（《时尚先生》，2004年4月）。
- 新百伦品牌的鞋子采用了"缓冲技术"，"有效长时间保护脚部"（《体育画报》，2006年6月26日）。
- 添柏岚户外品牌（Timberland）在广告中高调推荐其"第一双结合全球知名羊毛制品生产商智慧羊毛（SmartWool）温度调节技术制成的鞋子"（《体育画

报》，2005年12月5日）。

另外，天花乱坠的汽车广告也同样大肆宣传其产品包含的科学技术以吸引顾客。汽车更显然是经过科技辅助设计和测试的产品，但其名字依然受到了广告商吹嘘语言的影响：

- 英菲尼迪（Infiniti）FX系列汽车采用了"智能锁科技"（《纽约客》，2004年8月9日与16日）。
- 奥迪Q7系列车型拥有"跑道技术"（《波士顿杂志》，2006年5月）和"缸内直喷技术"（奥迪美国官网，2006年5月），而奥迪Q6系列车型拥有更通用的"领先动力、技术和设计"（《财富》［Money］，2004年12月）。
- 丰田亚洲龙（Avalon）轿车在广告中的形象是该产品为"严控技术"的结晶——"让一系列让人难以想象的科技触手可及……"（《纽约客》，2006年6月19日）。
- 如果你想拥有经科技改良的优质轮胎，普利司通（Bridgestone）轮胎采用"动感舒适出游技术"，满足你一切需求（《黑人企业》［Black Enterprise］，2005年5月）。

5.2.1.2 "科技"与新颖性

在杂志、商业广告和网页广告上，更多类型的"形容词+科技"的组合广告语随处可见。通过策略性地运用词组表现产品新颖性和创新性，这些广告语揭示了科技词汇的第二种使用类型。此类语言不仅与科技扯上关系，还直接运用科学技术以吸引消费者关注产品的艺术性。诸如"新颖""先进""创新""突破"等词语，一旦与"科技/技术"组合起来，便产生上述效果。在女士化妆品广告中，新颖性策略尤为明显，同时也参见其他产品的广告：

- 列德肯密集滋养护发素："采用突破性纳米乳液技术，给你顺滑养发新体验"（《世界时装之苑》，2003年10月）。

- 艾凡达（Aveda）发胶采用"突破性松树脂技术"，一喷即干（《名利场》，2004年7月）。

- 伊丽莎白·雅顿的Prevate护肤霜采用"革命性新型护肤技术"（《Vogue服饰与美容》，2005年12月）。

- 欧莱雅在其Vive系列活力丰盈男士洗发露中使用了"Regenium-XY技术"，这是一项"全新科技"（《新闻周刊》，2004年3月29日）。

- 上文提及的吉列锋速系列剃须刀的广告标语为"突破性技术"。

- 美国兰兹角（Lands End）邮购公司在其产品目录中推介海陆两用运动鞋时突出强调该产品"采用了新型排水技术"（《早春产品目录》，2006年）。

- 雅芳品牌的新活抗皱修复霜，其广告称该产品含有"革命性立体紧致技术，重建肌肤胶原蛋白"（《本质》，2004年6月）。

- 至于家居用品，美国亨特（Hunter）公司生产了具有"传奇品质与创新技术"的吊扇（《建筑文摘》[Architectural Digest]，2004年6月）。

5.2.1.3　"科技"：弥补传统的不足

　　从亨特公司吊扇的广告中，我们可以看到传统与创新并行，"科技"与"传奇品质"相对照。这是运用科技宣传产品的又一种话语策略，与此同时，这种策略也向非现代设计的传统产品及其品质致敬。详见以下案例：

171

　　·大卫·雅曼（David Yurman）男士腕表声称结合了"精雕工艺与瑞士技术"（《建筑文摘》，2004年6月）。通过使用连词"与"，上述两个特点得以分离，易于消费者解读精雕工艺不是由科学技术产生的。

　　·普利司通轮胎在广告中称其运用了"高雅SUV技术"，即结合了运动学与工程学（《十点新闻》，新英格兰有线新闻网，波士顿，2006年6月29日）。

　　·伊莱克斯（Electrolux）真空吸尘器在广告中称其拥有"微米封膜™（MicroSeal™）空气清新技术"，虽然人们并不明确微米封膜技术与空气清新有何关系，能对其发挥什么作用（《纽约客》，2005年11月7日）。

　　·通用电气（GE Profile）家居产品的一则广告上写道："高品质与高效率喜结连理。"这句广告语糅合了"精细工艺"和"三重媒介技术"；图片中，一位太空时代打扮的女士与一位男厨师共同捧着一件堪比艺术品的微波炉，二者形成鲜明对比（《美食美酒》[Food and Wine]，2004年5月）。

5.2.1.4　科技用语打造的其他新词

　　包括"科技/技术"一词在内的其他科技词汇，主要来源于互联网，这些词语出现在广告中，将非科技产品包装出科技的效果，而不论那些产品是否真的含有实质的科学技术。此类广告语大多通过隐喻的修辞手法发挥作用，利用科技作为隐喻基础，产生截然不同的词语意义。据此推断，即便对科技知之甚少的人也能看懂这些词语，于是这些词语通过拓展科技词汇的特定方式将科技词汇固定下来，在这个过程中，一些广告甚至会创造性地化用科技词汇，宣称某个产品拥有某些科技特征。

其中的一项关键的新词用法是"连接"（connect）及其同根词"connection"。日本酷凉牌香烟在其广告宣传中引进了"连接"一词，旨在将产品与手机使用文化联系在一起。如图5.3的广告（《本质》，2004年12月）所示，该牌子的香烟盒主色调为绿色，通过几何蒙太奇的手法在其画面上呈现各式各样的手机缩影，而广告的背景则为蓝色，错落有致地布满了数字化地区符码。围绕着这盒香烟的是一个矩形，**"柔顺"**（SMOOTH）与**"连接"**（CONNECTION）的字样各在该矩形的两个对角处。对这两个词语的同时使用又例证了传统与创新的并行：在这个广告里，"柔顺"巧妙地将薄荷醇香烟与酷凉品牌香烟联系起来，而"连接"将个性与当前使用手机的一代人联系起来。

日本本田汽车公司旗下的高端子品牌讴歌（Acura）在其广告中也化用了"连接"一词的词义，广告标语为"乐活·好车·密相连"（《新闻周刊》，2006年3月6日）。就在这个广告中，我们可以看到，前景出现了一位脸上漾出满意表情的男士，他戴着耳机，耳机线一直延伸至广告后景中的讴歌

172

图 5.3　酷凉牌香烟"柔顺连接新体验"（《本质》，2004 年 12 月）

173　品牌汽车处。

以下广告列举了另外一些科技术语使用情况，这些新词
创意十足、臆想连篇：

· 丝芙兰国际美容产品网站的广告，既展现了点击网页链
接的画面，又使用"美丽人士必点""不知不觉变美
吧"等语言塑造在线交流"真诚"的标签化形象（《奥
普拉杂志》［*O-The Oprah Magazine*］，2005年9月）。

· 新闻播报网MSNBC.com的房地产版块标题为"家·主
页™"（HomePages™）（《新闻周刊》，2006年4月

26日），创意地引用了当下人人皆知的网站主页概念，并以产品为导向化用该概念。

· 自然之路（Nature's Path）的优选有机麦片广告引导读者"为生活加油"（《形体》，2004年6月）。在该广告文本中，读者被告知"优选™产品富含多种成分，为每一天注满活力"。

· Soft Sheen Carson品牌将旗下一款针对黑发女士的美发产品命名为"HiRez™ 高显色染发膏"，这是化用了屏幕分辨率的概念，树立其以"突破性技术"独创理想染色体验的形象（《本质》，2005年6月）。

· 普利司通旗下品牌Fuzion™ HRi系列轮胎，特别适合花式赛车和侧滑爱好者，其广告的右上方以标签形式写道："较真的及时沟通艺术。"这句话的下方是轮胎花纹的技术描写，由"一组灵动而不对称的胎面花纹"构成（《酷品》，2005年9月）。如图5.4所示，这幅广告包含了许多科技符号的元素：字体样式和图形；使用术语"先进技术"；以笑脸符号文本"：）"的形式展示轮胎滑过地面留下的痕迹；画面左下角"太酷了！"的字样。

· 美国知名在线商城 Ashford.com主营手表、包包、钢笔等奢侈品，其预言，购买该商城的礼品，就能"重启亲密关系"。

· 连美国公共广播公司（PBS）在推广其生活史节目"得克萨斯农庄"（Texas Ranch House）时，也在广告中使用了手机术语。该节目出现一个贴着"牛仔之铃"

标签的大三角形响铃，吃饭时间一到，牛仔们便会敲响此铃（《纽约客》，2006年5月1日）。

5.2.1.5　科技对产品命名的影响

在广告中，使用科技术语推广非科技产品的第五种方法是给产品命名。给产品起名字能够成为推广品牌的策略，通过对科技内涵的化用，无论什么产品，均能得到快速传播及流通。具体例子分析如下：

174

图 5.4　Fuzion™ HRi 系列轮胎（《酷品》，2005 年 9 月）

·Footjoy公司推出"超柔软eComfort™"高尔夫球鞋系列，其广告画面展示出四只不同系列的女士球鞋（《女士高尔夫》〔*Golf for Women*〕，2004年7/8月）。

· 肯德基将儿童套餐命名为"笔记本电脑套餐"（《超人前传》剧集播放期间的广告，2005年10月31日），使得玩电脑时盘起腿食用儿童套餐风靡一时。

· 一款名为"铁克龙"（TechnoMarine）的外观富有新时代气息的瑞士手表，其在表圈上嵌有125颗完美切割钻石的"TechnoDiamond Chrono Steel"，这是其中一个亮眼的设计特点（《名利场》，2005年6月）。

· 轻型户外鞋类有一个品牌系列名为"高科技户外"（Hi-Tec® Outdoor）（《形体》，2004年6月）。

对于这些运用了科技术语的广告，读者们作为社群实践的一部分需要识别这些术语。其围绕着特定领域展开，如互联网、网页和手机。广告中的产品与科技话语符号联系在一起，这似乎向人们传达着某种潮流和趋势。这种联系也不断向更大范围的文化集合增添与科技相关的新内容，包括各种产品、实践和话语。一个对专业科学技术实践或科技词汇一窍不通的人也足以读懂这些包含了科技术语的广告，但与此同时，这些广告难免有些直白且缺乏吸引力，做不到当今广告所追求的吸引眼球的效果。虽然对于当下这代人来说，"科技"就像20世纪上半叶的"科学"那样神圣，但一个不懂科技的人可能还是会倍感迷惑，不知道某个用了科技术语或话语结构的广告到底想表达什么，以至于他们很有可能会忽视这个广告，因为他们认为它是一个无用广告。例如，"三重亲肤技术"，意思是消费者需要在脸上抹三次护肤霜？"即时通信"呢？意思是轮胎经销商会马上回复电话吗？如果你不是科技达人，那你就要好好推测一番了。

5.2.2　科技构图符号

科技构图话语在广告中的第二种使用方法是，在广告文本中引入含有科技意义的符号。专业技术应用的广告话语有时候运用许多专业化的符号，但它们大多是消费者能理解的常见符号，消费者在访问互联网、发送电子邮件、线上购物、播放DVD、使用数码相机时常常遇到这些符号，因而不觉得陌生。例如：电子邮件中常用的符号"@"，或表示访问请求跳转和网页链接跳转的符号">"，又或表示DVD和CD前进/快进的符号">>"。

本节将阐释科技构图符号的多种使用形式，以此探讨这些符号是如何进入广告中的。这些符号有的偶尔出现，但其他大多都已成为广告的主流使用符号。

一些符号在科技领域中的应用很普遍，在广告中却并不常见。符号"@"已成为电子邮件地址的常用符号，按理该符号会频繁出现在杂志的广告语言中，然而，实际情况并非如此，该符号的出现率甚低。早期，符号"@"曾出现在维珍妮牌女士香烟的广告中。在这个广告里，一位女士尽情绽放笑容，画面上的字幕是"只有我才能取笑自己"（I am allowed to laugh @ myself.）。通过"独家@布鲁明戴尔百货店"（only@Bloomingdale's）的广告语，美国布鲁明戴尔百货店吸引潜在的顾客，并宣扬其产品的独特性（《波士顿环球报》，2004年4月4日，A9版）。

印刷体笑脸符号也常用于电子邮件和即时通信系统，却甚少出现在广告中。本书图5.4中的Fuzion轮胎广告使用了这个符号，而2005年丰田的杂志广告，在一英寸高的标题栏处把"：）"笑脸符号加在"mpg"（英里/加仑）单位后，推广其油电复合动力系统®（Hybrid Synergy Drive®）。科技达人一眼就能看出这个由冒号和半括号组成的符号实际上是逆时针旋转90度的笑脸，在小学生的校园报纸上便能找到这个笑脸。但对于了解科技有一定难度的人来说，这个符号似乎毫无意义。

重点凸显，实际上是从视觉上模仿常见的文字处理效果（与人们拿记号笔进行字词涂抹处理的情况类似），其常出现在一些印刷的纸质版广告中。与使用科技符号的情况不同，无论读者是否精通科技，重点凸显都可以为大众所认知。但是，展示重点凸显的特殊方式表明了该处理是通过计算机输入文本的。因为它的字体风格有棱有角且相当规范，没有弧度，也没有高度的变形，不像从本地办公用品店里买来荧光笔在纸上划出来的那样。优越石油（Beyond Petroleum）公司的网站beyondpetroleum.com使用黄色高亮来重点凸显广告语中的粗体字："为了缓解全球气候变暖，我们去了普林斯顿……为了鼓励大家对全球气候变暖出谋献策，我们去了幼儿园……"（《纽约客》，2005年12月）优越石油公司也在其电视广告中采用了类似的重点凸显方法。黑莓掌上电脑由纳克泰尔斯通信公司提供服务，其广告在右下方用高亮文本"纳克泰尔斯公司出品"（Nextel. Done）表明这项特点（《新闻周刊》，2004年4月12日）。但是，反凸显的方法使用得更多，比如将白色或浅色的文本内置在黑色凸显性字块中。使用这种样式时，重点凸显的字词往往是单独出现的，而不是在一个词组或句子内。例如，Ideology女装品牌就使用了这种样式凸显其品牌名称：IDEOLOGY（《简》，2005年1月）。一个丹麦伏特加酒品牌Danzka Vodka在瓶身使用了这种反凸显样式，广告中，一瓶伏特加酒被冰块包围着，瓶身的标签写着"为冰爽而生"（MADE TO CHILL），而标签的底色为红色（《细节》，2004年4月）。T. D. 水屋（T. D. Waterhouse）投资咨询公司在一则广告中，插入了电视剧《法律与秩序》（*Law and Order*）的主演萨姆·沃特森（Sam Waterston）的肖像图，用绿底白字凸显地写着"免一个月手续费"（《财富》，2006年2月）。该视觉形象和言语意象是否为了引导读者认为那位演员也信赖这家公司为他管理财务？或者律师们也让该公司托管基金？从本文所收集的案例来看，广告使用文本框的频率要比使用这种高亮凸显的频率高，广告文本就放置在这些四边几何图形里。而文本框同样也是文字处理软件的常用素材，每一位接触过网页排版的人对此都不陌生。无论是谁，只要懂得文字处理，便能做出这种文本效果。

在科技广告话语里，还经常出现其他符号，用于反向链接回到科技话语。其中，广告话语里最常用的科技符号是前进箭头或插入号（>），以及用于电子邮件地址中的印刷体下划线，例如：carmalla_fudge1499@hotmail.com。对于广告而言，这些符号都是新鲜事物，对其的广泛使用反映了计算机应用软件的符号已成为标准化标记。

5.2.2.1 前进箭头

目前，从左指向右的前进箭头，以及由其变形而来的单箭头（＞）或多重箭头（＞＞）是广告经常使用的符号：其变形包括开箭头（＞）、双箭头或多重箭头（＞＞）、实心箭头（▶）。前进开箭头是计算机编程语言的传统符号。对于熟悉磁盘操作系统的老一代人来说，箭头符号是用于程序中表示进程跳转的，例如，从一个磁盘驱动器跳转到另外一个磁盘驱动器。不久，前进箭头便拓展至音频和视频设备的通用箭头了，后来还出现在数码相机和DVD机中。

奥迪和丰田的广告商不约而同地大量使用了这种箭头。2004年，奥迪独出心裁地在7英寸×7.5英寸的杂志中插入奥迪A6款轿车的广告，发起了"不追随，只领先"的革命（《纽约客》，2004年11月29日）。将杂志从中间打开，读者就能看到"领先"（Lead）一词印在左边，"追随"（Follow）一词在右边，而一个开箭头横亘两个版面，落在这两个词之间（如图5.5）。此箭头指示读者继续翻阅广告册子，而在读者翻过版面时，箭头的双重意义跃然纸上。现在，前进箭头又被赋予了"大于/多于"的数学意义。在一则广告中，左边是汽车引擎的图片和广告语"远胜于马力"，而右边是奔跑着的马匹图像。在奥迪Quattro的广告中，一个大型前进箭头后紧接着数学表达式"4: >4"（《黑人企业》，2005年5月）。广告画面底部的文本开头是"优于四轮驱动"——再次体现了前进箭头的双重意义，既表示前进，又隐含数学语言中"大于/多于"的意义。

2004年，丰田将广告语"永不止步"（Moving Forward）发扬光大，同时搭配使用实心前进箭头。在许多丰田广告中，由白色倾斜字体和箭头组成的广告语都出现在广告画面

图 5.5　奥迪（《纽约客》，2004 年 11 月 29 日）

的右上端、丰田标志的下方，这些广告语都布局在红色矩形文本框中："永不止步▶"（丰田汉兰达［Highlander］车型广告，《新闻周刊》，2004年12月20日）。在其他广告中，丰田的广告语和箭头则出现在底部右端（丰田坦途［Tundra］皮卡车广告，《新闻周刊》，2005年9月19日）；丰田荣放［Rav4］车型广告，《人车志》［Car and Driver］，2006年5月）。在所有这些广告中，箭头的作用是指引人们进一步阅读，并创造了与汽车前进相关的意象，扩充了广告语的内涵。

　　大量其他产品也将箭头运用在广告中。这些广告都承诺，如果读者拥有或使用某产品，就会达到某种效果。从这个意义来说，前进箭头象征着进步与结果。

　　·埃森哲（Accenture）是全球最大的管理咨询、信息技术和业务流程外包的跨国公司。其在广告中展示泰格·伍兹（Tiger Woods）的形象特写，号召全民参与"来吧！像伍兹一样成为一只猛虎"（Go on. Be a tiger.）的运动。在这些广告中，该公司名称Accenture里的字母"t"上多了一个前进开箭头，如图5.6所示（《黑人企业》，2005年3月；《福布斯》，2005年4月18日）。该公司的网站也提供了由该海报做成的屏保版广告，以供电脑用户下载。

179

图 5.6 **埃森哲**（《福布斯》，2005 年 4 月 18 日）

· 美国运通蓝色提款卡（American Express Blue Cash）广告，在提款卡的右下方设计了实心前进箭头符号，并在广告页面中单独列出了文本"**前进▶**"（《财富》，2004年4月）。

180

· 美国先锋基金（Vanguard money funds）在杂志上使

用了一个前进开箭头指引读者翻阅活页广告（《财富》，2006年2月）。在这幅广告中，箭头被放置在以下前倾文本的右边："全球最好的共同基金与交易所买卖基金。"

· 美国电讯公司贝尔南方（Bell South）关于"供应商多元化项目"（Supplier Diversity Program）的广告中，一个三角形指向页面右边，其末端使用了双重开箭头（>>）。在该三角形中，我们可以看到一张手持画刷的黑人女性照片，以及文字"绘图艺术家"（《福布斯》，2004年12月13日）。三角形上方的标语写着"这也许能在未来看到……"：三角形和">>"符号构成了麦夸里（McQuarrie）和米克（Mick）所阐释的视觉修辞——在这种情况下，广告能反映出口头语，并与前倾字体的公司名称相呼应，创造了一种象征未来的积极前进意象。

在一些广告中，前进箭头也充当着着重号的角色，与字词处理软件中的着重号作用类似。和所有着重号样式一样，这种情况下的箭头通常出现在文本的左边，而不是在页面的右边或文本的右边：

· 美国富达投资集团（Fidelity Investments）的广告，在有关开户性质的说明前使用了实心前进符号，并在以下文字前加以使用"▶富达免费个人退休账户，开户趁今天"（《新闻周刊》，2006年2月6日）。

· 美国莫瑞麦克学院（Merrimack College）在报纸上刊登

了广告，两次使用了前进开箭头，一次是在"夏季招生进行时"字样之前，一次是在开放参观日的日期前（《波士顿环球报》，2006年6月1日）。

· 菲利普·莫里斯香烟公司推广其"戒烟援助"网页，将前进开箭头用作着重号（《人车志》，2006年6月）。所用的箭头是金色的，而主体文本则是绿色的：

> 如果您决定戒烟，
就从这里开始吧。

除此之外，在其下还有字体更小的信息，每一点信息前都有一个前进箭头的符号表示着重强调。

化妆品公司也同样将箭头符号用作着重号：

· 兰蔻新款流光炫彩唇膏的广告特点是在产品描述前加上箭头符号来着重突显文本内容，如图5.7所示（《名利场》，2006年3月）。这幅广告还使用了与科技相关的术语"顺滑技术"，并通过反凸显的文字样式强调"全新"一词。

181

· 莎莉汉诗（Sally Hansen）除毛产品"快速除毛蜜蜡"（Express Wax）的广告，使用开箭头来表明产品的三大特性：

快速>简单>有趣（《十七岁》杂志，2006年8月）

当前进箭头用于标记整个文本中的不同要点时，这种着重号样式便出现了变体，其通常具有列点式效果，与句号的作用十分相似：

- 道奇（Dodge）Charger车型的广告对这款汽车的描述
  如下：

  道奇Charger > 425马力SPT HEMI^{fi} V8引擎 > 420磅/立方
  英尺扭矩 > 全速牵引力制动系统 > 三向电子稳定控制
  系统（ESP）> 5段自动变速传动系统 > 登录我们的网
  站……（《体育画报》杂志，2005年12月19日）

- 收购纳克泰尔斯公司后，美国斯普林特公司在最新一
  轮宣传推广活动中使用了前进箭头的变体，广告在杂
  志、电视节目、互联网等各大媒体上刊登。新的斯普
  林特公司商标看上去就像轻微羽化的柔边箭头形状，
  而品牌名字后面还有一个箭头。

5.2.2.2 下划线

绝大部分人对下划线"_"都不陌生，因为它是电脑键盘
的标配键，而早些年它就已出现在打字机上。

下划线是ASCII二进制数字符码的其中一个组成元素要
素，为微型处理器所用（Underscore，日期不详），并在许多
应用程序中取代了空格，包括计算机操作系统、文件名、各种
万维网应用软件，尤其是像ad_junkie@post.org这样的邮箱地
址。在新近的应用中，下划线实际上并不标划什么内容，只
是发挥了占位符的作用。如今，下划线的这种用法也许是许
多计算机用户最为熟悉的，甚至在打字的过程中，用户可以
通过点击字词处理软件中的工具栏按钮，或简单地同时按下
"ctrl+u"按键，便可以打出下划线的符号，而不必再敲下划
线的按键。由于发送电子邮件的所有用户都需要了解下划线在
账户名中的应用，因此下划线的新使用方法已广为传播。如果

一封邮件漏写下划线，导致本应间隔开的两个语言要素粘连在
一起，或用其他符号代替了下划线，该邮件都会被撤回。

182

图 5.7　**兰蔻流光炫彩唇膏**（《名利场》，2006 年 3 月）

　　作为新一代的科技标志，下划线逐渐走入广告领域。有　　183
时，它就像网址的一部分，读者可以自行填补省略的部分，并
意识到这是网页话语习惯。但有些时候，下划线用作分隔两组
内容，该用法与上文介绍道奇Charger时提及的前进箭头的作
用不同。

　　日本汽车制造商日产（Nissan）汽车公司在广告中采用下
划线的做法广为人知。TBWA/Chiat/Day（李岱艾）广告公司

为日产汽车公司度身订造了"Shift_"推广计划。在广告的助力下，日产的"Shift_"品牌理念遍布杂志、电视、互联网、手机等媒体。显然，这个广告语巧妙地利用了"shift"一词的含义，既特指汽车的换挡，又泛指方向、目标、动力等的超越和改变。在该系列宣传推广中，每一个广告都分别体现出日产不同车型的特征，大概是为了适应不同的广告投放载体，针对不同的目标群体。以下是围绕这一品牌理念的广告语（参与推广的日产汽车车型及刊登该系列广告的杂志均已列出）：

- SHIFT_迷恋（日产Z系列运动型跑车，《马克西姆》《Blender音乐杂志》《智族GQ》）；
- SHIFT_超跑（2005年天籁V6［V6 Altima］车型，《黑人企业》）；
- SHIFT_品位（2005年天籁V6车型，《形体》《新闻周刊》）；
- SHIFT_超品位（2005年天籁V6车型，《本质》）；
- SHIFT_探险（探路者［Pathfinder］车型，《体育画报》《人车志》）；
- SHIFT_探险（日产楼兰［Murano］城市SUV概念车型，广告背景为旧金山，文本标题为"攀登诺布山的东方新贵"，巧妙地融入了攀登山峰的形象）；
- SHIFT_景致（日产楼兰系列车型，广告背景为曼哈顿，文本标题为"横穿第七大道河流"，《新闻周刊》）；
- SHIFT_激情（日产楼兰系列车型，广告背景为新奥尔良市，文本标题为"走在神秘秋葵田的路上"，《美食美酒》）；

· SHIFT_力量（日产前线［Frontier］ 4×4皮卡，《ESPN》）；

· SHIFT_愉悦（2005年天籁V6车型，《财富》）；

· SHIFT_成规（日产贵士［Quest van］车型，《财富》）；

· SHIFT_期待（2004年265-hp动力西玛［Maxima］车型，《纽约时报》《美食美酒》）；

· SHIFT_热烈（2005年265-hp动力西玛车型，《本质》《黑人企业》）；

· SHIFT_自由（埃斯特拉［Xterra］SUV系列车型，《酷品》，2006年8月）；

· SHIFT_设计（日产贵士车型，《奥普拉杂志》，2005年9月）；

· SHIFT_敬慕（260-hp动力天籁SE-R车型，在广告中穿梭于大街小巷，上演斗牛好戏，《体育画报》）。

　　每一则广告所宣传的产品特性，都有着与不同生活地位、理想生活相关的内涵，这也正是日产汽车公司在本次推广活动中的意图。"SHIFT_"推广计划开始后不久，日产汽车北美分公司的市场部副总监斯蒂芬·怀莱特（Steven Wilhite）对这场宣传攻势的描述如下：

　　　　实际上，"SHIFT_"并不只是一句广告词。

184

"SHIFT_"可以是一个交流沟通的平台……传递日产汽车公司的核心价值观、公司特点和行事态度，打造一个更深入人心的综合化品牌……"SHIFT_"的标签，能够改变一个人，改变一种生活，改变这个世界，或单纯只是改变你出行的方式……（这）未尝不是一种沟通方式，我们必须时常质疑我们的预设，坚持以不同的方式看待万事万物。（Mamos and Saw，2002）

在品牌策略里，广告语是广告的核心所在。如果成功的话，"SHIFT_"就会成为信息留白，告知人们，如果他们驾驶某型号的日产汽车，根据这款车型的特点，他们就能达到留白处所代表的境界。上下滚动日产汽车公司的网页，人们能看到不同车型的特点，包括"喜悦、独立、新颖、灵感"等。

自2002年"SHIFT_"的广告宣传活动后，好几个新流行的方向标陆续问世。2003年，这种广告模式在移动和无线设备的推广宣传中得到延续（Nissan Takes "Shift"，2003），并将此广告策略称为"移动服务"（Mobile concierge）。经日产汽车公司与相关设备公司联手打造，"SHIFT_"广告语不仅能拓展不同车型的更多信息，还能引入有关娱乐信息的内涵，如餐饮、夜生活、酒店等。此项创新简直能让"SHIFT_"取代掌上电脑！接下来是"品牌故事"，日产汽车公司非常贴切地将其命名为"SHIFT_故事"，指的是记载了日产公司某些车型、引擎和创新之处的短篇小故事。推广"SHIFT_故事"的杂志广告将广告语放在页面底部右方，但呈现方式并不特别引人注目（《人车志》，2006年3月）。而在页面右上方的象限中，则是日产的品牌故事。2006年，通过使用软件更新数字（Solman，2006）将型号"2.0"具体化（如"2.0 激情"），日产汽车公司在其广告中引进又一科技话语要素。贵士车型（《ESPN》，2006年7月2日）和西玛车型（CBS，2006年7月10日）的电视广告在展示"Shift_2.0"的时候，上述三个话语要素不断地在屏幕底部快速滚动出现，从左到右，无不体现了科技的作用。这些广告还出现了"智能锁技术"的技术术语。"_2.0"意符亦在关于产品特性的描述性文本中出现，正如西玛车型的广告就打上了"任务管理_2.0版"的字样（《新闻周刊》，2006年7月17日）。

日产汽车公司基本垄断了对下划线的使用，但在其他一些广告中，我们依然能看到下划线的踪迹： 185

- W酒店的广告展现了一幅由边角构成的橙黄色调现代画面，让人眼前一亮，画面底部则写着这句广告语：

清凉中的温暖_生活方式与精神的平衡

在这里，下划线看来也能达到冒号或破折号的表达目标（《名利场》，2005年7月）。

- 微软公司最近针对企业用户推出一则广告，其广告语为"员工是企业最宝贵的财富"（《新闻周刊》，2006年4月10日）。在这则双页广告的左下方底部，出现了一句问题式广告语："你的员工_准备好了吗？"，背景是一个飞机制造工厂的场景。而在下划

线 "_" 的上方，是一个站立着的人形剪影。该产品系列的另一个广告（《新闻周刊》，2006年5月28日）则将 "准备" 一词与下划线 "_"（ "准备_" ）靠近工厂画面中的人。在这种情况下，科技公司使用了科技符号来推广其科学技术，但对下划线 "_" 的理解则更多靠读者的实际使用经验。

5.2.2.3 方括号

方括号的印刷体是 "［ ］"，和下划线一样，方括号也是打字机或计算机键盘的常用键之一。在各种各样的数学表达中，括号都派得上用场，而大多数学生也都知道括号能在书写时用于插入评论、解释或引用语中的某一段话。在这种意义上，括号意味着增补。括号也常用于ASCII计算机编码中限制一项表达，并频繁用于不同形式的技术交流。电子邮件和即时通信系统使用方括号（ "［" "］" "［ ］" ）来合成不同表情符号，比如 "礼貌微笑" 表情 ":-］"， "无聊" 或 "伤心" 表情 ":-［"， "拥抱" 表情 "［ ］"。

下述例子旨在探索方括号如何在广告文本中发挥其延伸科技的意义：

· 早期案例可见1995年美国通用吉米（GMC Jimmy）小皮卡商务车的广告（《黑檀》，1995年2月）。该广告占据杂志两个版面，每一个版面都用方括号将下述文字括起来，形成标题：

［变强壮］和［变聪明］

· 韩泰（Hankook）轮胎适用于赛车和实现其他高性能驾

驶的要求，其广告语是："［快车道……］技术。"
该文本括号中省略的内容兴许是为了激发读者们的奇
思妙想，尤其加上广告语下面的文字承诺了"韩泰轮
胎，尽享驾驶乐趣"（《体育画报》，2006年5月）。 186

- 在卡特里娜飓风（Hurricane Katrina）带来毁灭性灾害
后不久，《波士顿环球报》刊登了一则全页广告，赫
然写着"美国石油和天然气产业的来信"（2005年11
月8日，亦可参见其他刊物）。置于灰色调板块的广告
文本说明了天然气的用处，并直接呼吁读者们要对这
个产业有信心，相信它会肩负起责任，在当前由于政
府管制而无法引入天然气的地区开发这种价值非凡且
需求高涨的能源。该版面在中间用方括号引出了粗体
评论性文字：

［ 有关天然气的思考 ］

在方括号里内置文字，似乎在邀请读者好好探索该广
告的内涵——思考天然气开发的可能性。

- 雪佛兰索罗德（Silverado）汽车的一则广告（《人车
志》，2006年1月）采用了较大篇幅的文本来强调这款
皮卡车的动力（345马力，"Chevy Vorrtec™ Max动力
传动装置"，"呼啸疾驰，380磅英尺扭矩马力"）。
在四门金色皮卡车的图片下方，两列分布的广告文本
中间，有如下标语：

［ 皮卡万岁 ］

- 一家澳大利亚葡萄酒酿造厂卡塞拉酒庄（Casella

Estate）将其中一系列酒命名为"［黄尾袋鼠］"（yellow tail）。其在《娱乐周刊》刊登了广告，背景是黑色的，页面顶端是采用黄色字体和粗体格式标注出产品名称，当中出现了方括号。页面的右下方是一瓶［黄尾袋鼠］西拉红葡萄酒，瓶身贴有产品名的字样。超过三分之二的页面被一只闪耀着光泽、摇曳着明黄色尾巴的黑色龙虾占据了。将方括号运用于展现酒的名称，使其成为具有辨识度的标志，这似乎是为了吸引潜在的消费者思考这是什么样的酒，思考这瓶酒尝起来味道如何……

· 另外，也有一些情况只使用单边方括号。比如，在斯巴鲁（Subaru）WRX车型的广告中，兰斯·阿姆斯特朗的形象出现在页面上半部分，车的图片呈现在页面下半部分，中间是一句广告标语："控制力量，主宰前路。"（《细节》，2004年4月）页面底端的车型说明只使用了方括号的右半边。

· 纳斯达克证券交易所（NASDAQ）非金融企业群体（QQQ）在其连页广告中发明了方括号的新用法（《福布斯》，2005年4月18日）。如图5.8所示，在广告的右版面，方括号的左半部分置于页面右上角，将一本翻开到4月15日的日历半包围起来，其下写着"财捷集团"（Intuit）的字样；而方括号的右半部分则置于页面的左下角，将一个茶包给括了起来，其下写着"美国全食超市公司"（Whole Foods Market）。

图 5.8　纳斯达克证券交易所非金融企业群体（《福布斯》，2005 年 4 月 18 日）

广告还包含了大篇幅文本，左右两个版面均有，但更 188
多安排在了广告的左版面，图5.8未展示该部分。广告
中，纳税日期用非文字符号性标志来表示，茶包上的
绳子末端设计富有中国特色，这两点增添了广告的趣
味性。选择财捷集团和美国全食超市公司作为非金融
企业群体的示例，能激发读者们的思考——也许投资
与他们通常认为的不一样。广告的右版面也用语言邀
请读者"投资非金融企业，多样化退休投资组合>"。
这句广告语插入了本章节前面所提到的前进箭头，引
导读者阅读广告的其余内容。这幅广告并列使用了几
种不同的符号体系（科技标记、投资、所得税退税支

票、中国人生活方式），促使读者好奇册子里的内容
会为自己退休后的生活提供些什么。

5.2.3　短编程命令、终端符号、小圆点

　　计算机编程和以计算机为媒介的通信应用软件已发展出
独特的陈述语言结构样式。作为人工语言，计算机语言有自己
的一套句法和语义规则，用以管理文字陈述与编程命令的构
建。这些规则不同于作为自然语言的英语或其他语种，精确度
是计算机语言最为关键的要素。虽然人们也许会认为人类语言
在使用时也力求精确，但我们在交流时所输出的自然语言往
往是不完整、不清晰、不直接、不明确、不简洁、不易理解
的。作为人类，我们可以创造性地运用语言，在特定场合选择
适当的方式表达我们的想法，并决定是否与人交流，应该说多
少话、写多少字。如果计算机语言的开放性像自然语言一样
强，那么完成任何任务都将面临巨大的困难，字词处理系统
可以通过编程实现对常见拼写错误的修正，但是如果库搜索
（library search）出现了拼写错误，那将得不到拼写结果或只
有奇怪的结果。通过系统命令语句，计算机语言的作用得以
发挥，而在如今的软件中，许多这些命令都能够在工具栏里
找到，并可以在菜单栏中点选。这些命令都是明确的语句指
令，告诉计算机运行系统要做什么，比如，识别我的密码并让
我进入我的电子邮件账户，将字母大写，显示我求职文件夹中
的文件。

　　电子邮件、聊天室、即时通信软件等以计算机为媒介的

通信系统也有其造句和传达信息、思想、情感的独特样式。一些样式受限于软件的功能及缺陷，其他样式的形成则由于实践社群自然而然地衍生出该社群特有的语言使用规则。电子邮件、在线聊天和即时通信系统均有一个共同特征：在大多数情况中，所使用的语言相对来说并不正式；相比于电话交谈、写信等需要提前准备或耗时更长的沟通方式（甚至包括面对面交流），上述三种方式更为快捷。

广告所应用的特定省略类型，以及为了节省广告词的费用，使得广告借用计算机命令和以计算机为媒介的通信系统的模式形成特定的话语样式。广告也常常使用单个的词或短语来为产品创造各种文字意象："先进""狂欢""风格""放纵自我""转变思维方式""至臻奢华"，等等。

近年来，为了与潜在消费者对话，广告运用了一种建议性的语言风格和表达样式，这种话语常参见计算机运作和以计算机为媒介的通信。在广告中，科技格式中典型的短命令语句和如今常见的"小圆点"多不胜数。

5.2.3.1 命令语法

命令式的简单语法常见于著名广告语中，比如，大众汽车的广告语"车主招募令"（Drivers Wanted），耐克的广告语"永不止步"（Just Do It）。每句广告语都传达了一个命令——语句简单，命令却不简单，因为它依赖于读者自行从广告文本中填充其中省略的信息。在大众汽车的广告中，想要的并不只是司机。"车主"在这里意味着"买车者"（buyers），但如果直说"买车者招募令"，就太粗鲁无礼了。广告期望读者成为大众汽车（比如最开始是大众甲壳虫车型［Beetle］）的司机，而不是指随便一个停车场里其他汽车的车主。耐克广告语"Just Do It"中的"It"激发读者的想象，并将自己代入到需要冒险的一步步行动中，无论具体是做什么，都要努力实现自己的梦想，去做自己过去曾不愿意做的事情。而耐克希望读者对广告语的解读能联系到该品牌的鞋子，可以是因为读者觉得耐克的鞋子就是自己想要的那个"It"，也可以是因为读者们能记得曾经是耐克鼓舞了他们。

　　广告中，简单命令语句后接终止符号（如句号）的例子比比皆是。2000年，轩尼诗干邑（Hennessy Cognac）的系列推广活动刻画了以不同组合方式出现的人，他们极具吸引力，各有鲜明的性格特点或明确的动机，这些都在文本框中加以注明；每一则广告都有这么一句广告语："个性混搭。"（mix accordingly.）广告语中包含句点。美国运动品牌凯兹（Keds）在2005年款式推广中，打出了"率性帅气。"（be cool.）的标语。美国QVC公司购物频道在宣传某个特殊的购物之夜时，喊出了"一语千金。"（speak gold.）的广告语。酷凉牌香烟在最近的推广活动中，运用了两句快捷命令："要大胆。"（BE BOLD.）、"要真实。"（BE TRUE.）。

190　　一些广告也在简化省略的语句后使用句点，用以突出所推广产品的特点，或强调这款产品相关人群的特点及其文化实践。丰田亚洲龙车型的广告语是"**纯属科技。拒绝虚构。**"（ALL SCIENCE. NO FICTION.）。上述提及的轩尼诗干邑的其中一则广告出现了两位精心打扮的黑人男士，一位身着商务套装，正装衬衫笔挺，领带高雅，他的标签为"泰迪熊"（teddy bear）；另一位打扮休闲，身穿运动夹克、高领毛衣，佩戴编织饰品，他的标签为"公司鲨鱼"（corporate shark）。而另一则广告出现了一男一女，男性上方的文本框写着"想得到一个承诺"，女性上方的文本框则写着"想要一份焦糖布丁"。Rain·X Bug and Tar清洁剂在广告页面的中间打上广告词"**垃圾无处不在。**"（DEBRIS HAPPENS.）。凯尼斯柯尔（Kenneth Cole）品牌的"回应"（Reaction）系列男士香水广告语为"得到回应。"（Get Reaction.）

5.2.3.2 "小圆点"符号

一些广告使用句号引导读者将"句号"解读为"小圆点（.）"。由于"小圆点"现在普遍用于网址输入，并将在线商业表达成".com"的形式，它已经渐渐成为更广泛的专门词汇中的一员，甚至还可能被解读成与句号的内涵不同。该符号在广告中的使用甚为普遍。更值得注意的是，大多数广告都在小圆点或句点之间省略了空格。其中包括一些是科技产品的广告，比如移动电话和掌上电脑（上文谈论突出显示的章节中所提及的黑莓手机广告就是其中一例）：

· 索尼品牌的VAIO系列手提电脑（VAIO，Video Audio Integrated Operation，影音互动）有五种颜色，其广告语中的各元素之间没有空格："与.众.不.同™"（like. no.other™）（《形体》，2005年12月）。

· 威瑞森电信公司生产了具有V-Cast多媒体管理服务的手机，其广告展示了美式节奏布鲁斯（R&B）歌手杰黑姆·霍格兰（Jaheim Hoagland）的形象照，画面上的手机屏幕显示正在下载音乐，并配有不含空格的文字说明："**下载音乐.已完成**"（DOWNLOADSONGS.
INFULL）（《体育画报》，2006年1月3日）。

· 韩国LG集团的智能影音手机广告仅用了两个词语，
且用小圆点将它们分隔开："**音乐.视频**"（MUSIC.
VIDEO）（《Blender音乐杂志》，2005年12月）。

· 德国电信的子公司T-Mobile移动电话运营商发售黑莓
品牌手机时的广告展示了这样一个场景：一名游泳者
在蓝绿色的海水中畅游，她的毛巾、黑莓手机、凉拖
鞋则留在码头上。在广告的正中央，即海水的位置，
出现了以下这句话："**出游.T-MOBILE伴你左右**"
（OUT.BROUGHT TO YOU BY T-MOBILE）（《福布
斯》，2004年11月15日）。

· 佳能EOS Rebel系列单反相机的广告中出现了网球运动
员安德烈·阿加西（Andre Agassi）的形象照，标题
是："**快速.精彩.精确**"（Fast. Stylish. Precise）（《新
闻周刊》，2004年6月14日）。

更有趣的是，一些广告用小圆点或句号去划分非常简单
的语言要素——单个的词语或者非常短的词组：

· 如图5.9所示，桂格早餐燕麦方脆（Quaker Oatmeal
Breakfast Squares）的广告清晰地展现了"小圆点"是
如何融入广告的（美国《大观》[*Parade*]，2004年
8月1日）。传统层面的"燕麦"仅是一个词语，但如
果打破传统的话，这个词语可以呈现为两个词，因为
这里的每一个语素都是独立的，可以拆分为"燕"和

191

"麦"。与科技丝毫不沾边的产品和科技性规则二者通过这种"燕.麦"的表现形式实现了完美结合。

· 三菱集团在一款车型的广告中用文字写道："**三菱戈蓝.至尊保护.**"（GALANT.PROTECTION.）（《新闻周刊》，2004年11月8日）。在这行文字下方标有注释："正面撞击防护"和"全方位保护套装"。

· 梅赛德斯—奔驰R级"豪华运动旅行车"（Grand Sports Tourer）的广告玩起了文字游戏，既描述了产品的尺寸，又表达了对产品的期待："等待.很长."（Long. Awaited.）前一个词出现的位置在后一个词之上（《波士顿杂志》，2005年10月）。

· 在可口可乐的"真我"（Real）革命性广告活动中，一则广告展示了一群室友入住公寓，用于描述该画面的广告语为："先进家门.后成家人."（first home.second family.）（《本质》，2004年12月）。

· 雅诗兰黛"完美"系列眼霜的广告文本对小圆点的使用更明显，在更冗长、小号字体的产品阐述之前，有四行介绍性文字（《Vogue服饰与美容》，2005年9月）。小圆点就像产品名亮相的前奏：

您完美的双眼.

没有皱纹.光滑如初.重焕生机.

新颜.理想

完美焕颜修护眼霜

· Appearex指甲强化保健品的广告标题声称："健康指甲.从里到外."（《家庭妇女期刊》[*Ladies Home*

Journal〕，2005年4月）。

·美国社会肥胖的情况越来越普遍，为迎合这一现象，
M&M's巧克力豆于2005年8月推出了新型加大版糖果，

图 5.9　**桂格早餐燕麦方脆**（《大观》，2004 年 8 月 1 日）

目标客户是成年人（M&M's get mega-sized，2005）。
其广告展示了四颗糖果，每一颗都比后一颗要大，四
颗糖果排成一线，与水平的飞机对齐。在糖果下方，
是使用了小圆点符号的标签："完美.给晚餐捣乱.这就
是晚餐.吃了你当晚餐."（《体育画报》，2006年1月
16日）。

电视广告里也经常出现小圆点符号。我们通常能在屏幕

上看到广告元素一个接一个单独出现，有时还会有旁白，就像是电视上出现的东西发出来的声音，有时也会有一些简短的字幕告诉我们旁白在说什么。详见以下四例：

- 《大卫夜间脱口秀》（Late Night with David Letterman）的广告宣传片结尾处出现了两个词，后面均跟着一个小圆点：一个是"品读."（Read.），紧接其后的是"有趣."（Funny.）（哥伦比亚广播公司，2006年1月22日）。与此类似，Tylenol P.M.牌感冒药的广告最后一幕呈现了"击败感冒."（Stop.）和"头脑清晰."（Think.）两个词，其后都带有小圆点。

- 正如以上两则广告，Harvey Windows窗户安装公司的广告也向电视观众弹出了"家居.改善."（Home. Improved.）的字样，与此同时，有声旁白还将这句广告语读了出来（美国全国广播公司，2006年5月10日）。

- 美国塔吉特百货公司推出了一则嘻哈风格的广告，广告快结束时响起了一连串说唱旁白："渴望.需要.得到."（Want it. Need it. Get it.）（美国全国广播公司，2006年6月7日）。

- 2003年年末，路虎揽胜（Range Rover）四轮驱动豪华SUV的口号"无车.能及."（Not A. The.）出现在各大城市的广告牌上。

这些广告样式的风格均浅显易懂且轻松自如，随着在广告中反复使用而逐渐成为固定模式。其相当于网页地址和即时通信式简短便捷句子的综合体，产生的影响也是综合性的。如果顾客对浏览网页、互联网交流、网络世界比较熟悉，那他们就可以更直观地看到这些风格是如何体现在广告中的。类似的，通过广告文本的广泛传播，对简单命令句、标点符号、小圆点的使用也逐渐广为认可。

5.2.3.3 字体：科技构图的辅助语言

我们说话时，不仅能通过句法、语音等语言特征传达我们的意思，还能借助音调、重音、语调的变化来传达言外之意。这些声学元素又称为"辅助语言"，它们提供了重要的沟通信息。当我们要求别人"说大声点儿"或"降低声调"的时候，我们指的往往是辅助语言。当我们听到一个人声音像"广播嗓"一样抑扬顿挫，这表明我们感知到了说话的辅助语言特征。在印刷品中，辅助语言更多体现在文本上，而非对词语的选择和句法。书面文字的辅助语言包括字体样式、尺寸，以及字体在版面中的位置，等等。

在广告对于辅助语言的应用中，有一个方面涉及了科技含

a script with rounded, forward-leaning letters

a script that appears child-like

a script that is aptly named Papyrus

义，即对字体样式的使用。如果某一则广告使用了以下字体：基本上我们不会联想到科技。恰好相反，如果一种字体一看上去就知道是计算机生成的，我们常常会将其文本语义和科技联系到一起。例如，早期的计算机印刷大量使用点矩阵式模板文本，因此即使大多数人在互联网交流时已经基本不使用点矩阵式文本，这种字体也有助于建立起文本与科技的联系。美国民

权同盟（American Civil Liberties Union）在一次招募同盟成员的广告中就使用了矩阵式大写字母。这则广告采用了美国演员兼导演蒂姆·罗宾斯（Tim Robbins）的形象照，他曾因出演"自由剪影"（Scrapbook for Freedom）系列广告而广为人知，而这则广告还展示了他以第一人称陈述的个人信念，选取部分如下：

I AM AN AMERICAN WHO BELIEVES IN QUESTIONING OUR LEADERS . . . I SUPPORT THE ACLU BECAUSE WE SHARE THE BELIEF THAT THE RIGHT TO DISAGREE AND EXPRESS DISSENT IS FUNDAMENTAL TO FREEDOM & DEMOCRACY

（《纽约客》，2004年4月19日、26日）

花旗银行推出的信用卡花旗卡（CitiCard）以"过上富人的生活"（Live richly）为口号发起了广告推广活动，这系列广告在称呼客户时用的字体看上去不事雕琢，在某种程度上让人联想到点矩阵样式。这场推广宣传活动始于2001年纽约的广告牌，后延伸至杂志、电视、互联网等媒体，并出现多种语言的版本。其中，许多广告都为客户提供了建议，并引用了互联网上的资讯，旨在减少客户对信用卡和借款的反感。这些广告所用的字体与"Microsoft Sans Serif"字体十分相似，可见以下例子：

A credit card is a powerful tool. By all means have fun, just don't go overboard.

195

（《时代周刊》，2003年9月）

Citi Premier Pass card, the only credit card that earns you Thank You rewards points. . . .

（《纽约客》，2004年11月1日）

能驱使人们联想到科技的字体样式通常看起来像是简单
的打字机草稿字体样式。例如，锐步（Reebok）在NFL Thorpe
Mid D系列男士足球运动鞋的广告中就使用了这种字体样式。
如图5.10所示，广告的顶部采用类似打字机字体样式突出介
绍了来自芝加哥的老鹰橄榄球队四分卫多诺万·麦克纳布
（Donovan McNabb）（《体育画报》，2005年8月1日）。

5.2.4 借用科技模板的广告话语

近年来，杂志广告的另一项看似与科技相关的转变值得
探讨。其在文本的呈现视觉效果上，向与科技相关的文本或设
计模板靠拢。其中一个表现就是广告文本的页面布局转向网页
风格，部分广告在这方面的转变更为直接，还有部分广告则转
为使用即时通信系统普遍使用的拼字法。

5.2.4.1 网页布局样式

互联网用户习惯于通过访问可点击的链接以浏览相关网
页，从而网站用户可以从一个页面跳转到另一个页面。这些网
站页面布局各异，但大多依照一个标准样式设置分类目录，用
户可以点击左边的链接进入相应页面，目录与具体页面或分类
内容分离，这些菜单和目录内容出现在中间偏左的位置，用户
要想浏览详细内容，就得往右看。在这类样式里，页面垂直设
计的区域所包含的板块俗称"导航栏"。面对这些布局，用
户的眼睛需要从左到右移动，而在导航栏与更详尽的内容之
间有一个连接处，从视觉上看，导航栏几乎跳离了页面左侧
的边缘。

这种垂直导航栏的样式似乎激发了人们设计页面布局的

灵感，尤其见于当前杂志广告的排版设计。大多数这类样式都以杂志的对页为载体呈现，在左边那页的最左侧有一个纵列，版面约占该页三分之一面积，和与广告无关的两个纵列内容分隔开来（通常是杂志目录和某篇文章的摘选）。而右边一页，则是承接前页，用整个版面来展示产品的广告。同时，使用这种样式的单页广告虽不常见，但亦的确存在。其中一则可参见美国州立农业保险公司（State Farm Insurance）刊登在 2000 年 8/9 月刊《先锋杂志：亚洲人居住的美国》（*aMagazine：Inside Asian America*）中的广告。这则单页广告的左边，垂直列出了与产品类型一致的词语——汽车险、家

196

图 5.10　锐步 NFL Thorpe Mid D 男士足球运动鞋（《体育画报》，2005 年 8 月 1 日）

庭险、人寿险、人身险、财产险。在这一竖列的右边，是一张图片，里面有三个小孩，看上去像是亚洲人，除此，照片上还附上这家保险公司的介绍。同样，美国皮具厂（American Leather）的广告（如图5.11所示）在左侧设计了一个铁锈色的垂直面板，上面写有四个语言要素——"创新、时尚、性能、登录"，最后的"登录"一词意在邀请读者登录其网站（《建筑文摘》，2004年6月）。第一个词"创新"还同时出现在右侧更宽的纵列的顶部，作为其文本内容的标题。

图 5.11　美国皮具厂（《建筑文摘》，2004 年 6 月）

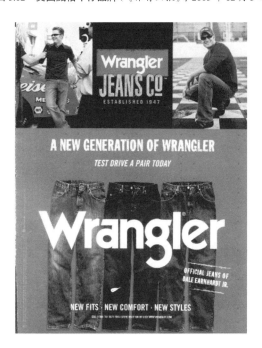

图 5.12　美国威格牛仔品牌（《体育画报》，2005 年 12 月 5 日）

200　　　百加得（Bacardi）朗姆酒是早期加入网页样式广告大军的先行者之一。2000年，如《马克西姆》《细节》这样的杂志刊登了许多分页广告，广告的左页面出现百加得的蝙蝠商标，并印有少量文字来指引读者转向右页面浏览完整内容，而左页剩余的内容则是与广告无关的其他信息，例如一篇讨论如何整理衣橱的文章。这种话语呈现模式在美国威格（Wrangler）牛仔品牌的广告中得到更充分的诠释。如图5.12所示（《体育画报》，2005年12月5日），这则广告的左页包含的信息有：公司名称、牛仔裤的展示图、垂直罗列的三个产品属性。人们可以想象自己能够点击其中一个产品属性，而广告的右页面则将该品牌牛仔裤的特点通过图片直观地展现出来。

　　以下是使用上述网页模式在广告左页面罗列产品属性的其他例子：

- 纳贝斯克（Nabisco）公司旗下绅士牌（Planters）"100卡零食礼包"（《造型》，2005年11月）的广告在左页罗列出七类零食品种，而右页详细介绍了某一类零食。

- 美国瑞杰（Raymond James）金融顾问公司的广告（《福布斯》，2005年5月23日），先是用了三分之一的版面展示四张肖像图，他们有着不同的金融服务需求（为上大学、为开一家咖啡厅等而存钱），接着再用一整页着重描述其中一人以作示例，而置于这则广告之间的是一篇关于企业家的专题文章。

- 佳能博秀系列（Cann PowerShot）SD450型号数码相

机的广告（《体育画报》，2005年10月10日），其左版面分别列出了三项信息"照片打印机价格、打印单价、可伸缩USB线"，右边一整版则是玛利亚·莎拉波娃（Maria Sharapova）的代言形象照以及关于这款相机的信息，而左版面的作用在于指引读者阅读右版面内容，置于这则广告之间的是对达拉斯牛仔球队四分卫特洛伊·艾克曼（Troy Aikman）的问答专访。

· 软件"无限访问"（Unlimited Access）的广告（《酷品》，2006年8月）在左版面展示了一位男士拥抱着性感多姿且看似赤裸的女士，而该版余下的内容是每月编辑专栏文章"我们是功夫大咖"（We're Kung-Fu Awesome）。继之，右版面完整地呈现了这对男女的性感镜像图（该女士全身赤裸，也许穿了丁字裤）。

在使用这种网页样式的广告中，亦有部分广告将主要的文本资料置于左页，右页的整个版面则呈现少量文字和更多视觉形象。佩特伦（Patrón）龙舌兰酒业集团在广告左页介绍一款大都会鸡尾酒（Cosmopolitan）的配方（《旋转》，2005年8月）；由美国"用牛奶接触身体"（Body By Milk）发起的"有牛奶吗？"系列公益广告推广活动，其中一则广告宣传牛奶是减肥圣品，并在广告的左页分享了每天喝680克（24盎司）牛奶的"秘方"，而右页是凯莉·普雷斯顿（Kelly Preston）的形象照片以及她的个人陈述，还有广告语"越喝越轻盈"（Lighten Up）；降胆固醇处方药可定（Crestor）的广告（《新闻周刊》，2004年7月12日）左页是对可定慈善高尔夫挑战赛的宣传，该比赛属于美国职业高尔夫球巡回赛（PGA Tour）的其中一项，而右页是一整版关于这种药物的信息（在该语境中，广告紧接着在第三页用小字体展示美国食品和药品管理局所要求公开的信息）；伊卡璐Nice'n Easy染发剂的广告（《More》，2004年3月）左版面列出每周美妆收纳篮的赠品活动信息。

上述这些广告样式驱使读者的目光从左到右移动，但广告左右版面的内容之间仍存在分界线，因而两个版面的内容之间既存在联系，也存在文本的不完全连续性。这样的广告样式也促使读者们思考如何从话语的一部分文本转移到另一部分，这或许也是读者关于选择的思考，结果亦可能导致读者关注一部分内容而忽视另一部分内容。事实上，读者可能会完全无视广告左页中的左侧那栏内容，就像一个人可能会直接浏览某一网页，而不是先访问其网站主页。我们也已经习惯了电视上花样百出的呈现方式，比如在新闻广播节目的底部滚动播报新闻，或在电视画面内穿插内容不同却彼此相关的活动场景。这些文本结构或话语结构，与我们眼中的广告内容息息相关。

5.2.4.2　模仿即时通信软件及短信的用语

对于广告中出现的俗语，人们都非常熟悉。在广告中加入当下最新潮、最个性、最时髦的词，能够带动产品的流行，并帮助产品形成品牌标志，这往往能通过强化产品与城市流行趋势、年轻一代的联系来实现。2004年，《XXL》嘻哈杂志刊登了迪亚多纳（Diadora）品牌鞋子的广告，广告语是"那就是潮"（datswhussup）。通用的育空德纳里（Yukon

Denali）车型的广告语是"掌握速度与激情"（Get a grip）
（《财富》，2004年9月）。悍马（Hummer）H2越野车型在
一则广告中（《名利场》，2005年2月）被形容为"巨型的"
（wookie sized）（该短语有多种含义，可在urbandictionary.
com中查看）。在所有这些例子中，我们可以得出一条等式：
俗语+产品=先行者。

　　即时通信软件和短信中常用的语言种类在其领域内形成
了自身的俗语符码。即时通信软件的许多缩略语和表情符号虽
然通常用于表达传统短语的意思，但也能呈现出某一特定实践
社群的对话特点。正如已渗透到广告中的其他科技元素，对于
这种新俗语的使用也需要读者的充分认同，这样人们才能理解
这种广告，从而形成新的语言惯用法。短信语言则从即时通信
软件中获得提升，并将其作为沟通的准则；简写惯用法是短信
语言的基础，而即时通信软件及短信语言在广告中得到运用证
明了这种语言具有可识别性。与此同时，在广告中使用此类用 202
语赋予了这种新语言类别相应的稳定性，并使其得到更广泛的
传播。由于即时通信软件语言是图像式且可视化的，其在广告中
的呈现方式与杂志、互联网的广告宣传甚为契合。一般来讲，俗
语进入更广泛的使用空间存在一个转变过程，同理，目前亦只有
小部分即时通信软件及短信语言用于广告话语，但随着使用范围
的扩大，我们应期待不久后将有更多这类语言得以启用。

　　2001年，诸如《旋转》等杂志刊登了由"富含维生素B
族"技术研发的护发产品广告，广告口号一语双关："我们专
开好头"（we give good head）。其广告文本"为您设计的专
业护发产品，@各商店有售（professional hairstuff 4U @ stores

wherever）"明确使用了即时通信软件式语言。在这个案例中，不仅"4U"是取自即时通信软件的语言（与"for you"同音，意为"为了你"），而且符号"@"也用于强调广告的科技内涵，这些语言都包裹着暧昧隐晦的含义。CIT商业设备融资和国际钢铁集团（CIT Commercial Equipment Financing and International Steel Group）的广告（《福布斯》，2004年11月1日）运用了即时通信软件的信息呈现方式，同时也用该公司名称玩了一把文字游戏——"c it rise"（与"see it rise"同音，意为"共睹CIT的崛起"）。这则广告展示了一名肌肉发达的男性建筑工人举着一根横梁的画面，更玩味地将公司名称、即时通信/短信语言和性暗示结合到一起。施华蔻（Schwarzkopf）有一个美发产品系列叫"göt2b"，这个名字既融合了即时通信/短信语言，又通过使用"o"的元音变音来强化该产品的异域风情（《都市女孩》，2006年6/7月刊）。

在众多运用即时通信/短信惯用语言进行宣传的产品广告中，手机广告最为突出。这是因为，目前市面上出售的手机皆主打拥有短信的功能，而针对年轻消费者市场的手机尤甚：

· 美国斯普林特公司在广告中承诺"用斯普林特发短息，一路沟通无阻"（《都市女郎》，2005年3月）。该广告形象地重现了两个女孩之间的简短对话：

VG: what up（干啥呢？）

lady?　　　（亲）

CM: we're　（我们）

@skyler's.　（在斯凯勒家）

VG: chillin?　（闲聊？）

CM: j. cn. u？　［just chilling and you?］　（光闲聊，你呢？）

VG: hmwrk!（在家做作业！）

CM: oh. l8tr!［later］　（哦，晚点聊！）

· 摩托罗拉（Motorola）根据不同系列手机的强化特征将其分别命名为MOTOSLVR、MOTORAZR、MOTOPEBL。第一个系列主打"大彩屏、蓝牙技术、四频网络、视频采集及iTunes应用"（《体育画报》，2006年2月22日）；第二个系列宣称"一机在手，高速点播下载连续播放的……天气播报、体育资讯、黄金时段电视节目"（《新闻周刊》，2006年1月9日）；最后一个系列的卖点则是小巧的尺寸和丰富的色彩（《都市女孩》，2006年6/7月刊），以及拥有"21世纪技术"（《人物》，2005年11月28日）。

在柑曼怡（Grand Marnier）干邑甜酒的系列广告中，其中一则的宣传语是"对话在等候"（The conversation is waiting），公然开起句法规则方面的玩笑。其随后的广告语运用了即时通信软件和短信延伸而来的省略用法，声称"是时候用回真正的语言了"（Its tme to spk in rl wrds agn）（《纽约客》，2006年1月9日）。

即时通信软件以及逐渐发展起来的短信，已经形成了多种省略方式。目前，这些省略方式使用稳定，更不时出现在学生的写作中（可能是由于写作过程粗心大意，比如，笔者

203

的一名学生这样写道："如果你听到南部地区的相关方言，尔（u）或许也会对说话者有所看法。"（句子中的"尔"错误，应为"你"。）好几次与学生一起开会时，笔者都要求看他们的笔记，想知道他们自己理解的重点有哪些。于是，笔者观察到他们使用了许多即时通信软件的拼写方法来做笔记，并偶尔潦草地在纸上画着一些表情符号。

随着一些实践社群打破传统拼写习惯，使新的拼写方式逐渐流行，理解话语的含义再也不只是简单地填补缺失信息。这还涉及启用相应的语义系统，在本节中，特指即时通信软件这个语用背景（包括通信系统在日常生活中的使用、它与沟通及时性之间的关系，以及显著的流行趋势）。当即时通信软件和短信的语言习惯应用于广告中，"语义省略"便开始发挥作用。麦克沙恩（McShane，2005）对此类省略的解释如下："这是一种对于信息的'不表达'（nonexpression），尽管不是句法要求，但对于句子的完整语义重现却必不可少……并直接建立起与现实世界的指示对象之间的联系。"（2005:25）最后，再用一则例子重温本节的内容。在美国电话电报公司（AT＆T）一则关于手机服务的电视广告中，短信语言以口语的风格呈现。这则广告的场景是母亲和女儿正在争吵，引起争端的原因是女儿的短信账单。女儿用短信语言与母亲交谈，而母亲并不知道她在说什么。然而，在广告的结尾，母亲也使用了一些短信惯用语。该广告的寓意是：当今世界，公共话语日新月异，过去晦涩难明的行话随时会演变成当下通俗易懂的日常用语。

5.3　小结与思考

本章内容为何值得关注？通过分析广告所呈现的科技构图语言和话语样式，本章在了解广告及其对文化的影响方面有哪些发现？

首先，我们不妨回顾一下话语形象的概念。话语形象这一概念的提出凸显了广告语言要素与更广泛的文化话语之间的互动方式，广告的语言要素既来自外围文化，又参与反哺外围文化，而不仅是充当广告的说客；这一术语亦旨在强调语言在特定文化中的重要作用，这种文化通常以视觉化和反语言为特征，而强调以形象为基础的文化等同于由视觉呈现方式主导的文化。从广义的角度来说，广告话语无疑是语言和视觉的结合体，每一个语言要素都相辅相成。当一种如广告般杰出的大众文化传媒成为新语言符码的载体，并反复发挥其作用，我们可以肯定，这些文本模式正在逐渐成形，并很有可能广为解读这些文本的读者们所接受。有人认为，科技可以是一种通过语言符号传播的形象，或用威廉姆森（Williamson，1978）的话来讲，科技可以是空有科技的外壳而无科技的运作；与之相似的观点是莱考夫和约翰逊（Lakoff and Johnson，1980—2003）在《我们赖以生存的隐喻》（*Metaphors We Live By*，1980）一书中的阐述，作者通过追溯贯穿美国英语使用史里的战争元素，发现日常隐喻结构已成为语言的一部分。

但是，广告真的能影响文化、文化实践及在新文化环境中产生的实践社群？这是广告研究学界最为热门的话题，学者们对广告的研究早已超越其"以最少的话语实现最大的推销效

204

果"的具体功能。盖伊·库克（Guy Cook）认为："从许多方面来讲，广告都依附于所属的环境与其他文本体裁。正因为广告的内容常常掺杂在其他重要内容中，因此其话语既出现在其他话语里，又同时涉及其他话语的内容。"（2001:33-34）而其他的学者如苏特·杰哈利（Jhally，2003）与基尔伯恩（Jean Kilbourne，2000）等人认为，广告在传播关于消费的信息体系时会引发一定的危险，其特定理念的传播促使观众认为外貌形象是身份象征的必要条件，其质询观众和听众的方法已值得商榷。

　　也许，上述两方的观点皆有可取之处。在库克之前，威廉姆森亦发表了一本著作，其部分观点与库克不谋而合。威廉姆森对广告的描述如下："广告不能创造或发明指代体系，但是……它们可以动摇已有体系的含义，并将其自身创建的含义灌输其中。"（1978:137）斯图亚特·霍尔从更广泛的角度评价大众媒体，他主要研究媒体在运行某些表达系统过程中所发挥的作用，并认为"在一种文化中，事物的表达方式、表征机制及准则确实发挥着本位作用，而不只是事后产物的被动反映"（Wetherell and Potter，1992:63）。

　　据此，广告中事物的呈现极有可能发挥着本位作用。当科技通过产品推广文案含蓄地出现在大众面前，讨论的重点并不是产品本身是否由某些先进技术所制成，或者当下的市场上有多少可能由技术所制成的产品。从更广泛的文化内涵的角度来看，值得我们不断探索的问题包括广告所运用的样式，以及这些样式在文化实践的不断迭代中发挥的作用。因而，对于出现在广告中的科技元素，涉及的往往是形象问题，即科技的形象，以及在某个时刻它在所属符号系统中所代表的事物。而这与文化实践、实践社群相关。任何广告都不会向人们描述唇膏、鞋子、手机或汽车车蜡是如何通过技术制成的。但是，广告确实将科技作为隐喻，引入推销产品的话语中，因而在产品上烙下科技的印记。

科技应用及第一代电脑的出现发展了成熟的受众群体，这是历史上意义重大的文化阶段。人们访问互联网、使用手机、发送短信、上网购物、发送电子邮件、使用即时通信软件和畅游博客世界，这样一来，对于许多人来说，文化实践就包括了他们每天通过技术与外界沟通的日常行为，而这种现象在越年轻的人群中就越普遍。广告的技术性话语符码是由这些日常实践与实践所处的话语环境交汇形成的。正如库克所言，广告的确依附于文化。然而，由于广告在日常生活中十分活跃，且在消费文化中发挥着关键作用，以至于广告能够将其他领域显而易见的文化实践进行强化和标准化。随着越来越多人能够"解读"广告话语中的技术符码（抑或广告的技术符码过于明显以至于人们无须"解读"），这些科技符码将不仅仅象征着表达方式的短暂变更。

广告，不过是文化环境的一部分，复杂话语环境的一部分，是一种精简化的叙述方式。语言，汲取客观世界中任何可能的源泉，并随着时间不断演变，从词汇到句法到风格，无一例外。毫无疑问，语言影响着人们的观念和认知。根据本章的案例分析，当下人们的语言习惯在不断演变，由语言变化主导的认知重整也存在各种可能性，在此过程中，广告确实发挥着重要作用。其中，部分作用似乎是通过科技构图话语传播技术性符码来实现的。这是出现在广告中的一种技术注入式新型语言，更是连接消费文化新产物与拓宽文化实践的纽带。

从芭比到百威视频网：第五类框架中的广告

互联网是信息时代的传播媒介。尽管不是所有人都上过 206
网，但是人们因各种各样的目的而使用网络的情况已十分普
遍。一份2006年的调查数据显示，73%的成年人（约1.47亿
人）有使用互联网的经历，其中超过40%的成年人家里安装了
宽带连接（Madden，2006）。网络交际已经改变了政治竞选
开展的方式，使重要文献的分享变得更加便捷，同时帮助了数
以万计的网民解决各种疑难问题。从具体的网站，如美国最大
的医疗健康服务网站WebMD，到如Ask Jeeves这样一般的搜索
引擎，能够上网的人可以不分昼夜地随时获得大量信息和各种
观点的资源（网络术语称之为"全天候24小时［24/7］"）。
网络提供了便捷的信息获取途径，但同时网络交际或许存在缺
乏监管等潜在问题。许多网民遇到的最大烦恼是铺天盖地的淫
秽信息和广告信息（二者都在这种新的网络虚拟场所中如鱼得
水并发展迅猛）。浏览淫秽信息占上网行为的13%，使之耗损
网络流量的比例最大（Gerson，2007），而网络广告几乎是你
每次上网都会"扑面而来"的。具有控制弹窗功能的软件能
够帮助人们不被广告打扰或分散注意力，而邮差短信拦截应
用（Spam Blocker）则能够拦截携带广告的信息。然而，为了
吸引潜在消费者的注意，网络作为前沿的传播领域要求广告
制作者在格式和风格上都继续开发更多的创新性。美国互动

广告局（Interactive Advertising Bureau）和普华永道国际会计事务所（PricewaterhouseCoopers）发布的报告称，2006年网络广告总收入为160.8亿美元，比2005年增长了32%（Interactive Advertising Bureau，2007）。简而言之，在网络热潮快速地改变广告行业走向的现状中，那些生产网络广告的公司普遍看到了收入剧增的无限商机。

大多数人想到的网络广告是这样的：当我们在特定的时候尝试登录某个网站获取信息时，网站会弹出一些讨厌的小窗口，或是某些网站通过子网页的形式让我们可以进一步点击访问感兴趣的商品或服务。然而，网站亦会出现一种成本更高的网络广告形式，且通常不像传统广告一样进行直白的宣传。这些由特定公司和产品赞助的网站采用故事叙述的方式向网民提供"值得一去的地方"和"体验"。所提供的体验可能直接或间接地与其宣传的产品相关，或有时候与产品的关联性并不明显。网络毋庸置疑是广告行业新的宣传领域，其中，赞助网站体验的方式则站在广告革新和品牌推广的最前沿。本章欲分析这些网络广告延伸出的体验具有哪些意识形态方面的蕴意，包括它们强调的概念——个人是孤立的个体或与他人几乎截然不同，以及它们具有反公民（anti-civic）的特点。尽管这些广告的延伸内容旨在推崇人们可以自由地选择个体需求并可以采用多种方式使个人体验变得时尚，但是网络服务机构（本质上等同于一种营销策略，使潜在顾客或老顾客与高度通达的产品/品牌/企业实现一对一联系）非常有限。

本章分为三小节。第一节综述通过网络叙述实现广告推销的其中一种理论基础，其中两个基本概念为：（1）自我沉

迷的思想（ideology of self-absorption）；（2）广告的"第五
类框架"（Fifth Frame）以及市场营销策略。第二节重点阐述
网络叙述的话语模式。该话语模式通过互联网使消费者和品
牌、产品之间的联系更加紧密。叙述文本被引入第五类框架
时，观众可以通过叙述的格式获取故事的预设内容，同时观众
根据所呈现的叙事内容的含义自行构建完整的话语。第三节集
中分析四个不同的例子，以此探究网络广告如何利用第五类框
架的特点展开基于自我沉迷思想的叙事。这些例子分别是英菲
尼迪黑人潮流（Infiniti in Black）、壮汉纸巾（Brawny Man）、
芭比和百威视频网（BudTV）的广告。本章的结论部分从个人
和政治两方面的含义对广告界的这些新趋势进行评价。

6.1 理论基础

在本章的研究中，笔者将使用"网络品牌延伸"的说
法。为突出其含义，我们需要明确两个基本概念。一是"自我
沉迷的思想"，指美国社会当下强调满足个体需求的潮流如何
成为驱使人们使用网络的动力。二是在广告界被命名为"第五
类框架"的概念。根据莱斯等人（Leiss et al.，2005）的观点，
此阶段的广告注重情境的流畅性、无限性、可能性和情境的自
我界定。

208

6.1.1 自我沉迷的思想

美国文化自古以来强调个人主义，自我沉迷的思想便源
自个人主义的重要性。然而，二者的根本价值观不同。个人主

义强调个人拥有自主追求兴趣和为自己着想的权利，个人拥有
自主决定权且对此负责。而自我沉迷则与社会孤立、自恋、享
乐主义，甚至罔顾他人有关。如果从政治的角度来看自我沉迷
的思想，其政治主张就是为了自我利益以及与个人优先权一致
的动因和政治地位的利益而谋划政治。据此，自我沉迷的思想
与利他主义相反，与真正的集体身份认同为敌。作为一种文化
取向，该思想驱使人们做出的行为被吉伯·福尔斯（Fowles，
1996）称为"自我规划"（The Project of the Self）。其概念的
关键在于自我认同已经变成社会控制的核心，取代了一些更为
固定的、有文化根源的身份类别的强大作用。这些身份类别存
在于诸如宗教、婚姻和家庭等机构单位，亦包括在特定文化语
境下（种族、传承群体、社会阶级、性别）具有相对固定性
质的社会类别。在特定社会的特定时间里，身份的类别越稳
定，越容易为自我规划提供基础。但在这个规划里，占据中心
地位的是个体而非群体。福尔斯认为，"在此过程中，自我的
产生与保持起着主导作用，但这不仅是私人问题，还是至关重
要的问题"（1996:198）。他进一步把性别看作"自我认同的
脊梁"（1996:199），其中，现实生活经历对性别身份的形成
与发展影响最大，而媒体（包括广告）的影响次之。福尔斯上
述观点发表于十多年前，其论述的社会背景现已改变。近几年
来，产品多样化和广告数量大幅度增加，同时网络促使人们的
生活方式和人际交往发生改变，其影响的重要性尤为显著。在
此背景下，福尔斯主张的自我规划概念得到了横向和纵向的延
展。首先，在人们身处的社会环境下，媒体的数量和种类不断
增多。其次，人们可以通过更多差异细微的产品改变个人的身

份、建立个人风格（民族特色食品、无数的饮料品种、健康的和非健康的零食产品、一代又一代功能区别细微但外观区别明显的手机、能处理每个可能出现的"瑕疵"的个人护理用品、针对不同发质和发色的头发产品、名字带有各种各样含义的古龙和香水，等等），与人体外表相关的概念在最近几年也发生了变化。体表已不再是固定不变的，因此它为人们实现自我沉迷提供了更多的可塑空间。不久前，身体被认为是相对固定的客观物质整体，属于生物学范畴。据此，相关的社会行为体现在人体外表如何穿戴诸如衣服、化妆品、饰品之类的东西。而近来，身体变成了一个可随意更改的程序，人们能大范围地对身体进行各种离谱的修整。正如朱迪斯·巴特勒指出的，身体的物质性和话语是合二为一的，"语言既属于客观物质，也指代客观物质，与此同时，但凡是客观物质，便不能完全摆脱被人们用语言指代的过程"（1993:68）。由于当下人体外表变得更加灵活多变、应天从人，广告商得以创作无数意象和形象来关联与产品相关的生活经历和生活方式——说什么及在哪里说、在哪里留白及如何展现留白（与形成广告个性相关的留白）、捕捉什么视觉形象并如何用语言进行描述。在自我规划里，"心如白板"（tabula rasa）潜在的哲学思想体现了一个基本命题，即人们可以通过各种产品和社会行为创造自我，亦可随心所欲、突发奇想地改变自我。

　　在消费文化下，广告商通过不同的方式助长了这一自我沉迷的文化环境，从而为产品的市场营销和广告宣传增加了机会。在自我为中心、自我探索和自我设计占主要地位的文化语境里，首选及使用最多的营销方式是直接与潜在消费者对话的

209

广告宣传；此类广告策略通过询唤的话语把消费者视为产品广告话语中的宾语："喂，你——这是为你量身定制的/这有可能就是你"是基本的话语模式。广告使用的语言文字和视觉形象非常重要，其目的在于促使观众认识到广告是为他们而设计的，同时诱导接触广告的观众将自身与广告所宣传的产品、想法或意象产生共鸣。一些广告直接问候观众，召唤观众身临广告情景，从而发现产品的好处。玉兰油的"爱上您眼前的肌肤"（Love the skin you're in）宣传词便是一个很好的例子。该台词中，第二人称"您"的语言功能既可以是泛指的"你们"（接触广告的每一位女性），亦可以是特指的、个体的"您"（被带入广告情景中的具体的个人）。微软的"呼唤所有音乐爱好者"（Calling all music lovers）、吉列的"感受全世界最好的剃须刀的威力"（Feel the power of the world's best shave）都属于这类直接召唤广告。前者吸引喜欢音乐的观众，使其认为自己是广告中所说的那个被呼唤的人。后者隐藏了第二人称"你"，观众需要根据语境自行补充省略的语言成分："（您能）感受全世界最好的剃须刀的威力。"

210　　还有一类直接与消费者对话的广告，其使用更为宽泛的省略，如以下的这些例子：一则雷克萨斯（Lexus）的广告拍摄了一辆亮铮铮的银色汽车，背景采用浅灰白色，并配上文字"出乎意料的极速"（Unexpectedly Fast）。在该例子中，我们需要假定广告商预设的前提是雷克萨斯汽车速度高、加速快、性能好的特点还不为人知。因此，该广告面向的潜在消费者需要补充许多省略的成分，得出完整的话语表达为："（您或许不知道雷克萨斯是一款速度极快的车/您或许认为雷克萨斯只是一款豪华车，但是实际上雷克萨斯拥有）出乎意料的极速（所以如果您想在豪华车系列中挑选一辆速度极快的车，此车值得考虑）。"封面女郎睫毛膏的一则广告同样通过大量省略直接与观众对话。广告拍摄了一名年轻女性的脸部近照。她做出抬起下巴仰望的姿态，摄影师巧妙地控制了打在她脸上的灯光，以至于她那蓝色的双眸闪烁着光芒、睫毛格外明显。该视觉形象仅搭配了一个文字成分"dramateyes"——一个新造的广告词，蕴意是如果"您"使用封面女郎的产品，"您"也可以像图片中的女模特一样拥有惹人注目的美眸。

还有一种较为间接的宣传方式，其同样可将消费者带入产品或品牌的氛围中。在该类宣传方式里，消费者除了需要补充话语省略的成分，还可能需要花费一些额外功夫或做出进一步行动。举一个最简单的例子，某个电视广告或平面广告提供了网址或800-开头的咨询电话。如果观众想获取更多信息，或只是单纯地想了解网站或咨询电话里提供的内容，那么他们就得这么做：首先，将广告拿到手，写下或记下广告提供的联系方式。然后，确确实实地登录网站或打咨询电话。当消费者需要积极地寻求产品或品牌提供的详细内容时，我们打电话所咨询的内容与潜在的消费者之间便形成了最为间接的联系。在当下的广告环境里，品牌的主导性最为重要，其关乎整体的策略制定。在此之下，能够购买的某件具体商品通过广告供潜在消费者选择。北美天联广告公司（BBDO）的董事长兼创意总监戴维·卢巴尔斯（David Lubars）2007年在接受全国公共广播电台的一次访问中解释了广告商面临的挑战："因此我们的工作在于创造能够引起观众参与的内容……不是我们走向你，让你勉为其难地接受广告所宣传的内容，相反，是你主动走过来……你主动寻找的（商品）才是最好的。"（Neary，2007）卢巴尔斯在法伦（Fallon）广告公司就职期间开发了网络广告宣传模式，这一革新举措导致他的签名在广告界四处可见。在法伦广告公司期间，卢巴尔斯发起并策划了宝马汽车电影广告集。该系列电影发布于2001年，包含8部短片（每部时长为9~12分钟）。这些影片邀请了耳熟能详的导演如李安、吴宇森、亚利桑德罗·冈萨雷斯·伊纳里多等进行制作。宝马汽车在这些引人入胜、艺术性高的影片里充分展现了其高性能模式（Carter，2004；Howe，2002）。该项目旨在使这些影片，真正的影片，深受好评，然后再利用这些影片吸引人们登录官网观看。网站发布的头两天便获得了大约10万人次的点击率（Clark，2001），此外，该系列影片还增加了一个播放器应用程序，该程序能让观众看到导演的评论。整个首版影片集DVD附赠在《名利场》其中的一期。这种高端的广告风格改变了广告植入方式，使之看起来像一种承销行为。该系列影片的目的是获得观众好评，并以此强调宝马品牌的高质量。影片确实好评如潮，且获得了不少荣誉，其中包括在2002年戛纳国际广告节的网络互动类奖项（Cyber Lion）中荣获评审团大奖（Grand Prix Prize），被纽约现代艺术博物馆（MoMA）收录馆藏，吴宇森执导的《人质》（"BMW Hire Films end"，2005）获洛杉矶国际短片电影节颁发"最佳动作短片"奖。值得指出，该广告案例旨在说明宝马汽车影片集被认定为网络电影的革新者。

询唤或问候的概念实际上是将潜在消费者带入广告的话

语中。通过创造关于自我提升/自我发展/自我意识，甚至自私的话语，广告商希望在消费者和所销售的商品、与商品相关的生活方式之间建立关系。接受问候即被"钉上广告标签"（ad-tacked），意思是广告形象本质上是试图给消费者打上广告意符的烙印。在此概念的基础上，本文引入第二个概念来进一步阐明网络品牌延伸的话语模式。

6.1.2 "第五类框架"

继早期的一系列广告框架之后，广告业出现了第五类框架。其中"框架"实为表现广告所需的话语蓝图和范围。莱斯等人（Leiss et al.，2005）在描述广告框架发展史的时候指出，市场营销和广告宣传为把产品推向消费者，先后积累了五种不同的方法。他们详细区分了每类框架里流行的广告手段和策略，并给每类框架里优先考量的文化价值命名。早期的广告策略集中在19世纪末20世纪初，其强调理性说服（第一类框架），通过首要考虑莱斯等人命名为"盲目崇拜"的文化价值，报纸和杂志广告强调商品的用途。20世纪40年代的广播广告赋予商品象征属性（第二类框架），广告商优先考虑的文化内容是"象征主义"。50年代和60年代，电视传播开始盛行，广告商强调商品的私人属性，宣传商品有利于改进人际关系（第三类框架）。他们看重的文化价值是"自恋主义"。随着70年代和80年代电视传播发展成熟，广告商强调生活方式（第四类框架）和"图腾崇拜"的文化价值观。他们注重打造商品赋予个人社会辨识度，使不同的商品在文化层面上迎合不同的社会集群。莱斯等人重点提到，广告界新出现的框架并不会取

212

代原先的框架，而是在已有的框架的基础上层叠式发展。于是，先后出现的框架之间既是积累与继承的关系，又是相离与创新的关系。

20世纪90年代广告策略注重"分众化"，并将商品的文化框架设定为具有"舞台调度"的风格，即广告场景或情景的元素可根据当地市场和个人需求通过混合媒体的创新方式进行布置和重新布置。这就是莱斯等人发展的第五类框架的核心概念。第四类框架强调"公众'认可的'不同社会特质的固定表征……（以及）社会差异的长期形态"（2005:567），第五类框架的着重点发生了变化，其迎合的文化表现为：消费行为、社会独特性和装"酷"作样已经渗透每类社会群体、每个年龄层和经济阶层。莱斯等人认为，在宣传产品和更为重要的产品品牌名称方面，第五类框架作为独立的广告背景，具有几个不同的特征，其中部分要点如下：

- 提供"快节奏地重设场景的无限潜能"（2005:567）；
- 强调流畅性和"持续的活跃性"（2005:568）；
- 让个人成为场景的"总监"，场景提供了一套几乎没有限制的设计创造和再创造的服务，服务的内容是价值和意义共享，而商品则是服务的道具（2005:568）；
- 将生活打造为"剧本写作练习"（2005:568）；
- 强调"在群体中保持自我身份和个性"（2005:570）；
- 注重进行编辑、动画制作等各种技术的可能性，简而言之，是"一个电子化的天下"（2005:568）；
- 提供"资源、想法或愉快的时刻"（2005:570）。

进入21世纪的头10年，互联网是第五类框架的广告背景，它给广告宣传提供无限机会，尤其当互联网技术结合了自我沉迷的思潮。网站的访问者能在网站里快速地穿梭，在众多备选项中点选弹出的信息，通过点击不同的链接来播放、停止播放、继续播放和回放网页内容，在空闲时间或有具体需求的时候观看网站内容。在许多情况下，访问者可从特定的选项和选择权中创建新的内容。第五类框架包含网络服务机构，然而却是一种矛盾的服务（oxymoronic agency）。原因是广告商提供的服务既受限于广告内容的预设范围，又受限于扎根在消费意识形态符码里的先行文化价值。与此同时，网络服务机构或总监的角色灵活多变，既可以发掘所提供的内容，也可以积极地选择强制呈现的内容，并总是能够选择其他更多的内容。还有一种情况是在高度的交互选择的过程中实现品牌的网络服务。

基于网络品牌延伸，M&M's糖果的宣传网站BecomeAnMM.com是第五类框架广告的一个鲜明例子。访问者可花大量时间创建游戏角色然后进行游戏，将游戏角色放入"电影工作室"（Movie Studio），玩家可以在该工作室选择不同的故事类型和音乐，利用创建的角色玩"商业街"游戏，然后理所当然地在"商场"购物，玩家可以在"商场"根据自己的风格购买各式各样与M&M's相关的物品。他们可以注册和保存自己创建的游戏角色，将个人照片上传至网站并和游戏角色进行匹配，亦可观看M&M's的电视广告（包括通过著名的《亚当斯一家》的故事来介绍M&M's黑巧克力豆）。网站宣传的话语信息是"人手一颗M&M豆，快找出属于你

213

的"。如果你非常喜欢M&M's，畅游M&M's的奇妙世界会使你对这些彩色的小糖果垂涎三尺！这个貌似天真、奇妙和毫无害处的网站活动实际上是一种商业策略，包含了莱斯等人所描述的第五类框架宣传方式的全部属性。然而，该网站并不是偶然成了M&M's糖果系列的周边产品（玩网络游戏的代价便是被动接受无处不在的附加广告）。M&M's的第五类框架策略是纯粹的"广告娱乐"——广告几乎不加掩饰地变成娱乐。

第五类框架策略同样适用于平面广告。一个鲜明的例子是2006年启动的盖璞的宣传活动。其广告设计理念旨在宣传盖璞服饰适合任何气氛、各类人群、各种场合的品牌形象，当中大量杂志广告采用多页亚光硬纸印刷且页面晦暗。例如，连帽运动衣系列产品的广告共有12页，每页的广告图像由不同的名人照片搭配相应的文字组成。整个系列广告采用不同性别、种族和年龄的模特、演员以及音乐偶像当任形象代言。每一页的模特穿着其中一款盖璞连帽运动衣，搭配一个文字意象。克劳迪娅·希弗（德国超模兼演员）的照片搭配的文字是"戴着兜帽熠熠生辉"；玛丽亚·贝洛（美国女演员）搭配"戴着兜帽浮想联翩"；迪帕克·乔普拉（东南亚印度的医学博士，因撰写了心灵主义和身心联系方面的著作而广为人知）和他儿子哥谭·乔布拉鼻头贴鼻头的照片搭配的文字是"戴着兜帽心心相印"；海伦·米伦（英国女演员）和泰勒·海克福德（制片人兼米伦的丈夫）搭配"戴着兜帽携手共庆"；杰弗逊·哈克（爱好者杂志主编兼超模的搭档）和阿努克·莱柏（超模）搭配"戴着兜帽约会"；马克斯·明盖拉（英国男演员）搭配"戴着兜帽思考"；黛安·克鲁格（德国女演员）和干女儿露

214

娜搭配"戴着兜帽拥抱"；拉奎尔·齐默尔曼（巴西模特）搭配"戴着（羊绒）兜帽熠熠生辉"；艾伦·艾克哈特（演员兼制片人）搭配"戴着兜帽坦诚相见"（露出多毛的胸部）；斯蒂芬妮·西摩（超模）和她的儿子们搭配"戴着兜帽紧密相连"；宝娃（说唱艺人）搭配"戴着兜帽念念不忘"（他看着自己手上那刻着母亲的名字特雷莎的文身）；以及席尔（英国灵魂乐歌手兼作曲人）和一只狗搭配"戴着兜帽度假"。整个宣传赋予不同的服装不同的主题，每种主题被打造为适合多种场合和广泛使用的物品或属性（例如，该宣传使用红色表达非洲的抗艾滋病运动）。盖璞本次宣传活动的理念是强调多元化，包括他们目标市场的对象和产品线的内容。第五类框架尤其适合盖璞服饰，其努力打造的广告宣传"是为了吸引各式各样的顾客，因为在当下社会，特定年龄群体的划分和范围越来越细，面向他们推出的专卖店商品已经过时"（Birchall，2007）。

第五类框架是广告策略和模式随着时间推移而发展和累积的新阶段。在该框架下，个人占据了广告体验的核心位置。我们不妨将该策略看作对生活方式的销售，其基础是个人的而非根据从众心理得出的生活方式。然而，如果我们仔细分析第五类框架的广告，大多数都存在大众生活方式，尤其是在这个名人崇拜盛行的时代。第五类框架汲取了第四类框架经验积累的精华，该广告策略在互联网的环境里得到了很好的实施。在互联网上，信息的替换与更新相对容易，因此能够吸引消费者反复登录网站浏览。而消费者反复浏览同一个网站的原因在于他们还没全面探索或体验整个网站的内容，或者这正是网站本身的设计意图,隔一段时间发布新的内容或更新旧的内容以不断吸引消费者。通过第五类框架,个人所担任的角色是创造属于自己的故事,期间强调面临众多可选项、自由和超越个人主义等概念。该框架的体验亦有可能采用与政治无关的价值导向来影响参与者的行为(笔者将在下文再次提到该论点)。它作为宣传的策略方式尤其适用于网络品牌延伸。下文将探讨广告文本的表现手法之一——叙述法,它同时也是第五类框架策略理想的话语类型。

6.2 广告文本的叙述形式

叙述文是产生和传播意义的文化源泉。不同的学者给叙述形式下的定义不同:叙述是思维的方式,是通过衔接的话语创造共享意义的手段,同时是文化传播的工具。将叙述比喻为一种思考模式的代表人物之一杰罗姆·布鲁纳(Bruner,1991)认为,思维的叙述模式涉及以故事的形式表现经历,据此,跟传统上被称为理性的思维模式一样,叙述式的思维模式十分普遍,后者甚至可能更为常见。在解释叙述思维如何运作的方面,布鲁纳给出了以下说法:

> 当我们整合个人经历时,人类的记忆恰好以叙述的形式(故事、借口、神话、解释行为的理由等)存取。叙述的传播带有文化性,其受限于个人掌握该表现手法的水平,还受限于他(原文如此)的同事、导师和假肢器官等综合因素的影响……据此,叙述是对现实的复

述。而这个版本的现实能否被接受并不受制于实证检验和逻辑要求。它受制于两个因素：一是惯例与习俗；二是"叙述的必要性"。（1991:4）

布鲁纳将叙述式思维和叙述式陈述加以区分，但同时他也承认两种叙述模式之间呈现相互交融的状态，因此很难明确二者转换的顺序。当我们将经历和感受联系在一起并进行整合的时候，以及从内心的层面对事物做出合理解释的时候，我们的思维过程常常偏向叙述。叙述同样也是我们与人分享经历的模式。例如，当我们讲故事、对发生的事物给予说明和解释的时候，我们使用了叙述形式。当我们讲故事的时候，我们利用话语创造了自己指定的"现实"。从这个意义上来说，"社交互动"（interactional activity）可以造就现实（Mehan and Wood，1997）。叙述只是被临时地固定在话语或思考的时刻，其内容可以关于过去、现在和未来。在给别人（甚至自己）诉说过去的时候，我们对经历过的事物有着众多感知，于是我们在众多感知中进行选择并重新组织，形成新的经历。新形成的经历便构成了一个故事。这些故事其中的一部分关于自己，另外一部分关于他人、事物和事件。在讲述过去发生的事时，我们都能意识到自己的叙述行为："喂，我得告诉你今天发生的事，我开车去商场的时候……"；"虽然我迟到了，但你不要因此抓狂。一开始我是按计划过来的，但……"；"丹尼真是个王八蛋！我们开展了一个团队项目，他也是成员之一，然后他说自己知道怎样弄出这些不错的画面，但是……"当谈话的一方请求另一方解释或讲述故事的时候，常

常会激发叙述行为："今天过得怎样？""你们俩是怎么认识
的？""你为什么选择克拉克大学？""我上周给你的100美
元呢？""你为什么改变主意了呢？"我们也会向他人叙述
当前事件的进展情况（"……然而在如何进一步开展工作方
面，我们无法达成一致，所以我们暂时搁置，并提出明天再
谈"），以及叙述未来的计划（"毕业以后，我打算尝试在其
他城市找工作，可能工作五年之后，再……"）。

根据布鲁纳的观点，叙述文本具有获利性，将"最终产
生被人们称之为'一种文化''一段历史'，或更为粗略地称
为'一种传统'的集合体"（1991:18）。在更大的文化语境
下，获利性叙述文本（accrued narratives）影响关于规范和期
许的价值标准。在美国，异性情侣相爱及结婚是标准的故事套
路，同样的标准套路还有关于职业生涯路线、育儿、犯罪及吸
毒的后果、年少轻狂等的故事。获利性叙述文本通过提供模板
和故事主线指导人们的日常生活，这些模板和主线通常给人们
的言行举止、辨识对错和正义与否提供参照的范例，亦可指导
人们如何在生活、家庭、公民、劳动和专业等方面选择个人的
前途，并使人们理解社会秩序是如何整合运作的，等等。然
而，叙述文本的应用并不是一成不变的，它会受到外界因素的
干扰而发生变化。例如，社会运动影响了关于种族和性别的叙
述模式。信息技术的进步和"全天候提供服务"的出现影响了
与时间和时间顺序相关的叙述模式。

从结构上来看，叙述文本（不管是文本内，还是与其他
文本衔接关联的文本间）一般由背景、人物和情节构成。其故
事情节至少是粗略的，结构根据时间顺序包含开端、过程和结

尾三个部分（或包含一些带有时间指向性的、可辨认的标点符号，即便所使用的标点符号是标示还有后续意群的逗号）。当我们与他人交谈时，我们习惯以讲故事的方式叙述个人经历，同时我们也采用叙事的顺序预言未来将发生的事（有时候我们称之为目标、计划、打算，等等）。人们通过叙述来认识世界、追求大众文化所强调的各种潜能和优先价值。据此，广告商利用人们谙熟叙述的事实来精心创作完整的故事，包括故事的背景、人物、故事情节和时间顺序。以下将通过两个例子来阐述广告的叙述形式：一则是丰田汉兰达汽车的广告，另一则是占边波本威士忌（Jim Beam Bourbon）的延伸推广广告。

图6.1为丰田汉兰达汽车的广告。这则广告在2005年至2006年间刊登于各大杂志，其中夏末至初秋的投放量尤为显著。该广告包含了叙述文本的所有基本元素，其中，部分元素需由观众推测其含义。从广告的两组文字文本（"大学"及"新生们"）及展开的故事内容来推测，广告的背景设定为大学。广告的故事人物有两人，其中男主人公是该学院一年级新生（我们从大楼挂着的"欢迎各位新生"的标语推测他刚入读大学），他十分醒目地站在整个广告画面左前方的草地上，四周摆满了他开展校园生活所需的个人物品（行李箱、电视、风扇、滑板、收纳箱、负重健身器材）。另一个故事人物是开车送男主人公来大学的人，即隐藏在丰田汉兰达汽车里的司机。由于广告的观众对"在新生开学季，父母把子女和他们的东西送到大学"的叙述文本非常熟悉，因此他们能轻易推测图片中的汉兰达汽车属于男主人公的父母。而观众极有可能将司机推断为该男孩的母亲。这可能是因为在美国社会的关于女性

217

图 6.1　**丰田汉兰达**（《新闻周刊》2005 年 9 月 12 日）

218　性别的获利性叙述文本里，母亲的形象是有时间或能腾出时间
为家庭做事，例如开车送孩子上大学。同时，一旦孩子开始
了校园生活，母亲比父亲更可能为个人自由庆祝（从洗衣做
饭、打杂跑腿等工作中得到解放）。广告的故事情节简单易
懂，以时间顺序罗列在广告的左上方：

　　5:15pm. 把小孩放到大学，

　　5:17pm. 小孩？啥东东？

　　这是一个获利性叙述文本的典型例子。父母在秋季把小
孩送到大学，然后享受随心所欲的自由。通过观察绿色草地
上、树枝上和马路上那些枯黄的树叶，我们显然知道该故事发

生的时间是秋天。而树上相当一部分树叶仍然是绿色的，该情景进一步告诉我们确切的时间是初秋。在丰田标志底下的广告文本写着："你的美好生活就在前方。"由于这是一则汉兰达汽车的广告，与大学新生的关联度甚小，因此观众能推测文本中的"你"并不指代广告中的男孩，而是汽车里的司机——父母。该叙述文本将父母投射至未来情景，小孩上大学不在身边，因此，父母有更多的时间"驾驶汉兰达V6尽情探索（美好生活），享受平稳的驾驶乐趣和超凡的多功能化体验"。上述例子中的叙述文本亦存在让人稍感奇怪的地方。大人很显然刚刚把男孩和他的东西放下，但两分钟之后就走人了。这点给该叙述文本增添了奇妙色彩，同时也有助于促使观众对驾驶汉兰达汽车产生奇妙幻想。

第二个例子来自占边威士忌酒在1999—2003年使用的平面广告。这些广告的主题全部围绕男人之间的友谊，品牌的宣传口号是"真朋友，真波本"。广告基本的故事情节体现在一些没有女人束缚、无欲无求的兄弟情谊的情景里。泰森·史密斯（Smith，2005）认为该平面广告具有后女性主义讽刺文本（post-feminism ironic narrative）的特点，它"给年轻的非同性恋男性提供了一个最新的剧本"。广告中的人物是一群年轻的异性恋白人男子，他们忠于自我——不文明，喜欢喝"男士烈酒"而非"女士小酒"，喜欢和朋友们四处闲逛且是一群相当吊儿郎当的坏男孩。所有的广告画面均采用鲜红色背景，并在画面中插入一个黑白照片类型的图像。照片图像的内容是一幅三四个小伙子相聚一起展示男性友谊的场景。在照片的四周通常印有一条文字信息，其言简意赅，常常明确地指出男人和女人之间的反差，从而为照片进行解释和补充说明。广告海报的底部出现白字黑底的品牌标语，同时一瓶占边威士忌酒的图片醒目地出现在底部右方。每则广告通过照片来确定叙事背景，而主要的文字成分则从语言学的角度来构建关于男人间的友谊宣言。图6.2（《马克西姆》，1999年11月）的例子显示

219

图 6.2　**占边波本"真朋友"**（《马克西姆》，1999 年 11 月）

了四名表情愉快的年轻男子相聚的情景。他们身处的地方貌似是一间酒吧，其中前景的男子手举酒杯（酒杯里的酒推测是占边酒）、径直地朝镜头逼近。该照片的放置方式是为了展现这是一张随手拍的照片，摄影师没有考虑构图问题便按下了快门，导致拍摄框架有些许倾斜。

220

　　搭配照片的文字文本写着："和你的女朋友不同，他们从不质疑彼此的关系。"该文本中的"你的"既指代照片中的

男人们，也指代看这则广告的男性观众，其传达的信息是我们男人和"她们（女人）"不一样。占边威士忌酒的整个广告宣传持续了五年，其传播的叙述主题重新延续早期社会关于男子气概和兄弟情谊的叙述思想，鼓励男人们"要有男人的样"。每则广告都采用相同的图像主题和风格，均通过照片抓拍的方式呈现男人之间表现友谊亲密关系的点滴瞬间，且照片中的人物和场景清楚明了。我们可以将该叙述方式叫作再获利性叙述而非获利性叙述。广告宣传豪饮能表达和维系兄弟情谊，其利用黑白照片的形象来体现这种老式的兄弟情谊。

布鲁纳（Bruner，1991）在讨论叙述的获利性（narrative accrual）时指出，故事的构建最终将形成文化知识和教育启发。在旧时代的社会，主要的叙事者是家庭和宗教。继布鲁纳之后，乔治·格伯纳（Gerbner，2003）探索了电视及其社会影响，通过长期的研究，格伯纳把电视视为代替传统叙事方式的现代叙事者。他特别关注电视叙事对观众的影响，并将这种影响称为"恶毒世界综合征"（mean world syndrome）。同时，他也发现电视节目大多关于白人，而甚少提及有色人种。格伯纳认为，在每个人的文化环境里，电视是个人生活的主要组成部分，且电视也在大多数人的文化环境里占据最为重要的位置。格伯纳及众多同事数十年来对电视节目做了大量研究，进而发现电视这种媒体"垄断了整个文化的叙事形式。格伯纳想知道是谁在讲故事、故事是关于谁的"（Andersen，2006）。根据格伯纳的意思，在布鲁纳的"叙述的获利性"问题上，电视应该是值得关注的焦点。

格伯纳和受他的理论启发的其他研究者主要把目光放在

电视节目上，然而叙事者媒介化的概念同样适用于广告，尤其是在品牌延伸的时代。广告常常利用广告人物来叙述故事。例如，小孩把厨房搞得脏乱不堪，母亲不得不想办法把她的厨房清理干净，于是"朗白先生"（Mr. Clean）或"速易洁清扫器"（Swiffer Sweeper）拯救了她。电视和平面广告每天不厌其烦地重复着这类获利性叙述。一些广告还直接邀请观众和读者身临其境，亲自参与某个产品的叙述事件。例如，"您只需花六个月的时间便能获得一张IT技术中心的IT学位证书"；"要参加毕业舞会？没问题！快使用……击退那颗青春痘"；美国运通公司在推出会员奖励计划的广告中所使用的"只有您想不到的，没有我们做不到的"。召唤观众或读者实际上就是将他（她）拉入某个故事当中，而这个故事把产品或品牌形象进行包装，使人们对此形象感到放松满足、愉快、超脱，或认为该产品或品牌能带来娱乐、提高效率，等等。

221

　　结合自我沉迷的思想、第五类框架和叙述的开放性，我们便能从这个分析角度来探索网络品牌延伸呈现了多少新形式。其中，广告担任着十分显著的叙事者角色，而互联网为其叙事行为提供了新的阵地。在此情况下，自我沉迷思想得以从第五类框架的角度在网络上展开。下文将通过分析四个拓展例子来进行详细说明。

6.3　自我沉迷思想与第五类框架迎合互联网时代

　　本节将通过四个例子阐述网络广告如何利用第五类框架

宣传自我沉迷的主张。灵活性和弹性是此类叙事广告的显著特点，为了强调这两点，笔者选择的广告案例面向不同的观众群：（1）英菲尼迪黑人潮流的宣传活动，针对中产阶级的非裔美国成年人推出；（2）壮汉纸巾的官网，因其喜剧色彩而吸引不同年龄层的男士和女性网络用户；（3）芭比娃娃的官网，针对年轻女孩；（4）百威视频网，百威啤酒针对男士推出的全新网络品牌延伸形式。四个例子的共同点在于能够让公众花大量的时间参与网站提供的内容（或直接涉及产品，或与产品的相关性较为隐晦间接）。因此，网站提供的这些"体验"实际上是一种品牌推广，且推广的内容除了部分与产品宣传相关之外，更多是关于产品的符号意义与产品以外的体验。

6.3.1　英菲尼迪的黑人潮流

2004年11月，英菲尼迪豪华汽车专门针对非裔美国人推出了一项广告宣传活动。首期宣传动用了五位黑人革新者和五款英菲尼迪汽车，共同打造的主题是展示当下黑人的创造力。其中，五位革新者包括画家凯欣德·威利、音乐人保罗·米勒（DJ Spooky）、电影制作人尤占·帕尔西、设计师斯蒂芬·伯克斯，以及舞蹈编导戴尔德丽·道金斯。他们每人分别搭配一款英菲尼迪汽车。整个首期宣传形式包含了平面广告、现场活动、户外广告牌、街边发光展板、电视节目，以及一个新建的网站（下文将集中分析该宣传形式）。英菲尼迪汽车的市场总监斯科特·费森登（Scott Fessenden）对本次宣传的核心思想描述如下：

英菲尼迪十分重视美国的非洲裔顾客群。通过"英菲尼迪的黑人潮流"的宣传活动，我们希望向公众展示非裔美国人在艺术领域……取得的卓越成就。英菲尼迪品牌代表了个性前卫、设计独特和专属化，这些特点与"英菲尼迪黑人潮流"所展现的创新理念同出一辙，二者皆极富艺术感。（摘自英菲尼迪发布的宣传资料第二段，2006）

笔者在《黑人企业》杂志第一次发现该宣传的平面广告。《黑人企业》是"非裔美国人用于商业、投资和积累财富的首选，……提供关于美国非裔商人市场和商业领导的确切信息资源，反之，也能给他们提供确切的信息。它代表了黑人商业新闻和商业动态方面的权威"。每次新发布的广告会占用三页纸的版面介绍一位革新者：首页呈现一面处于上色状态的文字墙，背景采用都市风光的场景并搭配具有独特风格的天空景象。图6.3为2005年2月推出的广告首页，该广告刻画了音乐人保罗·米勒和英菲尼迪FX45（SUV）。黑色的墙面上写的白色字为："黑色音符横扫黑人舞厅，发挥重塑音乐的魅力。使用碎拍、双倍时值和自由式，改编经典，永不停歇，在黑暗中前进，启发世人，t//以融合为一的姿态，展现黑人的风格与形式"（"//"符号表示图中文字的上色效果结束的位置，此后的刻印字母还没有被刷上白色油漆）。广告的第二页展示了这名艺术家及他的组合成员正在玩音乐的场景。他们身后是一面黑色的墙，墙的左上角印有保罗·米勒的名字，同时还给出一个能够"收听众多黑人音乐"的网址。同一面墙也出现在广告的第三页，但前景换成了一辆英菲尼迪FX45。本阶段的宣传将革新者陈述的一段话（尤其是个人故事）放到英菲尼迪官网上，内容涉及陈述者的工作，以及提供观看或收听其创新成果的机会；但是系列广告所描述的这些艺术家在叙述中并没有提及英菲尼迪汽车。网页的最后一部分集中介绍广告中出现的那款英菲尼迪汽车。此外，官网还提供下一期英菲尼迪黑人潮流开展的日期，以便吸引浏览网站的公众（按照英菲尼迪的日历）回访更多内容。

在本次宣传的第二阶段，英菲尼迪在"黑人娱乐电视台"（Black Entertainment Television）买下节目时间并冠名播出它的原创节目"黑人的……"（"英菲尼迪通过原创电视节目驶向新高度"，2006）。时长为30分钟的节目于2006年2月9日首播，即节目选择在"黑人历史月"（Black History Month）期间播出。该节目由奥蒂斯·萨利德执导，埃尔维斯·米切尔主持。前者曾担任《马尔科姆·艾克斯》《为所应为》《山姆的夏天》等影片的舞台指导，以及《修女也疯狂2》的编辑指导。后者是专业影评人，并于近期转为《纽约时报》专栏作家。在第一期宣传的杂志广告和官网上出现的五位黑人革新者也在该节目中出现。该节目的视觉表征风格从以下两个方面仿照英菲尼迪官网的风格：（1）使用黑色背景及白色文本传达哲理性想法；（2）让革新者站在一面黑色的墙前面。节目内容包括一个小组讨论环节，以及关于这些革新者的个人情况介绍。关于节目简介的开场白则采用近拍的文字播报

223

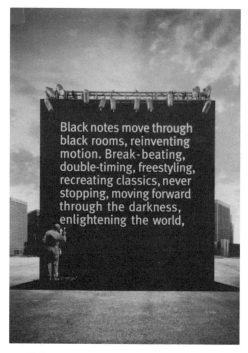

图 6.3　英菲尼迪 "黑人潮流"（《黑人企业》，2005 年 2 月）

224　方式呈现，观众可据此推断该节目属于黑人节目。呈现的文字为："自黑人能接受小学教育起，我们以光一般的速度脱离了黑暗。这影响了我们如何构思节目的理念和剧本，以及如何拍摄、剪辑、推出首映。"紧接着，黑色屏幕依次出现一连串文字，每组单独出现："赋予戏剧性、赋予动作性、赋予奇妙性、赋予真实性。"

　　"英菲尼迪的黑人潮流"宣传的第三个阶段于2006年年中展开，官网的内容亦全面更新。网站主页发布英菲尼迪汽车的信息，主打英菲尼迪在创造上展现的各种可能性。文本以分层罗列的形式呈现：

灵感源自英菲尼迪，在三位艺术家的雕琢下横空面世

"黑人潮流"对话卧虎藏龙之地

这里诞生的，才是英菲尼迪认可的创新精神

本期宣传采用第一期的广告迭代模式，每隔两个月左右更新一次广告内容。网站最终添加的宣传内容共计三期，所描述的人物有：迈克·汤普森，城市插画家；雪莉·乔·芬尼，舞台总监及电影导演；奥尔博·戴维斯，爵士乐艺术家及芝加哥爵士乐团的领队。然而，本期所描述的三位极富创造力的个人直接与不同型号的英菲尼迪汽车同框出镜，原因是他们受英菲尼迪委托，每人须基于英菲尼迪的启发创造出某种实际的东西（一幅大的城市插画、一部电影剧本及其演出、一首爵士交响乐曲）。尽管每位艺术家都讲述了自己受到英菲尼迪的启发完成创造的故事，但他们着重强调个人的独创性，同时网站的访问者可选择观看哪些内容。这些故事（名为"影片"）都包括三幕：介绍、过程和成果展示。然而，尽管创作的作品均关联具体不同型号的英菲尼迪汽车，但是"英菲尼迪可能性"这一主题还是通过叙述和文本形式展现。与首期"英菲尼迪的黑人潮流"宣传时出现的汽车颜色不同，第二期宣传采用的汽车均为彩色——黑色车从未出现。两期宣传还存在另一个不同之处，在平面广告方面，尽管两期宣传所介绍的艺术家都无一例外是非裔美国人，但是第二期的平面广告并没有提供官网地址来指引读者获取更多"英菲尼迪的黑人潮流"活动信息。

"英菲尼迪的黑人潮流"的宣传活动营造了一个意符，

即产品代表着群体消费。同时，它所采用的形象阐释了"社会规范的定义，包括性别、关系、有限的民族交融、社会—经济阶级的区别，以及文化活动的等级性，等等社会规范"（Leiss et al.，2005:567），这使它表面上像是主题直白鲜明的第四类框架广告。该宣传旨在将英菲尼迪的品牌形象打造成符合黑人群体的理想和抱负（据我们所见，出现在该宣传活动的全部广告人物均为黑人），而该群体从文化层面来讲被人们认为是富裕的。从策略运用的角度分析，日产的奥蒂玛（Altima）系列是非裔美国人最常买的车型，于是英菲尼迪在此基础之上策划了注重创新的"英菲尼迪的黑人潮流"宣传，并也可能以此把有意购买豪华车的非裔美国人从梅赛德斯奔驰E级车转移至本品牌（"Who's winning"，2005）。然而，该宣传同时糅合了第四类和第五类框架的属性，因此表现出其他方面的一些特点。尤为突出的是宣传所使用的网站，其展示了一个基本的第五类框架的全部特点。很显然，该宣传采用的办法是对购车观众甚至是黑人观众进行"分众"。广告所描述的关于改革与创新的主题也并非简单的关于成就的主题，而是一个具有暗喻功能的具体主题，借以激发富裕的黑人观众的创新精神。英菲尼迪并非随意挑选成就高的黑人（外科医生、工程师、首席执行官）进行描述，其着手于打造一群有潜力的、能够产生创新性想法的黑人。主题非常明确地表达"奇思妙想"的概念，而官网描述了一系列改革与创新方面的黑人榜样，并将这些榜样和不同车型有效地结合，进一步将此概念定格为"黑人的奇思妙想"。构建整个宣传的方式也表达了个性化的意味：八名艺术家代表八种不同的专业特长，并搭配英菲尼迪

225

的不同车型。

　　英菲尼迪的"黑人潮流"所提供的内容从数个层次展开叙述。第一层是关于革新者的一系列叙述。网站向访问者介绍他们的故事——他们的价值观、行事方式、他们在分享黑人经验方面优先考虑的问题。在第二阶段的宣传中，网站介绍的故事主线结构清晰，包括开端、发展和结尾，并通过每位革新者的"影片"构成三部曲。第二层叙述能够让网站的访问者创作属于自己的故事。这类幻想的性质有可能更偏向于将叙述看作一种文化范式（Maines，1999），而非单纯地讲述故事。针对本案例，其文化叙述的核心内容是关于上进心、财富增长以及美国黑人能够接触特定商品的可能性，同时这类特定的商品必须与上进心相关，甚至革新者以不同的方式叙述只能意会的黑人经验的时候，也体现了这类商品的价值。正如沃茨和奥比（Watt and Orbe，2002）分析百威啤酒的"Whassup"（怎么样？）广告宣传时指出，此类叙述具有广泛的适用性，因此该网站对白人访客同样适用。同时，此类叙述具有开放性，能产生多种可能，在这种语境里，访问者可自行选择将网站提供的革新者和英菲尼迪的车款进行搭配并创建特定的故事。这意味着该网站极有可能成为自我沉迷的舞台。第五类框架的作用在于营造"个人成为导演"的意象，其以英菲尼迪为轴心向网站的访问者提供引导。

　　查找和畅游网站亦相当符合第五类框架的风格。除非我们已经看过该宣传的平面广告或看过黑人娱乐电视台播出的节目给出的具体网址，否则我们基本上无法通过单个网页链接找到这个网站。原因在于英菲尼迪官网的主页没有提供直接链 226

接。虽然在搜索引擎里输入"英菲尼迪的黑人潮流"（Infiniti in Black）能找到官网主页，但如果想要成功浏览该网站的内容，我们还需要多花点儿功夫。找到并点击打开后，网站随即提供许多选择：选择关注哪个革新者，查看哪款车，是否全集完整播放或暂停播放或重播某一集。网站的内容兼具教育意义和娱乐性。网站没有硬性要求访问者细看罗列的车型，即便是关于革新者的线上系列的第二个版本亦没有强制设置（在这种情况下，访问者可以跳过与所描述的车直接相关的绝大多数资料）。从网站呈现的内容看，产品的价格不低，同时，刻画革新者的图像视觉效果吸引眼球，并为这些视觉形象配上相应的话语文本。产品的计时展示显得非常从容和令人放松，这也是激起观众美好幻想的方式之一。而这些幻想往往体现在艺术家们的言辞中，他们假装自己是观众，替观众讲述浏览该网站内容的体验。

英菲尼迪"黑人潮流"的宣传形式使个人脱离集体，并提供了一个平台，用以庆祝个人成就、创意、梦想（或是这三者之一，或是全部）。英菲尼迪利用该宣传正逐步地将其品牌形象进行延伸，以此承载更丰富的形象内涵，包括：富有创造性的黑人艺术的价值、黑人的成就、黑人群体的可支配收入，毕竟该系列汽车的价格低则3.5万美元左右，高则5万美元以上。其品牌理念清晰明了，即颂扬那些可能会使用自己的财富购买英菲尼迪汽车的黑人富人的能力和潜力。此外，观众并不必对购买英菲尼迪车真正感兴趣，他们同样可以享受畅游网站的乐趣，因为网站描述的革新者所创作的作品妙趣横生，同时，光是汽车产品的美学设计便能引人入胜。该宣传确实试图利用黑人的形象，并通过他们的言辞将网站的这些概念与英菲尼迪的品牌意识联系在一起，从而产生价值。但此举的政策意义相当有限，因为从该网站的受众群体，以及潜在受众人群来看，其市场区隔是按人口情况区分的。然而，由于该宣传的花费高达1亿美元（McMains，2006），英菲尼迪不仅指望在产品销量上有所回报，而且希望推广黑人成就（这里专指艺术成就）的策略也能带来额外回报。然而，英菲尼迪并没有向白人观众照搬该宣传模式，其在面向白人观众的宣传中避谈支持黑人艺术家和他们的革新举措。假设日产（母公司）或英菲尼迪在其官网颂扬了黑人艺术和标榜这些革新者的言辞呢？其结果将导致政策意义的影响更加深远，而同时也将给公司带来更大风险。

6.3.2 第五类框架下的新"壮汉"

让我们把话题从高端文化转向另一种更为流行的品牌推广形式，其更常用于文化娱乐和广告宣传。本节接下来将研究"壮汉"（壮汉纸巾的图标）运用第五类框架的新宣传版本。自20世纪70年代以来，"壮汉"的形象随处可见，其形象主要出现在日间电视节目所插播的广告里。该形象随着岁月的变迁发生了一些变化，但以2004年的大改造最为突出。"壮汉"的头发从金色改为棕色，身穿的牛仔衬衣换成法兰绒格子衬衣，内搭一件白色圆领T恤。2006年，名为"壮汉学院"（Brawny Academy）的网站给这个新的"壮汉"形象赋予了生命。在网站（brawnyman.com）上线之前，其网址等相关信息便出现在平面广告和电视广告中。

227

　　"壮汉学院"（Brawny Man Academy）讲述了八名男士的改造历程，实际上是一种故作严肃的戏仿节目。这八名男士被他们的另一半遣派到树林里过野营生活，目的是让"壮汉"纠正他们的错误行为，从而使他们变得"更优秀"（其中一集讲述"壮汉学院"里有两名男士是"壮汉"的"助攻"，装作被送到营地，实际上是帮助"壮汉"完成对这些男士的改造过程）。网站包含八集关于野营经历的影片，故事以叙述的结构按时间顺序展开，而每集时长9~13分钟。第一集的影片在2006年6月12日首播，其余七集每隔两周更新一次。在第一集的开场部分，"壮汉"正在树林里聆听鸟儿歌唱，并由此想到，正如他的台词所说："重要的是，（话语停顿）做一个可靠、强壮且温柔体贴的男人。"

　　在每一集中，八名男士在"壮汉"的引导下围绕一个主题展开学习。而在第七集结尾时，这些男士邀请他们的爱人来营地做客。当她们到达营地时，纷纷为小木屋里布置别致的家具和装饰品震惊不已。从首集到第七集结束，这些男士不仅向观众呈现了各种学习经历，如修理脏兮兮的水管，为锻炼力量而抱着巨石奔跑等，还会把自己的一个坏习惯写在纸上，并在当众朗读之后把纸烧掉。其中一集还讲述一位性学专家登门造访，这位女专家与每名男士开诚布公地交谈。在剧终集，"壮汉"办了一个庆功晚会，邀请所有的男士穿上燕尾服偕同他们的爱人穿上晚礼服参加。正是这个晚会让男士们得以展示他们的绅士风度和泰然自若的仪态，以及他们改进厨艺的成果。该剧的片头曲和片尾曲均为采用弹弦乐伴奏的、西部风格主题的歌曲。"壮汉学院"的系列影片属于喜剧，剧中人物时不时在这样或那样的场合使用一卷厨房纸来清洁卫生或做其他用途。

"壮汉学院"系列故事叙述的主题是关于两性关系，以及女人希望另一半温柔体贴、可靠得力、向她们敞开心扉。它作为壮汉纸巾的一种广告宣传形式，无疑属于网络品牌延伸的范畴。该网络剧将产品延伸至轻松愉快的家庭生活和寓教于乐。在这点上，正如壮汉纸巾的品牌经理约翰·鲍曼（John Bowman）所言："关于我们所采用的品牌推广方式，其着重点不在于技术含量，而在于建立一种更多地偏向情感方面的关联，以此促使观众产生品牌归属感。"（引自Neff，2006）"壮汉学院"没有过于激进的情节，而"教化"一群男性野兽的主意实际上也显得老套俗旧。然而，戏仿的表现手法赋予了这些故事短片娱乐性。观众对这部剧既可郑重其事，亦可嗤之以鼻或津津乐道，她们也可转发给朋友或自己的男人（该系列影片很可能面向女性观众，但"壮汉"的新形象也可以解读为具有男同性恋方面的男子气质，因此对男同性恋观众也具有吸引力）。

网站brawnyman.com具有第五类框架特征，表现为访问网站的观众拥有自主选择权（如何浏览及浏览哪一集，悉听尊便）。随着该系列故事剧情的发展，观众不得不等候下一集上线，但一旦全部集数被放上网站之后，观众就可以随意挑选播放哪集，自主决定观看顺序，重播喜欢的某几集，以及利用播放器的功能选看某一集中的部分情节。网站还包含了一份调查问卷，名为"壮汉学院小测验——你的男人像壮汉吗？"问卷的选项包含男人可能会做出的一些切实正常的行为，同时还

228

有一些出格的选项，一旦网站的访问者完成了问卷中的选择题，网页就会呈现一份结果分析（估计是基于被测试者给出的答案所做的分析），进而建议完成测验的女性鼓励她们的男人针对性地观看某一集"壮汉学院"。当观众与该网站打交道时，她（他）可能会感受到，第五类框架所营造的生活意象"如同一种剧本写作练习"（Leiss et al.，2005:568）。

6.3.3　互联网国度里的芭比

本节将再举一个例子来讨论第五框架下自我沉迷的问题——时至今日年近三十的芭比娃娃。然而，今天出现在公众视野内的芭比已被注入了新活力，成了人们上网打发时间的新渠道。在网站Barbie.com上，访问者可以开展多种形式的网络活动和寒暄聊天。笔者选择芭比官网作为研究对象的原因在于，它的目标客户是儿童和青少年，以此来说明第五类框架针对年轻的消费者是如何全面运作的，尤其是这个文化主义群体习惯于网上冲浪，对互联网的应用炉火纯青，可以在网上的各种链接之间穿梭自如。

"过度活跃"（hyperactive）是描述网站Barbie.com最贴切的词语。访问者在地址栏输入"Barbie.com"后，随即跳转至该官网的网页链接地址。网站提供了各式各样的选择，能让访问者貌似获得了"快速重设场景的无限可能"和"乐此不疲"的体验（Leiss et al.，2005:567）。当访问者打开网站，主页的芭比偶像随即迎接问候道："嗨！我是芭比，很高兴你来了。"主页给访问者提供的不同选择包括：装扮网页并将其变成个人主页；查看芭比的电视广告；链接至"聊天天后"

平台；浏览"时尚狂热"（Fashion Fever）；访问"B-TV"频道；收看"魔法彩虹"（Magic of the Rainbow）节目；或参与"趣味游戏"（Fun and Games）的游戏互动。主页顶部的导航菜单为：父母、收藏家、全球芭比（有八种不同的语言以及英式英语、美式英语可供选择）和芭比商店，点击可跳转链接至相应的子网页。在导航栏的上端更接近主页顶部的位置还出现了滚动链接区，供访问者链接跳转至"波利口袋"（Polly Pocket）、"青少年潮流"（Teen Trends）、"像素琪斯屋"（Pixel Chix）和"我的场景"。而这些跳转页面里面也同样给访问者提供一系列的链接选择。

为了说明该网站设计的内容范围与设计思路，下文将列举芭比网站的几点具体内容：首先，访问者能够从Barbie.com的主页链接进入"波利口袋"，亦能从"波利口袋"的链接进入"我的场景"。两个子页面都提供一些相应主题的游戏（包括"芭比大购物"［Shop'til you Drop］和芭比换装打扮），"我的免费服务"通过鼓吹"你也能成为下载天后""设计好友头像图标""时尚美甲"和"装饰卧室"的活动来吸引访问者。在"我的场景"页面上有"青少年潮流"的链接，访问者可以从该链接进入"芭比姐妹团"。网页给出了四个芭比的信息，她们的名字分别是基亚娜（Kianna，黑发，但不清楚所属的种族）、狄翁黛拉（Deondra，极有可能被塑造为拉美人）、考特尼（Courtney）和盖比（Gabby，后二者均为白人）。基亚娜的自我介绍是："脾性急躁、独立、摇滚范儿。"狄翁黛拉说："宝贝，我喜欢跳舞、华丽的服装首饰和追求时尚"（这是对拉美人的形象特征非常刻板的认知）。考特尼热衷的事物是"足球、骑马和享受阳光与沙滩"（听起来像典型的住在郊区的上层中产阶级家庭的白人女孩）。盖比喜欢"让自己更女孩子气些"，她说："我最喜欢的颜色是粉红色！"访问者亦可通过回答一些问题来发现自己最喜欢哪个芭比。例如，基亚娜会以模式化的、十多岁少女的声音向访问者介绍她自己和她的房间："这是我的漂亮房间！我喜欢写作、听摇滚演唱会和尝试新时尚。移开我的东西（在网页中显示），你会有更多精彩发现。"随着游标在网页上移动并停留在房间里各式各样的东西上，屏幕便会闪现出物品的标签说明，同时语音描述功能也被激活。例如，当游标移到一把吉他上的时候，出现的标签是"我的酷炫吉他"。然后基亚娜的声音说道（推测听者为该游戏的网络用户）："想当摇滚明星吗？我也一样。"

该网站提供了有限的选项，却似乎能给访问者带来无穷的体验。访问者能选择自己想做的事，装扮出属于自己的时尚个性，决定自己想模仿的对象，以及忽略不需要的内容。这是一种高度的自我沉迷。通过网络品牌延伸，这一代的广告使芭比变身为一个门户网站，尽管该网站只提供了预先编造的、乏善可陈的故事，却能够让访问者体验大量有趣的活动和构建个人的故事。畅游该网站的年轻女孩很有可能并不知道链接所显示的产品和人物是美泰公司（Mettel）的产品。网站所设计的一切内容都带有非常可爱的风格且极具少女气息，这说明了公司的政策立场保守（实际上是食古不化）。第五框架的广告宣传方法似乎可以给访问者提供广阔的创造空间，她们只需通过点击的方式便能创造自己的故事。然而，访问者的选择实际上受限于网站的意识形态立场，它影响了网站的设计脚本，例如如何预设人物的性别，进而限制了访问者用于创造个人故事的素材。

230

美泰公司的下属品牌之一泰科（Tyco）负责生产风火轮小跑车（Hot Wheels）和火柴盒小汽车（Matchbox Cars）。这些产品的宣传网站具有与芭比网站截然不同的风格，其充分证明了面向年轻人的玩具和娱乐产业存在性别两极分化的现象。打开风火轮小跑车的官网，突然响起的背景音乐震耳欲聋，令人激进亢奋。访问者可以体验游戏、购物、各类下载以及一些号称是"酷炫玩意儿"的内容（此名称让人产生的文字意象与潮流、兄弟志趣相投有关），同时每一类体验都给访问者提供了大量选择。网站针对男孩访问者所开发的故事主题围绕狂野、喜欢冒险、胆大妄为、不受控制的小孩展开，他们可以透过官网提供的众多内容玩出属于自己的时尚选择。如果芭比的网站被形容为过度活跃，那么风火轮小跑车的官网就是超级过度活跃（XL-hyperactive）。

综上所述，美泰公司的第五类框架广告宣传在第四类框架的基础上采用明确划分的方式构建性别特征。访问者在选择了合适的性别类型之后，可以根据个人的兴趣喜好在琳琅满目的网站内容中做出选择。然而，这些貌似变化万千的内容实际上受限于美泰公司关于女孩和男孩性别的刻板认知，这种高度固定的认知影响了它的广告策划，即如何在网站展现与女孩和男孩相关的文字意象和视觉形象。这是一种性别两极分化的宣传模式，其完全延续了多年以来玩具生产和宣传销售的一贯做法（Johnson and Young，2002；Larson，2001），不同之处在于第五框架下的网络宣传策略赋予了观众关于选择和个性化的假象。

6.3.4　百威视频网

百威啤酒向来以打造创意十足、与观众共鸣感强的广告著称。每年1月，国内及国外的上百万观众收看"超级碗"国家橄榄球联盟年度冠军赛，期间他们对那些兼具娱乐性和创新性的插播广告充满期待，尤其是百威啤酒的广告。多年以来，该品牌的推广宣传采用故事剧集的形式开展：例如，青蛙作为故事的主人翁，在不同的小短片里发出"Bud-why-zer"（发音近似"百威"）的叫声；一群男士聚会活动并相互打招呼，说出"Whassup"（怎么样？）的经典台词。这些广告的故事形式具有鲜明的品牌识别度。如今百威啤酒尝试转向全新的品牌推广模式，该宣传模式带有第五类框架特征，策划的广告故事亦极具开放性，能给观众提供多样选择。

百威视频网是百威啤酒打造的线上视频网站，于2007年2月首次上线，其集影像视频节目、线上游戏、喜剧剧集及其他影视特辑于一身。据报道称，该品牌的生产商安海斯—布希公司（Anheuser Busch）每年的广告预算超过10亿美元，其中，用于维持这项全新的推广渠道的第一年总开支约为3 000万美元（Deagon，2007）。笔者在3月份首次浏览了百威视频网，虽然该网站上线才一个多月，但已经推出了不少节目供访客选择。该网站首页的介绍短片邀请了导演兼演员凯文·史派西（Keven Spacey）出镜，他首先欢迎访客浏览百威视频网，随后在介绍百威视频网的同时顺带宣传了他公司的网站。据他描述，后者"是电影制作人的才艺展示平台，对制作电影充满热情和梦想的人能在该平台大显身手"。史派西告诉访问百威视频网的用户，百威视频网亦可收看由电影公司"触发街"（Trigger Street）出品的电影，而这些电影由安海斯—布希公司赞助。"触发街"的官网亦在主页明确标注赞助方为"百威精选"（"精选"是百威啤酒2005年推出的另一种啤酒的标签，据百威官网称，贴有"精选"标签的啤酒"为新酿制的啤酒种类，特点是口感清爽，入口顺滑"）。随后数周，打开百威视频网的主页，首先会弹出一则百威啤酒的搞笑小视频广告。其余上线的内容包括：

- 一部喜剧连续剧，封面以一辆出租车后排座位的剧照为背景，节目名称为"巴克秀"（Joe Buck Show）。观众可以对剧集进行评分、转载分享、下载或添加收藏；
- "你想闯进好莱坞吗？"的剧本写作比赛，该活动邀请访问者点击进入名为**"完成我们的电影"**的比赛，比赛内容是根据网站所提供的一部未完成制作的电影，由访问者来撰写中间部分的剧本（最终的获胜者可以给百威视频网的一些作品编写剧本、担任导演和后期剪辑）；
- 2007年《体育画报》泳装特辑派对的记录视频；
- 一部描述传奇车手小戴尔·厄恩哈特（Dale Earnhardt Jr）的纳斯卡车赛视频；
- 一个关于搞笑新闻的节目："尴尬新闻"；
- 一部名为"春之果酱——一场纸板德比赛马"的动画

短片；

- 著名喜剧演员塞巴斯蒂安的影片集，该影片集的名称就叫"塞巴斯蒂安"；
- NBA季后赛的其中一部特辑；
- "真出名——奥兰多酒店假案"，它是一部短视频，描述一些假扮明星的骗子诈骗一家酒店的事件。

如果我们将上述的内容全部浏览一遍，需要在该网站花掉不少时间，且每一项内容都提供多种备选项。我们亦可以随时回访网站查看大量的更新内容，例如，下一集的"巴克秀"或新上线的短片电影。

与本文描述的其他网站一样，百威视频网的性质类别有着明确的定位。其主要表现为男性网站，散发着满满的阳刚之气，处处营造"真男人"的氛围。康奈尔和梅塞施密特（Connell and Messerschmidt，2005）分析了霸权式男性气质的概念演变问题，提出霸权式男性气质的基础"是（规范化的）行为模式（即实际的施事行为，而不仅仅是身份象征或人们期望男性角色所拥有的一整套行为模式），该行为模式使得男性对女性的支配权得以延续"（2005:832）。在过去的数十年间，这种野蛮的男性气质遭遇了质疑和挑战，以至于男性气质的内涵不断演变，出现了更为敏感的男性群体，并根据这一群体的风格形成了"都会美型男"（metrosexual）的概念。为了回应这一改变，市场上出现了"真男人"的品牌推广想法，以重新回归男性气质的传统形式，马可·辛普森（Simpson，2003）首次将此类做法所反映的特征对应地称为"复古男人"（retrosexual）。百威视频网十分认可并迎合传统的男性兴趣爱好（如体育、泳装美女、骂脏话、恶搞笑话），旨在"回归"至最原始的男性气质内涵。然而，百威视频网并没有对反映真男人的那套旧形式照搬照抄，因为其网站还提供了电影制作和滑稽模仿等方面内容的链接。百威视频网在传统男性气质和对传统的突破之间游走，它的第五框架特征恰恰体现在这二者之间的张力及对抗。网站链接所提供的叙述内容，以及访问者能够自主创作的故事（包括访问者可能会将百威视频网的故事向他人转述）都突破了霸权式男性气质的传统形式。畅游该网站需要访问者自我沉迷于网络，而这种沉迷与放纵的意味也同样体现在百威的形象代言物在广告场景中突然出现的桥段。此外，网站呈现的复古特质并没有仿照以往存在的男性气质，而是站在女性气质的对立面，对所有与男性相关的气质进行甄选，形成了其特有的风格。百威视频网沿用以往的品牌推广口号"百威，只为你"，该做法值得探讨。其反映了该网站在本质上与访问者进行"对话"，告诉访问者百威是为你准备的，而这个"你"是一个男人（真男人），社会拿起各种男性标准砸向你，期待你成为温柔体贴的新式美型男，而这个地方/网站正好是你的避风港。

6.4　小结与思考

　　本章讨论了网络品牌延伸的其中一种方式，它兴起于近几年，通过广告的第五类框架策略助长了互联网用户自我沉迷的思想。第五框架策略让消费者以为自己掌握主动权，可以利用广告所传播的产品和形象创造自己的叙述脚本。

此外，本章着重分析了叙述的几种话语形式，并强调叙述话语尤其适合第五类框架下的网络品牌延伸，并使之迎合消费者的自我沉迷思想。当然，并非所有的网络品牌延伸策略都采用第五类框架的模式，也并非所有的网络品牌延伸形式都迎合自我沉迷的意识形态。然而，部分公司看重推广方式的创新性。为吸引更多潜在消费者，其利用第五类框架的灵活性给予了消费者掌握与产品相关的主动权的假象。这种推广方式与公众主动探索互联网的行为不谋而合。在此情况下，互联网用户习惯于按照自己方式进行搜索和选择，根据自己的意愿在链接之间自由地穿梭。对于平面广告来讲，观众要么看见，要么看不见，要么被它吸引，要么忽视它的存在。但新的网络品牌延伸形式不同，其运用第五类框架策略和叙述的不同话语结构，在广告的语域里给观众提供多样选择，使广告宣传变成吸引关注的连续统，而不是一种"二选一"的现象。本章具体分析的网络品牌延伸形式表现为能提供多项选择的网站，尽管所提供的众多选项是按照预设固定下来的，但观众终究能戴着"镣铐"享受自由飞舞的感觉。在这类网站消磨时间实际上是一种沉迷网络的行为，让人们可以躲在自己的兴趣小天地里。网络品牌延伸属于不断塑造网络使用行为的文化文本，在此情况下，网络服务机构以及个人与品牌推广过程之间的关系备受质疑。同时，在更广泛的社会—政治语境里，沉浸在第五框架的叙述世界里的内在含义亦需进一步探究。

在对芭比网站的分析中，本章研究了其广告向观众和潜

233

在消费者提供的服务类型，并着重关注其服务及服务机构的一些限制，笔者称之为矛盾的服务（给消费者提供多样服务，但这些服务本身包含了一些限制）。在第五类框架的包装下，消费者貌似具有多样选择性，尤其是在互联网给访问者提供大量链接选择的环境里。然而，由于品牌服务所提供的全部选择都是围绕特定的预期市场的，因此消费者的自主选择实际上蕴含了不少限制。在此情况下，品牌服务和服务机构更像是广告商创造的虚假幻象，而非实际上对消费者的赋权。此类矛盾的服务也许能加强网站用户对选择度和自由度的感知，但是任何网络品牌延伸行为终究是为了品牌推广，其提供的服务也是品牌推广的策略体现，在此基础上，最大可能地给用户提供多样选择。在壮汉纸巾的品牌延伸案例中，无论其节目"壮汉学院"的人物角色和学生表现得多幽默，都离不开壮汉纸巾的宣传与推广，而该品牌的纸巾在女性群体中的市场占有率最高。该网站的访问者能自主挑选喜欢观看的视频片段，亦可以对视频中的任意搞笑片段做出反应，但是他们始终逃不开该节目表现两性关系紧张的文化壁垒。关于两性争执与对抗的故事不计其数，该节目只是将这些故事当中的一些搬上荧幕，制作成不同的影片剧集。网站利用第五类框架把品牌服务转化为这些故事的脚本，而观众在有限的脚本中进行选择。

本章所讨论的广告类型还存在第二个问题，即个人与品牌推广之间的关系。利用第五类框架策略的网络品牌延伸活动如何向个人推广品牌？推广的程度如何？尽管该问题没有明确的答案，但是产品公司利用不同的第五类框架元素来拓展网络活动，并在活动背景中或明确或隐晦地进行品牌宣传。据

此，我们可以推测个人参与此类网络活动的意义在于实现品牌
推广。"英菲尼迪的黑人潮流"无论是活动主题还是宣传策略
均把品牌放在首位，然而每一段广告宣传均以黑人革新者的相
关信息为开篇，其次才是该品牌的汽车。整个广告推广活动处
处体现着日产的企业形象，其做法显然是为了表现该品牌对黑
人革新者创造性成果的尊敬和欣赏，将二者进行关联。在此
情况下，访问英菲尼迪官网（或收看黑人娱乐电视台相关广
告）的黑人群众亦在无形中被要求给予英菲尼迪（和日产公
司）同等的尊重。然而，本案例中关于尊重的广告话语具有边
缘性，体现在以下几个方面：首先，话语主要面向中产阶级的
和富裕的黑人群体，给他们打上该品牌的标签。尽管话语给该
群体提供了一个专属的商品形象，但由于英菲尼迪早期的品牌
策略并没有将该群体市场考虑在内，因此该量身订做的商品形
象还不属于该群体。其次，广告商对所有的革新者形象进行精
心包装，具有明确的针对性，尤其是具备创新性，以此吸引
黑人观众。除了音乐以外，非裔美国人还在哪些方面为人称
道？艺术、舞蹈、设计创作的热情等，但广告只展现了与创新
相关的形象。再次，广告投放的渠道亦是边缘化的。如果观众
无法轻松地找到该品牌的官网，那么此次品牌推广活动所刻画
的革新者形象的影响力将大大减弱，官网的访问者数量也将远
远达不到推广的预期，故品牌影响力和观众覆盖面的范围也是
边缘化的。"英菲尼迪的黑人潮流"的广告话语一方面处于相
关品牌推广活动的中心位置，但同时又处于母公司丰田的整体
宣传话语里的边缘领域。这种情况体现了另一种矛盾——矛盾
的中心化广告话语，此类话语需要打造核心形象并凸显其核心

234

地位，但这一过程与该话语所在的更大的广告话语相抵触。

　　与英菲尼迪的推广活动类似，本章讨论的其余三个案例亦依靠观众对于固定身份的文化认知。前者基于种族分化的概念，而后者则基于性别分化的概念，要么是已经形成的性别分化，要么是即将形成的对立与分化。无论是壮汉纸巾、芭比的官网，还是百威视频网，都是强调在性别对立与分化的情况下才能达到宣传效果。这些案例都应用了第五类框架广告策略，通过不同的叙述形式来创造个人及个性化的故事，但是，所有给消费者提供的个人故事和个性化选择都只是把消费者请进了关于身份的瓮里。对于那些深深植根于本土文化的身份符码，网络品牌延伸的赞助商们照搬不误，对这些符码的运用也十分死板，其目的是增强品牌推广和产品推销的效果。然而，畅游互联网给访问者营造了关于自由和自主选择的假象，导致互联网用户可能无法认清这一本质。

　　本章讨论的第三个问题与网站的自我沉迷思想相关。该思想能让个人留恋企业赞助商提供的一些好处。通过利用叙述的开放性和构建故事的各种可能性，网络品牌延伸的各种产物让互联网用户享受到民主与自由，然而，这些民主与自由蕴藏了哪些含义？如今，互联网的一项标准收费环节是对一些毫无意义的比赛进行直接公开的投票。而较为间接的投票披上了自我赋权的外衣，让用户根据网站提供的内容，如壮汉纸巾和百威视频网的视频库，决定点选和查看哪些链接。进一步来讲，如果消费者选择把时间耗费在这类网站上，而不是把时间用于开展个人事务和人际交往，那么结果就是网络品牌延伸的产物达到了广告宣传的目的。互联网给所有用户提供了大量选择，而一旦将与广告推广相关的故事带入互联网世界，则很有可能使自我沉迷的情况进一步升级。在利用互联网进行广告宣传的世界里，各类叙述形式和故事构建实际上是网络品牌延伸活动的一部分，它们赋予用户进行自我设计的表象，以此将个人卷入一个以自我为中心的世界里。同时，当广告让商品成为个人通往特定叙事世界的大门时，我们需要思考广告对影响文化变化方向所起到的作用。互联网的这类广告应用是否"创造了一种碎片式的文化，并使文化中的个人只在乎自身是否得到满足，在狭窄的个人空间里处理私人事务，从而导致个人关注不到周遭的社会问题"（Campbell et al.，2007:223）？许多广受欢迎的广告宣传网站选用各种内容向用户暗示这是属于个人的奇妙故事世界，这些无处不在的网站暗示和其他广告娱乐提供的个性化选择能轻易地将鲜活的个人变成一座座孤岛。在陈述与广告相关的价值观时，苏特·杰哈利给出了发人深省的警告，他告诫道："（广告）把我们看作独立的个体，而不是讨论集体问题的社会成员……市场没有主张积极的道德价值（怜悯心、体贴他人、慷慨大方），反而不断撩拨人性的弱点（如贪婪、自私）。"（2000:33）随着广告市场出现第五类框架下的网络品牌延伸行为，广告的个体化概念愈演愈烈，带来的负面影响和危害也随之愈加严重。这时的互联网如同一个旋涡，把越来越多的备选项目卷入品牌推广的旋涡中心，导致互联网用户在这里耗费的时间也越来越多，难以自拔。同时，我们的社会早已充斥着自我沉迷和"自我中心"的思想，随着广告商利用互联网实施品牌延伸计划的趋势不断增强，这个社会将进一步偏离集体生产活动。

235

参考文献

Abelson, J. (2005, August 7). Gillette tries to capture a whiff of teen market. *Boston Globe*. Retrieved January 3, 2007 from http://www.boston.com/business/articles/2005/08/07/gillette_tries_to_capture_a_whiff_of_teen_market/

Acne. (2006). Acne Encyclopedia article. Retrieved September 8, 2006 from http://www.bookrags.com

Acne Vulgaris. (2005). A–Z health guide from WebMD: Health Topics. Retrieved May 17, 2006 from http://www.webmd.com

Acne, zits and pimples. (2006). Retrieved September 1, 2006 from http://parentingteens.about.com/cs/acne/a/acne.htm

Althusser, L. (1970). *For Marx* (B. Brewster, Trans.). New York: Vintage.

Althusser, Louis. (1971/2001). *Lenin and philosophy and other essays* (B. Brewster, trans.). New York: Monthly Review Press. (Original work published 1971.)

American Academy of Dermatology. (2005). Frequently Asked Questions about Acne. Acne net. Retrieved September 1, 2006 from http://www.skincarephysicians.com/acnenet/FAQ.html

American Academy of Dermatology. (n.d.) Acne. Retrieved September 7, 2006 from http://www.aad.org/public/Publications/pamphlets/Acne.htm

American Cancer Society. (2004). Questions about smoking, tobacco, and health. Retrieved January 28, 2005 from http://www.cancer.org/docroot/PED/content/PED_10_2x_Questions_About_Smoking_Tobacco_and_Health.asp?sitearea=PED

American Lung Association. (2003). Fact sheet: African Americans and tobacco, June 2002. http://www.lungusa.org/tobacco/african_factsheet99.html

American Lung Association. (2004, November). Smoking and African Americans fact sheet. Retrieved January 19, 2005 from http://www.lungusa.org/site/pp.asp?c+dvLUK9O0E&b=3598

Andersen, R. (2006, March/April). George Gerbner, 1919–2005—From anti-fascist fighter to cultural environmentalist. *Fairness and Accuracy in Reporting*. Retrieved December 3, 2006 from http://www.fair.org/index.php?page=2881

Arnette, J. J. (2001). Adolescents' responses to cigarette advertisements for five "youth brands" and one "adult brand". *Journal of Research on Adolescence*, *11*, 425–43.

Arnould, E. J. & Thompson, C. J. (2005). Consumer culture theory (CTT): Twenty years of research [Electronic version]. *Journal of Consumer Research*, *31*, 868–82.

Atkinson, C. (2004, February 16). $20 million makeover: Brawny man now a metrosexual. *Advertising Age*, *75* (7), p. 8.

Audit Bureau of Circulations. (2006). eCirc for Consumer Magazines. Retrieved March 2007 from http://abcas3.accessabccom/ecirc/index.htm/

Bailey, B. (2001). The language of multiple identities among Dominican Americans. *Journal of Linguistic Anthropology*, *10*, 190–223.

Baker, C. N. (2005). Images of women's sexuality in advertisements: A content analysis of Black- and White-oriented women's and men's magazines. *Sex Roles*, *52*, 13–27.

Balbach, E. D., Gasior, R. J. & Barbeau, E. M. (2003). R. J. Reynolds' targeting of African Americans: 1988–2000. *American Journal of Public Health*, *93*, 822–7.

Bang, H.-K. & Reece, B. R. (2003). Minorities in children's television commercials: New, improved, and stereotyped. *Journal of Consumer Affairs*, *37*, 42–67.

Binns, C. (2006). Zit myths cleared up. Special to LiveScience. Retrieved September 12, 2006 from http://www.livescience.com/humanbiology/060904_zits_myth.html

Birchall, J. (2007, January 10). Size matters in challenges to turn round Gap's fortunes. *Financial Times* (London). Retrieved March 2, 2007 from Lexis-Nexis database.

BMW Hire Films end. (2005). Retrieved May 20, 2007 from http://www.duncans.tv/2005/bmw-short-films

Bollier, D. (2005). *Brand name bullies: The quest to own and control culture*. Hoboken, NJ: John Wiley.

Borio, G. (1997). The history of tobacco Part IV. The History Net. Retrieved March 20, 2005 from http://www.historian.org/bysubject/tobacco4.htm

Botox Product and Service Market. (2006, June). *Feed-back.com E-zine*, *9* (2). Retrieved April 2, 2007 from http://www.feed-back.com/jun06ezine.htm

Bristor, J. M., Lee, R. G. & Hunt, M. R. (1995). Race and ideology: African American images in television advertising. *Journal of Public Policy and Marketing*, *14*, 48–59.

Bruner, J. (1991). The narrative construction of reality. *Critical Inquiry*, *18*, 1–21.

Butler, J. (1993). *Bodies that matter: On the discursive limits of "sex"*. New York: Routledge.

Butler, J. (1999/original 1990). *Gender Trouble: Feminism and the subversion of identity*, 10th anniversary edition. New York: Routledge.

Campbell, R., Martin, C. R. & Fabos, B. (2007). *Media and Culture*, 5th edn. Boston: Bedford/St Martin's.

Carter, M. (2004, March 22). Media: New Media: drivetime on the web? *Guardian* (London). Retrieved March 18, 2006 from Lexis-Nexis database.

Center for the Digital Future. (2005). Fifth study of the internet by the Digital Future Project finds major new trends in online use for political campaigns. Los Angeles: USC Annenberg School for Communications. Retrieved May 13, 2006 from http://digitalcenter.org

Centers for Disease Control and Prevention. (2003). African Americans and tobacco. Retrieved February 3, 2004 from http://www.cdc.gov/tobacco/sgr/sgr_1998/sgr-min-fs-afr.htm

Centers for Disease Control and Prevention. (2004). Percentage of adults who were current, former, or never smokers, overall and by sex, race, Hispanic origin, age, education, and poverty status. National Health Interview Surveys, Selected Years—United States, 1965–2004. Retrieved August 20, 2007, from http://www.cdc.gov/tobacco/data_statistics/tables/adult/table_2.htm

Centers for Disease Control and Prevention. (2006a). Smoking and tobacco use—Fact sheet, Youth and tobacco use: current estimates. Retrieved May 8, 2007 from http://www.cdc.gov/tobacco/data_statistics?Factsheets/youth_tobacco.htm

Centers for Disease Control and Prevention. (2006b). Smoking and tobacco use—Fact sheet, Health Effects of cigarette smoking. Retrieved May 8, 2007 from http://cdc.gov/tobacco/data_statistics/Factsheets/health_effects.htm

Centers for Disease Control and Prevention. (2006c). Tobacco use among adults—United States, 2005. Retrieved May 8, 2007 from http://www.cdc.gov/mmwr/preview/mmwrhtml/mm5542a1.htm

Centers for Disease Control and Prevention. Office of Women's Health. (1996). Tobacco use. Retrieved November 8, 1999 from http://www.cdc.gov/od/owh/whtob.htm

Chouliaraki, L. & Fairclough, N. (1999). *Discourse in Late Modernity: Rethinking critical discourse analysis.* Edinburgh: Edinburgh University Press.

Clark, J. (2001). All the access money can buy. *A List Apart* #15. Retrieved May 10, 2007 from http://alistapart.com/articles/alltheaccess/

clear. (n.d.). *Merriam-Webster's Medical Dictionary.* Retrieved September 14, 2006 from Dictionary.com website: http://dictionary.reference.com/search?q=clear

Collins, P. H. (2004). *Black Sexual Politics.* New York: Routledge.

Connell, R. W. & Messerschmidt, J. W. (2005). Hegemonic masculinity: Rethinking the concept. *Gender and Society*, *19*, 829–59.

Cook, G. (2001). *The Discourses of Advertising* (2nd edn). London: Routledge.

Cortese, A. J. (2004). *Provocateur: Images of women and minorities in advertising* (2nd edn). Lanthan, MD: Rowan and Littlefield.

Cullen, L. T. (2002, July 29). Changing faces. *Time Magazine.* Retrieved June 19, 2006 from http://www.time.com.printout/0,8816,501020805-332097,00.html

Cummings, K. M. Giovino, G. & Mendicino, A. J. (1987). Cigarette advertising and black–white differences in brand preference. *Public Health Reports*, *102*, 698–701.

Damsky, L. (1999). Beauty secrets. In O. Edut (ed.), *Young women write about body image and identity* (pp. 133–143). Seattle: Seal Press.

Daniels, C. (2007). *Ghettonation.* New York: Doubleday.

Das, A. (2007, January 21). The search for beautiful. *Boston Globe Magazine*, 23–4, 33–5.

Deagon, B. (2007, February 28). With Budweiser's Web TV push, this channel's for you. *Investor's Business Daily.* Retrieved May 2, 2007 from Lexis-Nexis database.

Degrassi: The Next Generation. Retrieved February 2, 2007 from http://www.tv.com/degrassi-the-next-generation/show/6810/summary.html

DiFranza, J. R., Richards, J. W., Paulman, P. M., Wolf-Gillispie, N., Fletcher, C., Jaffee, R. D. & Murray, D. (1991). RJR Nabisco's cartoon camel promotes Camel cigarettes to children. *Journal of the American Medical Association*, *22*, 3,149–3,153.

Dyer, R. (1993). *The Matter of Images: Essays on representation.* London: Routledge.

Eckert, P. & McConnell-Ginet, S. (1999). New generalizations and explanations in language and gender research. *Language in Society*, *28*, 185–201.

Fairclough, G. (2000, June 12). Philip Morris removes slogan from ads in second attempt responding to critics. *Wall Street Journal.* Retrieved May 14, 2007 from Lexis-Nexis database.

Fairclough, N. (1995). *Media Discourse.* London: Arnold.

Federal Trade Commission. (2001). Cigarette report for 1999. Retrieved from: http://www.ftc.gov/opa/2001/03/cigarette/htm

Federal Trade Commission. (2007). Cigarette report for 2004–2005. Retrieved from: http://www.ftc.gov/reports/tobacco/2007cigarette2004–2005.pdf

Ferguson, R. (1998). *Representing Race: Ideology, identity and the media*. New York: Arnold.

Fischer, P. M., Schwartz, M. P., Richards, J. W. Jr., Goldstein, A. O. & Rojas, T. H. (1991). Brand logo recognition by children aged 3 to 6 years. Mickey Mouse and Old Joe the Camel. *Journal of the American Medical Association*, 22, 3,145–3,148.

Fowles, Jib. (1996). *Advertising and Popular Culture*. Thousand Oaks, CA: Sage Publications.

Fox, S. (2004, March 25). Older Americans and the Internet. Washington, DC: Pew Research Center. Retrieved June 6, 2006 from http://www.pewinternet.org/PPF/r/117/report_display.asp

Frith, K. T. (1997). Undressing the ad: Reading culture in advertising. In K. T. Frith (ed.), *Undressing the ad* (pp. 1–17). New York: Peter Lang.

Gardiner, P. S. (2004, February). The African Americanization of menthol cigarette use in the United States. *Nicotine and Tobacco Research*, 6, Suppl 1: S55–65.

Gee, J. P. (1992). *The Social Mind: Language, ideology, and social practice*. New York: Bergin and Garvey.

Geis, M. (1982). *The Language of Television Advertising*. New York: Academic Press.

Gerbner, G. (2003). Television violence—At a time of turmoil and terror. In G. Dines & J. M. Humez (eds), *Gender, race and class in media: A text reader* (2nd edn, pp. 547–57). Thousand Oaks, CA: Sage.

Gerson, J. (2007, April 23). Social networking rivals porn on Web. *Toronto Star*. Retrieved April 29, 2007 from Lexis-Nexis database.

Goffman, E. (1974). *Frame analysis*. New York: Harper Colophon.

Goldman, R. (1992). *Reading ads socially*. London: Routledge.

Goldman, R. & Papson, S. (1996). *Sign Wars—The cluttered landscape of advertising*. New York: Guilford Press.

Greenberg, B. S. & Brand, J. E. (1993). Cultural diversity on Saturday morning television. In G. L. Berry & J. K. Asamen (eds), *Children and television: Images in a changing sociocultural world* (pp. 133–42). Newbury Park, CA: Sage Publications.

Grossberg, L., Wartella, E. & Whitney, D. C. (1998). *Mediamaking: Mass media in a popular culture*. Thousand Oaks, CA: Sage Publications.

Hall, S. (1981). The whites of their eyes: Racist ideologies and the media. In G. Bridges & R. Brunt (eds), *Silver linings* (pp, 28–52). London: Lawrence and Wishart.

Hall, S. (ed.). (1997). *Representation: Cultural representations and signifying practices*. Thousand Oaks, CA: Sage Publications.

Hay, A. (2006, September 13). Outrage over fashion skinny model ban. Reuters. Retrieved March 4, 2005 from http://www.news.com.au/story/0,23599,20403593-13762,00.html

Health disparities experienced by Black or African Americans—United States [Electronic version]. (2005). *Morbidity and Mortality Weekly Report*, 54, 1–3.

Hecht, M. L., Collier, M. J. & Ribeau, S. A. (1993). *African American communication: Ethnic identity and cultural interpretation*. Thousand Oaks, CA: Sage Publications.

Herman, E. (2004, October 2004). Cigarette maker cuts hip-hop ads. *Chicago Sun-Times*. Retrieved June 12, 2006 from Lexis-Nexis database.

Hoefer, M., Rytina, N. & Campbell, C. (2006, August). Estimates of the unauthorized immigrant population residing in the United States: January 2005. *Population*

Estimates. Washington, DC: Departmente of Homeland Security Office of Immigration Statistics.

Howe, D. (2002, November 8). A fresh batch of BMW films. *Washington Post*. Retrieved March 18, 2006 from Lexis-Nexis database.

Ignelzi, R. J. (2004, August 17). Face-saving; Marketing to men, cosmetic companies take the stigma out of styling products. *San Diego Union-Tribune*, p. E1. Retrieved July 18, 2006 from Lexis-Nexis database.

Infiniti drives new pitch with original TV program. (2006, January 2). *Brandweek*, p. 3. Retrieved February 20, 2006 from Lexis-Nexis database.

Infiniti launches Phase II of "Infiniti black" campaign. (2006, January 18). *Business Wire*. Retrieved May 8, 2007 from Lexis-Nexis database.

Interactive Advertising Bureau. (2007, March 7). Internet advertising revenues estimated at $16.8 billion for full year 2006. Retrieved May 2, 2007 from http://www.iab.net/news/pr_2007_03_07.asp

International Communications Research. (2005). Girl power: Teen girls spend more than boys. Retrieved September 7, 2005 from http://www.icrsurvey.com/Study.aspx?f=Teen_Survey_0805.html

Jhally, S. (2000). Advertising at the edge of the apocalypse. In R. Anderson & L. Strate (eds), *Critical studies in media commercialism* (pp. 27–39). Oxford, UK: Oxford University Press.

Jhally, S. (2003). Image-based culture—Advertising and popular culture. In G. Dines & J. M. Humez (eds), *Gender, race and class in media: A text reader* (2nd edn, pp. 249–57). Thousand Oaks, CA: Sage.

Johnson, F. L. & Young, K. (2002). Gendered voices in children's television advertising. *Critical Studies in Media Communication*, *19*, 461–80.

Johnson, L. & Learned, A. (2004). *Don't think pink: What really makes women buy—and how to increase your share of this crucial market*. New York: AMACOM American Management Association.

Jones, V. E. (2007, April 25). The ghetto culture machine—What goes wrong when stereotypes become part of the mainstream. *Boston Globe*. Retrieved April 26, 2007 from Lexis-Nexis database.

Kantrowitz, B. & Wingert, P. (1999, October 18). The truth about tweens. *Newsweek*, 62.

Kilbourne, J. (1999). *Can't buy my love: How advertising changes the way we think and feel*. New York: Simon and Schuster.

Kilbourne, J. (2000). *Killing Us Softly 3* [video]. Northampton, MA: Media Education Foundation.

Kimmel, M. (1994). Masculinity as homophobia. In H. Brod & M. Kaufman (eds), *Theorizing masculinities*, pp. 119–41. Thousand Oaks, CA: Sage Publications.

LaGuardia, C. (ed.). (2005). *Magazines for libraries* (14th edn). New Providence, NJ: Bowker.

Lakoff, G. & Johnson, M. (1980; 2003). *Metaphors we live by*. Chicago: University of Chicago Press.

Larson, M. S. (2001). Interactions, activities and gender in children's television commercials: A content analysis. *Journal of Broadcasting and Electronic Media*, *45*, 41–56.

Leigh, J. H. (1994). The use of figures of speech in print ad headlines. *Journal of Advertising*, *23* (2), 17–33.

Leiss, W., Kline, S., Jhally, S. & Botterill, J. (2005). *Social communication in advertising: Consumption in the mediated marketplace* (3rd edn). New York: Routledge.

广告的形象构建
商业中的语言与视觉符码

Lenhart, A., Madden, M. & Hitlin, P. (2005, July 27). *Teens and technology: Youth are leading the transition to a fully wired and mobile nation.* Washington, DC: Pew Internet & American Life Project. Retrieved June 1, 2006 from http://www.pewinternet.org/pdfs/PIP_Teens_Tech_July2005web.pdf

Linn, S. (2004). *Consuming Kids: The hostile takeover of childhood.* New York: New Press.

Lippi-Green, R. (1997). *English with an accent.* New York: Routledge.

Li-Vollmer, M. (2002). Race representation in child-targeted television commercials. *Mass Communication and Society, 5,* 207–28.

Louis, B. (2005, June 28). R. J. Reynolds launches new ad campaign for Kool cigarettes. *Winston–Salem Journal.* Retrieved November 7, 2005 from Lexis-Nexis database.

M&M's get mega-sized. (2005, August 4). CNNMoney.com. Retrieved June 27, 2006 from http://money.cnn.com/2005/08/04/news/funny/m_and_ms/index.htm

Macdonald, M. (2003). *Exploring media discourse.* London: Arnold.

Machin, D. & Thornborrow, J. (2003). Branding and discourse: The case of *Cosmopolitan. Discourse and Society, 14,* 453–71.

Madden, M. (2006). Internet penetration and impact. PEW Internet & American Life Project. Retrieved June 1, 2006, from http://www.pewinternet.org/pdfs/PIP_Internet_Impact.pdf

Maines, D. R. (1999). Information pools and racialized narrative structures. *Sociological Quarterly, 40,* 317–26.

Mamos, R. & Saw, N. (2002). Nissan's new SHIFT: Interview with Steve Wilhite-VP, Marketing Nissan NA. *Fresh Alloy,* interviews. Retrieved June 12, 2006 from http://www.freshalloy.com/site/feature/interviews.wilhite/001/home.shtml

Mastro, D. E. & Stern, S. R. (2003). Representations of race in television commercials: A content analysis of prime-time advertising. *Journal of Broadcasting and Electronic Media, 47,* 638–47.

Mazzarella, W. (2003). Critical publicity/public criticism: Reflections on fieldwork in the Bombay ad world. In T. D. Malefyt & B. Moeran (eds), *Advertising cultures,* pp. 55–74. Oxford/New York: Berg.

McGrath, C. (2005, June 8). In fiction, a long history of fixation on the social gap. *New York Times.* Retrieved December 12, 2006 from Lexis-Nexis database.

McMains, A. (2006, January 3). Infiniti's 30-minute spot. *ADWEEK Online.* Retrieved May 8, 2007 from Thomson Gale, Clark University.

McQuarrie, E. F. & Mick, D. G. (1996). Figures of rhetoric in advertising language. *Journal of Consumer Research, 22,* 424–38.

McQuarrie, E. F. & Mick, D. G. (1999). Visual rhetoric in advertising: Text-interpretive, experimental, and reader-response analyses. *Journal of Consumer Research, 26,* 37–54.

McQuarrie, E. F. & Mick, D. G. (2003). Visual and verbal rhetorical figures under directed processing versus incidental exposure to advertising. *Journal of Consumer Research, 29,* 579–87.

McShane, M. J. (2005). *A theory of ellipsis.* New York: Oxford University Press.

Mead, R. (2000, 13 November). You've got blog. *New Yorker, 76* (34), pp. 102ff.

Mehan, H. & Wood, H. (1997). Five features of reality. In J. O'Brien & P. Kollock (eds), *The production of reality* 2nd edn, pp. 379–95. Thousand Oaks, CA: Pine Forge Press.

Milkie, M. A. (1999). Social comparison, reflected appraisals, and mass media: The impact of pervasive beauty images on Black and White girls' self-concepts. *Social Psychology Quarterly, 62,* 190–210.

Mintel. (2006, April 12). Teen spending estimated to top $190 billion by 2006. Retrieved February 9, 2007 from http://www.marketresearchworld.net

Morrison. T. (1992). *Playing in the dark*. Cambridge, MA: Harvard University Press.

MSNBC. (2007, January 30). US Savings rate hits lowest level since 1933. Retrieved February 3, 2007 from http://www.msnbc.msn.com/id/11098797/

Murfin, R. & Ray, S. M. (2003). *Bedford glossary of critical and literary terms* (2nd edn). Boston: Bedford/St Martin's.

National Household Survey on Drug Abuse. (2003). Cigarette brand preferences. Retrieved January 28, 2005 from http://www.drugabusestatistics.samhsa.gov/2k3/cigBrands/cigBrands.htm

Neary, L. (2007, May 8). On Madison Avenue, old players learn a new game. *All Things Considered* (radio broadcast). National Public Radio. Retrieved audio and print version, May 9, 2007 from http://www.npr.org/templates/story/story.php?storyId=10061997

Neff, J. (2006, May 29). Move over Trump, here comes the Brawny Man. *Advertising Age*, 77 *(22)*, p. 3. Retrieved May 2, 2007 from Lexis-Nexis database.

Nissan takes "Shift" campaign wireless. (September 15, 2003). *iMedia Connection*. Retrieved June 21, 2006 from http://imediaconnection.com

Paek, H. J. & Shah, H. (2003). Racial ideology, model minorities, and the "not-so-silent partner": Stereotyping of Asian Americans in US magazine advertising. *Howard Journal of Communications*, *14*, 225–43.

Palmer's. (n.d.) Skin Success FAQ. Palmer's Skin Care. Retrieved November 29, 2006 from http://www.etbrowne.com/about/skinsuccess_faq.aspx

Peiss, K. L. (1998). *Hope in a Jar: The making of America's beauty culture*. New York: Henry Holt.

Pierce, J. P. & Gilpin, E. A. (2004). How did the Master Settlement Agreement change tobacco industry expenditures for cigarette advertising and promotions? [Electronic version]. *Health Promotion Practice*, 5, 84–90.

Polito, J. R. (2005, June 15). The New Jazz Philosophy Tour 2005. Retrieved November 7, 2005 from http://whyquit.com/pr/061505.html

Pollay, R. W., Lee, J. S. & Carter-Whitney, D. C. (1992). Separate, but not equal: Racial segmentation in cigarette advertising. *Journal of Advertising*, *21*, 45–57.

Pots of promise—The beauty business. (2003, May 24). *The Economist*, 367.8325. Retrieved August 5, 2006 from Expanded Academic ASAP.

Preston, E. & White, C. (2004). Commodifying kids: Branded identities and the selling of adspace on kids' networks. *Communication Quarterly*, *52*, 115–28.

Rainie, L. (2006, March 23). Life online: Teens and technology and the world to come. Speech to annual conference of Public Library Association, Boston, Massachusetts. Retrieved June 1, 2006 from http://www.pewinternet.org/ppt/Teens%20and%20technology.pdf

Rainie, L. & Horrigan, J. (2005). A decade of adoption: How the internet has woven itself into American life. In *Trends 2005* pp. 56–69. Washington, DC: Pew Research Center Project. Retrieved June 8, 2006 from http://www.pewinternet.org/PPF/r/148/report_display.asp

Rainie, L. & Keeter, S. (2006, April). Pew Internet Project Data Memo on Cell phone use. Retrieved June 7, 2006 from http://www.pewinternet.org/PPF/r/179/report_display.asp

Reed. J. (2006, September). The HD face. *Vogue*, 587–8, 746–7.

Reynolds American Ind. (n.d.) Retrieved February 18, 2005 from http://www.reynoldsamerican.com/Who/whoweare_cover.asp

Richards, B., MacRury, I. & Botterill, J. (2000). *The dynamics of advertising*. Newark, NJ: Harwood Academic Publishers.

Rickford, J. R. & Rickford, R. J. (2000). *Spoken soul: The story of Black English*. New York: John Wiley and Sons.

Rideout, V., Roberts, D. F. & Foehr, U. G. (2005, March). Generation M: Media in the lives of 8–18 year-olds. Kaiser Family Foundation. Retrieved June 7, 2006 from http://www.kff.org/entmedia/entmedia030905pkg.cfm

Rodriquez, J. (2006). Color-blind ideology and the cultural appropriation of hip-hop. *Journal of Contemporary Ethnography*, *35*, 645–68.

Salem launches "Stir the Senses" campaign [Electronic version]. (2003, August). *Tobacco Retailer*, *6 (4)*, 16.

Schillinger, L. (2005, December 22). Smart enough to understand your moisturizer? *New York Times*, p. G3. Retrieved July 18, 2006 from Lexis-Nexis database.

Schwartz, R. A. (2006). Cosmeceuticals. *eMedicine*. Retrieved July 17, 2006 from http://www.emedicine.com/derm/topic509.htm

Scott, L. M. & Batra, R. (eds). (2003). *Persuasive imagery: A consumer response perspective*. Thousand Oaks, CA: Sage.

Seiter, E. (1990). Different children, different dreams: Racial representation in advertising. *Journal of Communication Inquiry*, *14*, 31–47.

Simpson, M. (2003, June 28). Beckham, the virus. *Salon.com*. Retrieved May 18, 2007 from http://archive.salon.com/mwt/feature/2003/06/28/beckham/print.html

Slade, J. (1999). Trust? No—verify [Electronic version]. *Tobacco Control*, *8*, 240–1.

Smith, S. (2007, January 18). Nicotine boost was deliberate, study says. *Boston Globe*, p. 1A.

Smith, T. (2005). Pumping irony: The construction of masculinity in a post-feminist advertising campaign. *Advertising and Society Review*, *6 (3)*, article E-ISSN 1154–7311. Retrieved August 25, 2006 from Project MUSE.

Smitherman, G. (1994). *Black talk: Words and phrases from the Hood to the Amen Corner*. Boston: Houghton Mifflin.

Solman, G. (2006, June 15). Nissan "Shifts" perspective. *AdWeek.com*. Retrieved June 21, 2006 from http://adweek.com/aw/creative/article_display.jsp?vnu –content –id =1002689052

State cigarette excise tax rates and rankings. (2004, November 3). Campaign for Tobacco-Free Kids. Retrieved February 18, 2005 from www.tobaccofreekids.org/research/factsheets/pdf/0097/pdf

Stern, B. B. (1991). Who talks advertising? Literary theory and narrative "point of view." [Electronic version.] *Journal of Advertising*, *20*, 9–23.

Sutton, C. D. & Robinson, R. G. (2004). The marketing of menthol cigarettes in the United States: Populations, messages, and channels. *Nicotine and Tobacco Research*, *6 (Supplement 1)*, S83–S91.

Sutton, D. H. (2004). *Globalizing Modern Beauty: The Women's Editorial Department at the J. Walter Thompson Advertising Company, 1910–1945*. Unpublished doctoral dissertation, Clark University.

Taylor, C. & Stern, B. (1997). Asian-Americans: Television advertising and the "model minority" stereotype. *Journal of Advertising*, *26*, 47–61.

Taylor, S. C. (2003). *Brown skin*. New York: Amistad.

Taylor, S. C. (2004). WedMD. Skin, hair care for women of color. Retrieved

January 2, 2007 from http://onhealth.webmd.com/script/main/art.asp?articlekey =56867

Tucker, L. (1998). The framing of Calvin Klein: A Frame analysis of media discourse about the August 1995 Calvin Klein jeans advertising campaign. *Critical Studies in Mass Communication*, *15*, 141–57.

Twitchell, J. B. (2003). Adcult and gender. In T. Reichert and L. Lambaise (eds), *Sex in Advertising: Perspectives on the erotic appeal* (pp. 181–93). Mahwah, NJ: Lawrence Erlbaum.

Underscore: Facts and details from Encyclopedia Topic. (n.d.) Retrieved June 12, 2006 from http://www.absoluteastronomy.com/u/underscore

Urban Legends Reference Pages. (2000, October 2). Retrieved August 1, 2006 from http://www.snopes.com/movies/actors/mmdress.htm

US Census Bureau. (2001). Race alone or in combination, for states, Puerto Rico, and places of 100,000 or more population: 2000. Retrieved March 7, 2005 from http://www.census.gov/population/cen2000/phc-t6/table06.xls

US Census Bureau. (2003). State population estimates-characteristics July 1, 2002. Retrieved September 28, 2003 from http://eire.census.gov/popest/data/states/ST-EST2002-ASRO-04.php

US Census Bureau. (2006). National sex, age, race and Hispanic origin. Retrieved February 6, 2006 from http://www.census.gov/popest/national/asrh/NC-EST2005-asrh.html

US Census Bureau News. (2006, August 29). Income climbs, poverty stabilizes, uninsured rates increase. Retrieved May 19, 2007 from http://www.census.gov/Press-Release/www/releases/archives/income_wealth/007419.html

Watts, E. K. (1997). An exploration of spectacular consumption: Gangsta rap as cultural commodity. *Communication Studies*, *48*, 42–58.

Watts, E. K. & Orbe, M. P. (2002). The spectacular consumption of "true" African American culture: "Whassup" with the Budweiser guys? *Critical Studies in Media Communication*, *19*, 1–20.

Webster's New Millennium Dictionary of English. (2003–2005). Lexico Publishing Group.

Wetherell, M. & Potter, J. (1992). *Mapping the language of racism: Discourse and the legitimation of exploitation*. New York: Harvester Wheatsheaf.

West, C. & Fenstermaker, S. (1995). Doing difference. *Gender and Society*, *9*, 8–37.

West, C. & Zimmerman, D. (1987). Doing gender. *Gender and Society*, *1*, 125–51.

Who's winning among African American consumers?, asks strategic vision. (2005, December 19). *Business Wire*, Thompson Gale Doc. No. A140454796. Retrieved May 8, 2007 from http://findarticles.com/p/articles/mi_m0EIN/is_2005_Dec_19/ai_n15953932

Wilke, M. (2005, March 31). Cosmetic companies compete for gay shelves. *Commercial Closet*. Retrieved August 2, 2006 from http://www.thegully.com/essays/gay_mundo2/wilke/050330_gay_ads_cosmetics.html

Williamson, J. (1978). *Decoding advertisements: Ideology and meaning in advertising*. New York: Marion Boyars.

Wilson, J. J. (1999, March). Summary of the attorneys general master tobacco settlement agreement. National Conference of State Legislators. Retrieved January 2005 from http://academic.udayton.edu/health/syllabi/tobacco/summary.htm

Wolf, N. (1991). *The beauty myth*. New York: Anchor Books.

Yousman, B. (2003). Blackophilia and blackophobia: White youth, the consumption of rap music, and white supremacy. *Communication Theory*, *13*, 366–91.

索 引

图书在版编目（CIP）数据

广告的形象构建：商业中的语言与视觉符码 / (美)
费恩·L.约翰逊 (Fern L. Johnson) 著 ; 庞惠莲译. --
重庆 : 重庆大学出版社, 2021.5
（拜德雅·视觉文化丛书）
书名原文: Imaging in Advertising: Verbal and
Visual Codes of Commerce
ISBN 978-7-5689-2661-4

Ⅰ.①广… Ⅱ.①费… ②庞… Ⅲ.①广告—研究
Ⅳ.①F713.8

中国版本图书馆CIP数据核字(2021)第084816号

拜德雅·视觉文化丛书

广告的形象构建：商业中的语言与视觉符码

GUANGGAO DE XINGXIANG GOUJIAN：SHANGYE ZHONG DE YUYAN YU SHIJUE FUMA

［美］费恩·L.约翰逊　著

庞惠莲　译

策划编辑：贾　曼
特约策划：邹　荣　任绪军
特约编辑：张祝馨
责任编辑：贾　曼
责任校对：谢　芳
责任印制：张　策
书籍设计：张　晗

重庆大学出版社出版发行
出版人：饶帮华
社址：（401331）重庆市沙坪坝区大学城西路21号
网址：http://www.cqup.com.cn
重庆市正前方彩色印刷有限公司印刷

开本：890mm×1168mm　1/32　印张：12　字数：274千　插页：32开1页
2021年8月第1版　　2021年8月第1次印刷
ISBN 978-7-5689-2661-4　定价：65.00元